韩信

韩信从韩信胯下谁阴写起，历经投奔项梁、奔楚从汉、汉中拜将、还定三秦、将借诸侯，至被斩长乐宫结束。

李凤生 著

华文出版社
SINO CULTURE PRESS

图书在版编目（CIP）数据

韩信 / 李凤生著． —— 北京：华文出版社，2021.4
ISBN 978-7-5075-5231-7

Ⅰ．①韩… Ⅱ．①李… Ⅲ．①韩信（?-前196）－传记 Ⅳ．①K825.2

中国版本图书馆CIP数据核字(2021)第037986号

韩信
HANXIN

作　　者：李凤生
责任编辑：胡慧华
出版发行：华文出版社
地　　址：北京市西城区广安门外大街305号8区2号楼
邮政编码：100055
网　　址：http：//www.hwcbs.com.cn
电　　话：总编室 010-58336239　发行部 010-58336267 58336230
　　　　　责任编辑 010-58336197
经　　销：新华书店
印　　刷：三河市龙大印装有限公司
开　　本：710×1000　1/16
印　　张：22.25
字　　数：272千
版　　次：2021年4月第1版
印　　次：2021年4月第1次印刷
标准书号：ISBN 978-7-5075-5231-7
定　　价：58.00元

版权所有，侵权必究

目　录

序　　幕／001

第 一 章　胯下辱　少年砺志／004

　　　　胯下之辱,世态炎凉,若是庸人,必有恨在胸,而对韩信,却是奋发向上的动力。贵人相助,恩人无私,若是小人,功成则淡,韩信却不忘初心,知恩图报,这就是品质。韩信在贫困潦倒中,永不颓丧,只因心中有理想。成大事者,谁能纠缠白眼黑脸? 有志者,喜亦得,恨亦得。韩信在淮阴,有得无失。淮阴这块热土造就了韩信,也造就了大汉历史。看似平凡,其实,伟大就蕴孕在平凡中。看过韩信的故事,也许对你的人生有所启发。

第 二 章　从楚军　大志难伸／028

　　　　智者,必不流于俗;勇者,必不惧于威。项羽叱咤风云,在韩信眼里却俗不可耐。韩信屡谏,亦想成就楚军大业,项羽沽名钓誉,怎理解韩信深谋远虑。道不同,不相与谋。和项羽分手,不是智者,不是勇者,谁能为之? 投身一个对立阵营,没有冒险精神,岂敢决断? 虽然千难万阻,但志向在,并无畏惧。不是智者、勇者,何以成就一番伟业? 韩信怎样从逆境中走出来,只有看过才能知道。

第 三 章　痛弃楚　汉中拜将／061

　　　　身在汉军,虽有官位,但不苟全。自信人生,坚定大志,岂能委曲求全? 萧何月下追回韩信,可谓知己。谁能想到,他追回的不是韩信,而是大汉江山。汉中对策,天下一统,了然在胸。后人多知隆中对策,而汉中对策却鲜有人知。汉中对策,折服汉王,破格拜韩信为大将军。汉军中,又有几人服气?

第 四 章　定三秦　暗度陈仓／087

　　欲霸天下,必先取关中。而关中三王,先秦宿将,皆有百战百胜之能。尤其是章邯,平定山东叛乱,腰斩项梁,韩信当时还是个不知名的小校。如今,韩信想破关斩将,口气不小。高人自有妙计,汉中对策,韩信夸下海口:关中传檄而定。真那样神奇?结果历史做出了回答:大秦猛将,在韩信面前竟如小丑。没有血流成河,没有旷日持久。旦夕之间,灰飞烟灭。章邯被逼无路,举剑自刎时,方知什么叫后生可畏。

第 五 章　收汉军　虎踞荥阳／113

　　攻必克,守必坚,不是说出来的。韩信袭取关中,传檄而定,让刘邦,也让汉将折服。出关而霸诸侯,韩信只发几道文书。刘邦咸鱼翻身,五十六万大军,斩杀项羽,志在必得。他坚信:韩信能做到的,我也能做到。于是撇开韩信,自做主张,攻取彭城。谁想到,诸侯大军竟一败涂地,自己差点丢了脑袋。关键时,韩信力挽狂澜,虎踞荥阳,项羽不能前进半步。遂有刘项鸿沟对峙,三年不解。名气是打出来的,不服气,把楚汉所有将领拉出来,谁有这个本事?

第 六 章　出奇兵　巧破魏豹／142

　　刘邦大败彭城,天下盟解,诸侯叛离。最先捧场的魏豹,也背叛了他。魏国与关中一水之隔,刘邦身在荥阳,担心身后起火。关键时又用韩信,以解魏国之忧。魏豹十万大军,韩信只有两万新兵,两军隔河对峙。韩信的任务是坚守渡口,他却坚持"最好的防御是进攻"的策略,决定主动过河打魏豹。且不说滔滔黄河如何过,即使过了河,深入魏国腹地,两万人马如何打败十万大军?韩信做到了。不仅横扫十万大军,还生擒魏豹。不是吹嘘,正史有鲜明的记载。怎样打的?韩信自有手段。

第 七 章　背水阵　井陉大捷／173

　　如果说伐魏难,伐赵更难。韩信破魏,打下一点家底。谁知刘邦守荥阳危急,家底都送给了他。韩信数万人马,多半又是新招的兵。赵国不仅有二十万大军,而且坚守井陉口,占有地利。井陉口一夫当关,万夫莫开,韩信偏偏要破关斩将,不是战争奇才,想都不敢想。这一仗怎么打,怕你耗干脑髓,也想不出好办法。韩信却一鼓作气,破关斩将,活捉赵王。不是吹的,韩信做到了。刘邦赞他"兵仙",不是随口说的。怎么打的?书中自有答案。

第 八 章　用贤士　纵横诸侯 / 203

韩信破魏、灭代,又平定赵国,士气正旺。破赵时,韩信在全军下达命令:活捉李左车。李左车是赵国谋士,不为赵王所用,韩信却视为至宝。韩信捉到李左车,礼贤下士,拜为军师。韩信眼馋着燕国,请教他如何用兵,李左车却点出韩信致命弱点:以疲惫之师,远征诸侯,兵败之祸,若利剑高悬。韩信幡然醒悟,下令休军备战。然后用李左车计,派□说辩之士,出使燕国,凭三寸不烂之舌,收复臧荼。如此才能,赵王不能用,而韩信用之。得失之间,智愚已见分晓。

第 九 章　拜齐王　义薄云天 / 237

智者用兵,山川草木,皆为雄师;愚者用兵,虎狼之师,亦为草木。韩信伐齐,险之又险。齐楚联军,二十余万,如何取胜?谁想到,韩信水淹联军,毕其功于一役。怎么样淹的?不看哪里知道。韩信破齐,实力大增。这时,有人鼓动他与刘项三分天下。韩信面临人生与历史的重大转折,他选择了一统,这是大义。如果说,韩信才溢江河,那么,义则堪昭日月。历史证明:韩信支持一统,遂有四百年大汉。从政治、经济、文化、历史诸方面,奠定了汉民族的根基。没有韩信,就没有大汉江山,绝非虚言。

第 十 章　钓鱼术　垓下灭楚 / 264

韩信与项羽恩怨情仇,是非曲直且不去说,他消灭楚军平定天下态度是坚定的。楚军是强敌,刘邦在项羽面前一败涂地。鸿门一跪且不说,彭城兵败,荥阳一败再败,固陵又败,哪一次都惊心动魄,韩信能打败项羽吗?韩信原是项羽帐前执戟卫士,面对强悍的项羽,韩信没有犹豫。如何用兵,韩信想起当年垂钓淮阴的故事,决定以"钓鱼战术"消灭楚军。结果一战定鼎,逼项羽自杀。何谓钓鱼之术?看完就知道了。

第 十 一 章　天下定　衣锦还乡 / 290

韩信在淮阴人眼里,是个衣着不整、四处乞食的流浪儿。很少有人知道,他心中早有一根定海神针。韩信以楚王身份荣归故里,怎不让人刮目相看?淮阴城最担心的是那个辱他于胯下的人。韩信怎样对待他,使人关注,结果让人刮目。韩信回省故里,是他一生最惬意的时光,然而,厄运也随着天下平定,悄悄向他逼近。韩信如何面对已经不打仗的自己,如何面对已经称朕的刘邦,命运已经不能主宰。一代名将,怎不让人捏着一把汗?

第十二章　蒙奇冤　悲歌千古／317

　　天下平定,削弱地方势力,巩固中央政权,皇上没错。不应该的是捏造罪名,置人死地。刘邦封的七个异姓王,哪个得好了？连他的女婿也没放过,何况韩信？刘邦功成杀重臣,给历史留下深远的遗憾。韩信才能,不可否认,那是军事方面的,而在政治上,却显得蹩脚。人生都有自己的位置,一方面很能,换个地方就显得别扭。韩信身为人臣,已经不是大将军了,可他,身份转变得很别扭,最终导致杀身之祸。一代名将,功垂千古,不是扣顶帽子就能抹杀的,你怎么看？

附　　　千年一叹——韩信谋反了吗／345

金错刀·韩信

漂母饭,辱胯间,少年砺志大任担。
汉中对策乾坤定,狩猎诸侯息狼烟。

太公智,齐王胆,笑弃三分天下安。
义昭功垂明日月,泣血深宫谁愧天?

序　　幕

旷野茫茫,衰草萋萋,一场鏖战,整整打了七天七夜。

此时,日堕荒草,兵戈渐息。残阳下,伏尸卧马,战车断戟,污血烂旗,都染上了血的颜色。秋风袭来,腥风涌起,弥漫在旷野上,久久不能散去。天边,一团乌云,像吞过血的怪兽,变幻着狰狞的面目。乌云下,一队兵阵,势如磐石,排山倒海般压过来。兵阵前,"秦"字大旗猎猎飞扬;兵阵中,金盔铁铠,强弓硬弩,长戟修戈,杀气四溢;兵阵后,黄土衰草,战尘滚滚。兵阵像一个巨大的石磙,势不可当地碾压过来,在一条小河前猝然停下。秦将铁石一般伫立观望:对面大丘,一面残破的"楚"字大旗,在血光中伫立。一楚将面对血色残阳,傲然挺立,护卫着楚旗。秦将观望良久,突然高举利刃,嘶声长叫:"消灭蛮楚,张我大秦!"

将士声如洪雷:"消灭蛮楚,张我大秦!"

"杀——"

一声长啸,兵阵奋勇前行,踏过河水,压上大丘。

大丘上,烽烟缭绕,战火燃烧。死尸,兵车,战旗,戈戟狼藉。楚将身中数创,毫无畏惧,气吞山河。侍卫爬到楚将身边,惊叫道:"韩将军,秦狗又杀来了。"

楚将看一眼秦军,厉声斥道:"为国而死,死得其所,何惧之有?"

侍卫哭道:"将军,我背你走。"

楚将不语,摘下佩剑:"此剑为楚王所赐,岂能留给秦狗。替我交给国君!"

侍卫不忍,垂泪叫道:"韩将军,我不能丢下你。"

楚将看一眼逼近的秦军,厉声道:"快走!"

侍卫抹一把泪水,深深磕头,然后收起宝剑,站起身,向丛林中跑去。

大丘上,楚将身护楚旗,怒目金刚,恨视秦军。一道残阳落下,楚将通身染成红色。秦将愕然,怯步不前。呆视良久,他嘶声叫道:"放箭!"

突然,空中传来鬼哭般的怪响。残阳暗淡,箭如飞雨。顿时,楚将变成刺猬,鲜血殷殷流下。

残阳渐渐下沉,衰草暗去。余晖中,楚将与大旗轰然倒下……

寿春城外,秦军势如潮涌,刀枪如林。"秦"字大旗下,秦将剑指城头,高叫道:"杀进楚城,活捉蛮王!"

秦军将士,翻江倒海,呼声震撼天地。血战半日,南门陷落,秦将率先杀入,一声凄厉长叫:"屠城——"

楚城大乱。秦军如虎似狼,无论军民,肆意屠杀。楚国军民惊呼骇叫,四处逃窜。秦军所过之处,无论男女老幼,皆无幸存。不多时,寿春城尸横街巷,血流成河。

北门内,一楚将奋勇向城外搏杀。楚将清瘦,手执利剑,身背布囊,徒步与秦军厮杀。动作敏捷,剑法娴熟,寒光闪过,秦军无不毙命。杀性正浓,秦将骑马执枪杀来,大叫:"蛮楚,拿命来!"

楚将怒发冲冠,高叫一声:"秦狗,还我河山!"

随着叫声,楚将踏死尸,蹬人头,飞身丈余,斩杀骑将,夺得战马,纵马向城外逃去。

秦军无不愕然。良久,一将高叫:"放箭,快放箭!"

箭如飞雨。楚将催马,短剑护身,渐渐远去。

秦军杀到楚王宫外,王宫八百侍卫奋身抵抗,与十数倍秦军厮杀,无一怯战。两军杀作一团,苦战良久,侍卫尽毙。

王宫内,楚王手执滴血的利剑,身边是女人和孩子的尸体。楚王凄怆,嘶声长叫:"八百年大楚,竟亡我手,寡人何甘啊?"

秦军破门拥入,见楚王手执利剑,怒目而立,不敢上前。秦将杀来,惨声令道:"活捉蛮王。"

将士上前,楚王举剑,长声啸道:"九泉之下,再招旌旗,誓灭暴秦!"

啸声震撼,血溅王宫。

第一章　胯下辱　少年励志

迷惘的淮阴河不知终点,像个负重的老者,举步维艰。凉风袭来,平静的河面搓起无数皱纹,久久不愿散开。城东一片宽敞的高冈上,无数的衰草,不能自主,在凉风中起伏,飒飒作响。高冈的尽头有座新坟,一个十二三岁的少年正在坟前祭拜。少年赤裸上身,头顶白绦,腰系麻绳,失声痛哭:"娘,信儿无能,救不了你……"

少年拜过、哭过,从身边拿起沾满泥土的剑,挖松泥土,再捧土填在坟头上。坟头堆得很高,少年仍填加不止。双手磨出血来,却全然不顾。

凉风袭来,少年紧缩一下身躯。这时,一件又肥又大的粗布短袄披在了他背上。他扭头看时,见是个清瘦的老者。老者表情严肃,性格刚毅,双目有神。少年看了一会儿,突然扑在他怀里,哭叫道:"司马爷爷。"

司马爷爷蹲下身,为少年擦去眼泪,问道:"韩信,天这样凉,衣服呢?"

"为娘裹脸了。"

司马爷爷怅然叹道:"在家尽孝,为国必忠。"

"爷爷,孩儿无能,没治好娘的病。"

司马爷爷严肃问道:"知道你娘是怎么死的吗?"

"病死的。"

"不,是秦狗逼死的。你娘本无过错,无端被抓进官府,遭受欺凌才生病的。"

韩信收起泪水,重重地点了点头。

司马爷爷拿起沾满泥土的剑,用衣袖拭净,剑露出不可掩饰的寒光。再看剑柄,看到上面刻有"楚王监造"四个字。他急忙问道:"剑从何来?"

"为父所传。"

"你父亲?他是楚国英雄吗?"

"妈妈临别时交给我的,什么也没说。"

"楚王剑,是用来表彰军功的,楚国只有三把。"

韩信激动地问道:"爷爷,认识我父亲?"

司马爷爷摇摇头:"不认识,但凭这把剑,你父亲不是平凡之辈。楚王监造,百炼成钢,天下难得。"

"这是真的?"

司马爷爷庄严地说道:"这剑不能用来挖泥土,要用它斩杀秦狗!"

司马爷爷把剑收在鞘内,还给韩信,而后语重心长道:"孩子,记住:楚国是被秦狗所灭,你父亲是被秦狗所杀,你母亲是被秦狗逼死的。秦狗是咱大楚的仇人。"

韩信小心地收起剑,认真点头:"孩儿记下了。"

司马爷爷把韩信搂在怀里,坐在坟前:"像你这么大时,我已经习书练剑了。如今,爷爷老了,大楚的希望都在你们身上。"

韩信急道:"爷爷,我也习书练剑。"

司马爷爷高兴极了,看着韩信:"习书练剑,为之何用?"

"斩杀秦狗,替父亲报仇!"

"好样的。替父亲报仇,为楚国雪恨。爷爷教你。"

"现在就教吗?"

"有志想学,到我家去。"

"爷爷,你是淮阴人吗?"

"是,也不是,说来话长。身世浮萍,漂泊淮阴,就是淮阴人。爷爷认识你,乃命中注定之事。走,跟爷爷回城。"

司马爷爷起身离去。韩信想了一下,披着短袄跟在他身后。斜阳下,一老一少,一高一矮,拖出两道斜长的身影。

司马爷爷住在城北一角,院落不大,中央是块磨得精光的土地。草房低矮,一束阳光从瓮窗射入,照着土墙上的"兵"字。韩信看着那个"兵"字,拘谨地问道:"爷爷,是你写的?"

司马爷爷惊问道:"孩子,你认识字?"

"妈妈教过我写字,学过'兵'字。"

"喜欢吗?"

韩信肯定地点了点头。

司马爷爷愈加高兴:"兵的故事很多,只要你喜欢,爷爷慢慢给你讲。"

"现在就讲吗?"

"不忙。现在,咱得先填饱肚子。"

"爷爷,我不饿。"

"那好,跟爷爷做。"

司马爷爷掸掉身上的尘土,整装肃容,在"兵"字前端庄地坐下。韩信学着他的样子,一丝不苟地坐在他身边。司马爷爷看一眼韩信,一字一句地诵道:"兵者,国之大事,死生之地,存亡之道,不可不察也。"

韩信十分认真地跟着诵读:"兵者,国之大事,死生之地,存亡之道,不可不察也……"

小小淮阴城,像天地棋局中的一颗闲子,无关紧要地被丢落在大平原上。三街五巷,几家店铺。马具皮革,铁铺酒垆,有气无力地勉强开张活着。轻风吹过,"无欺酒垆"的旗幌,懒懒地晃动一下。旗幌下七八个酒罐整齐地列成一排。一个少女认真地擦拭着酒罐上的浮尘,突然有个声音叫道:"买酒。"

少女抬头看,司马爷爷提着酒囊站在身边。少女微微一笑,问道:"爷爷亲自来打酒,韩信呢?"

司马爷爷笑道:"月娥姑娘,韩信有韩信的事。我来打酒,顺便逛逛街。"

待月娥接过酒囊,司马爷爷问道:"酒税又涨了?"

月娥点点头,诚恳道:"爷爷是老主顾,还按原价卖给您。"

司马爷爷恨恨地骂道:"搜刮民财,逼人造反!"

月娥斜望了一下不远处的县衙,使个眼色,轻声道:"爷爷——"

司马爷爷看了一眼县衙:"吓——"

这时,几个少年跑过来,为首的提着短刀,看见司马爷爷的酒囊,便做了个撒尿的姿势:"老头,这儿有壶酒,白送给你。"

跟帮的少年凑着热闹,哄笑道:"屠三儿哥,我这儿还有呢。"

司马爷爷无奈地笑道:"无长无少,岂有道理?"

屠三儿问道:"啥是道理?喝酒是道理?"

司马爷爷看着屠三儿,认真教导道:"看你们,东游西逛,岂能成事。淮阴少年,要有志气。"

屠三儿不服:"我没志气,谁有志气?"

"玩物丧志,荒废时光。看人家韩信,那才叫有志气!"

屠三儿不屑一顾:"你说那个孤儿?他算啥,做我的兵我都不见得要,还有志气呢?"

屠三儿说完,举刀发号施令:"捉鸟去。"

孩子们呼叫着跟在屠三儿身后,向城外跑去。司马爷爷看着孩子们的背影,无奈地摇摇头,哼着小曲离去:"老程婴,舍骨肉,救下孤儿……"

司马爷爷刚刚走,店内传来低沉的叫声:"月娥,你进来。"

月娥跑进屋,父亲愠色道:"税涨多少了,还原价卖?"

"司马爷爷是老主顾了……"

"老主顾也不行。以后不能这样卖了!"

月娥不敢反驳,一言不语。

上弦新月,挂在树梢。水一样的月光,静静地泼洒在司马爷爷的院落里。淮阴城睡去了,司马爷爷的草屋却仍然响着读书声。瓮窗如月,给草庐送来一线光明,"兵"字前的木架,供奉着楚王剑。韩信和司马爷爷面"兵"而跪,轻声诵读:"上兵伐谋,其次伐交,其次伐兵,其下攻城……"

"故善用兵者,屈人之兵而非战也,拔人之城而非攻也,毁人之国而非久也……"

诵读良久,司马爷爷停下来,韩信仍旁若无人,滔滔不绝地诵读:"兵者,诡道也,故能而示之不能,用而示之不用。近而示之远,远而示之近……出其所不趋,趋其所不意……行千里而不劳者,行于无人之地也;攻而必取者,攻其所不守也……"

司马爷爷听诵良久,问道:"都记住了?"

韩信得意道:"爷爷,《孙子》十三篇,孩儿都记下了。"

司马爷爷看韩信面有骄色,批评道:"你以为记住兵书就有本事了?没那么简单。即使你倒背如流,也是嘴上谈兵。用兵是凶险的事,来不得半点轻狂。"

韩信惭愧,急忙叩头:"爷爷,孩儿错了。"

司马爷爷看韩信认错,又鼓励道:"诵过不忘,奇才。但要铭记:诵而不用则虚,用而不活则死,活学活用则神。"

"谨遵爷爷教诲。"

司马爷爷停顿片刻,认真道:"习诵兵法,以待时机,天下有变,伸张正义。"

韩信坚定道:"推翻暴秦,为父亲报仇。"

"好样的。光复大楚,全靠你们了。"

"有爷爷的兵法,孩儿立志打败秦狗。"

"好,明晚练剑。"

"谢爷爷。"

春风踏着轻轻的脚步,徐徐吹来,吹绿了淮阴城的杨柳,中街上的大槐树也长出新芽。树上,几只雏鸟跟妈妈学试飞,一片喧闹。树下,屠三儿捉到雏鸟,关在笼子里诱捕母鸟。几个少年藏在树后,十分专注。司马爷爷哼着小曲,从远处走来,惊飞母鸟。屠三儿从树后蹿出来,不满地说道:"死老头儿,惊飞了我的鸟!"

司马爷爷看见屠三儿,笑道:"哟,大楚的子孙,不能光会捉鸟。"

"啥大楚小楚的,关我屁事?快躲开。"

司马爷爷无奈地摇头:"你们呀,和韩信比差得远了。"

屠三儿烦道:"又说那孤儿仔?他有何本事?"

司马爷爷认真道:"韩信是个有心计、有志气的孩子,你们应当向他学习。"

屠三儿一百个不满:"向他学习?狗屁!"

司马爷爷本想教导这些少年,看屠三儿朽木不可雕,便觉得话说多了,无奈离去。几个少年围在屠三儿身边,其中一个道:"听说,韩信正在跟司马老头学剑呢。"

屠三儿警惕地问道:"学剑干啥,想当淮阴老大吗?"

另一个悟道:"怪不得,司马老头总说他有志气。"

屠三儿受了委屈,忿忿地说道:"妈的,哪天找他比试比试,看到底谁的本领强。"

又一个道:"不捉鸟了,现在就去找他。"

屠三儿狠狠地攥紧拳头:"知道他在哪儿吗?"

"去河边钓鱼了。"

"跟我走。"

屠三儿一挥手,带头出城。几个少年来到城北淮阴河边,河水静静地流着,没有韩信的身影。屠三儿责备地看了那少年一眼,那少年又出主意:"一定在司马老头那儿。"

另一个兀地明白过来:"肯定在学剑。"

屠三儿又一挥手:"回城。"

几个少年像捕捉要犯似的,风风火火地回城,穿街走巷,来到司马爷爷门前。司马爷爷看见屠三儿来了,以为有正事,出院迎接:"淮阴少年,快进来。"

屠三儿怒气冲冲地问道:"韩信在这儿吗?"

司马爷爷看屠三儿兴师问罪的样子,有些不安,骗他们道:"找韩信?他不在这儿啊。"

"听说,孤儿仔跟你学剑,是真的吗?"

司马爷爷看着屠三儿,笑道:"讹传,是讹传。"

"啥讹传,有人看见了。我也学剑。"

司马爷爷转忧为喜,问道:"习武练剑,好事,但不知为何学剑?"

"做淮阴老大。"

司马爷爷语重心长道:"大楚的子孙,习武练剑,报效大楚才对。"

"大楚是啥东西?"

司马爷爷被问得哑口无言。屠三儿以为他想讲价钱,又道:"不让你白教,我爹给你钱。"

司马爷爷摇头不止:"弄错了,你弄错了,我不会剑法。不过,我有个朋友,很有本事。只是脾气有点古怪,他说,学剑必先学剑德。"

"啥是剑德?"

"剑德就是不斗狠,不斗私,为国家出力,为正义献身。"

"我不懂。你说,要多少钱?"

司马爷爷很失望,笑道:"真的弄错了。你们看,我站都站不稳呢,哪有什么本事?"

屠三儿不耐烦地说道:"没有还啰嗦啥?看见韩信告诉我。走!"

屠三儿一呼,几个少年从风而去。司马爷爷看着屠三儿的背影,为韩信多了几分忧虑。

淮阴河畔的小树林里,月影稀疏,韩信与司马爷爷正在练剑。司马爷爷紧衣束带,动作敏捷,剑法娴熟,白刃游蛇,时而行走如风,动如脱兔;时而静若处子,板眼分明。韩信跟在他身后,一丝不苟,认真习练。月影渐移,司马爷爷停下来,问道:"记住了吗?"

"记住了,只是……"

"有何疑问?"

"不如兵书痛快。"

"读书重要,学剑同样重要。学剑不但可以强身健体,更能自卫杀敌。"

"孩儿一定认真学习。"

"学剑,关键在练。在习练中理解剑法,在习练中运用自如。"

"是,爷爷。"

"跟我做。"

司马爷爷持剑在前,轻轻运剑,缓急有度,剑行有力。慢转几个招式,有防守之意,突然出击,叫道:"金蛇吐芯。"

随着叫声,刃闪寒光,游蛇飞出,刺向前方。

韩信学着样子,突然一抖身,剑锋闪出,直取矮树。司马爷爷看后,赞道:"孩子,你入门了。"

"谢爷爷。"

"跟我做,'泰山压顶'。"

司马爷爷说完,握剑在手,起步移动,轻转几个招式,突然双手举剑,跳在半空,使尽全身力气劈下。韩信做出同样动作,一声大叫,将眼前小树拦腰斩断。静静的月光,轻轻地洒在树下,月影稀疏,渐渐走低,两人不知疲倦,直到凌晨。

韩信得知屠三儿四处找他,非常小心,一连躲避他十几日。可淮阴城太小,站在东街喊一声,西街会震个跟头。一天,韩信去河边钓鱼,知道屠三儿跟来,暗自转个弯回城。他穿着不合体的长衫,背着剑,走僻径,绕小巷,想回司马爷爷那里,刚过主街,身后突然传来一声断喝:"孤儿仔,站住!"

韩信听是屠三儿的声音,心想,是福是祸,早晚有个了断。他停下来,转过身。屠三儿得意地走过来,远远讥讽道:"躲呀。钻进耗子洞,也要把你找出来。"

韩信沉住气,问道:"你想干啥?"

"干啥,和你决斗。"

"我斗不过你。"

"听说你学了本事,想当淮阴老大,是吗?"

"没有的事。"

"谁说没有,背把破剑,转来转去,想吓唬我吗?"

韩信坦诚道:"屠三儿哥,我斗不过你,更不想当淮阴老大。"

屠三儿看韩信胆怯，不依不饶："诚心服我？"

"诚心。"

"诚心就从我胯下爬过去，叫淮阴人看看。"

韩信愕然，半晌不语。

"有人说你有大志，我只想见识见识。"屠三儿得意地笑着，又开双腿挑衅，"爬呀。不爬也行，不爬就亮出你的剑，咱比个高低。"

屠三儿说着，一举手，身后的少年递上短刀。

闲人看街上有人斗狠，纷纷围过来看热闹。不多时，聚了许多人。

屠三儿在众人面前，更显得神气。韩信难以俯身，再次恳求："屠三儿哥，我真的斗不过你，甘心服输，听你调用。"

屠三儿愈加得意，双眼盯住韩信怀中的剑，笑道："看你这把剑还像个物件，像你这样的懦夫，也配携带？给我吧。"

韩信护着剑，厉声回绝："休想！"

韩信一吼，屠三儿暗自一惊，但他觉得韩信真的胆怯，又振作起来，又逼道："不交剑，又不想出我胯下，只好决斗。来呀，咱斗个输赢。"

韩信躲避，几番想绕道走开，均难如愿。围观众人，七嘴八舌，多有指责，却无人劝解。屠三儿咄咄逼人，伸手拉扯住韩信。韩信握住剑柄，越攥越紧。想起"金蛇吐芯"招式，只要手一抖，就能把屠三儿的肚皮撕开。

月娥当垆，看街上聚了好多人，丢下酒垆也跑了过来。

屠三儿知道韩信不敢决斗，便抱着短刀，又叉开双腿，指道："爬呀。爬过去，咱就算了结。"

韩信想了许久，紧握剑柄的手慢慢地松开了。突然，他俯下身子，从屠三儿的胯下爬过。

屠三儿得意，面对少年大笑："看见了吧，孤儿仔甘拜下风啦。"

街上嘻笑怒骂怨，百态不一，只远远地指责屠三儿。月娥挤进人群，指责屠三儿，斥道："你欺人太甚！"

屠三儿见众怒难犯，虚张声势道："我们俩的事，与你何干？"

韩信趁月娥指责屠三儿的时机，只身逃进小巷。

夜深了，没有韩信的身影。司马爷爷徘徊在庭院中，脚步涩滞。月影滑落，他背对草房叫道："韩信，出来吧。"

韩信纵身从房顶跳下来，惭愧道："爷爷，孩儿无脸见您。"

司马爷爷转过身，怅惘道："我本想教育屠三儿，谁知竟害了你。"

"孩儿无能，让爷爷见笑了。"

"我没有笑你，只想知道：众人面前，受胯下之辱，何为？"

韩信沉思片刻，坚定答道："听爷爷教诲，不斗私，不斗狠。匹夫见辱，拔剑而起，挺身面斗，此不足为勇也。大丈夫猝然临之而不惊，无故加之而不怒。孩儿岂能因区区小事，毁掉鹏程远志？"

司马爷爷突然搂住韩信，叹息道："忍常人不可忍之辱，必成常人不能成之事。孩子，你大志在胸，遇事不乱，爷爷佩服你。"

"只要爷爷理解，孩儿就心安了。"

"凭你手中之剑，十个屠三儿也撂倒了，可你没那样做，正是你过人之处。爷爷奔波大半生，与你结成忘年之交，足矣。走，去城外。"

韩信感动不已："谢爷爷。"

韩信当街受胯下之辱，很快在淮阴城传开了。有人说韩信胆怯无能，有人说屠三儿仗势欺人。但韩信有司马爷爷理解，心地坦然。一天，他走在街上，一群孩子围过来，其中一个问道："韩信，胯下臊味好闻吗？"

韩信绕开，继续前行。孩子们看韩信真的怯懦，追上来拦住去路，其中一个学着屠三儿，叉开双腿指道："爬过去，咱就了结了。"

韩信愤怒，握紧双拳，大吼一声："滚开——"

韩信吼声如雷，孩子们吓得四处逃散。

无欺酒垆。月娥正忙着。韩信走来，面对月娥拱手施礼："谢姐姐仗义直言，韩信有礼了。"

月娥看一眼韩信，气道："看屠三儿欺负人，我受不了，算不上仗义。但我不明白，众人面前，你怎能俯下身躯，出人胯下呢？"

韩信诚恳地说道："姐姐不知，韩信家仇国恨在身，岂能与乡间泼皮无赖斗狠？和屠三儿拼命，死则轻于鸿毛。"

月娥大悟:"原来你大志在胸,不想和屠三儿决斗,并非怯懦,是吗?"

韩信点点头。

月娥自责道:"姐姐错怪你了。"

"谢姐姐理解。"

韩信谢过月娥,堂堂正正地离去。月娥审视他,看出他一身正气。

一日早起,韩信见淮阴县衙忽然升起"秦"字大旗。血红色的狼牙旗,像刚刚染过,篆体"秦"字盘在旗帜中央。篆体规范,粗壮有力,但在淮阴人的眼里比牛屎还难看。一队装备整齐的士兵,从县衙里跑出来,守在大门两侧。淮阴人早听说天下变了,但谁也不相信。看见秦兵,心中仅存的一丝希望,彻底破灭了。当天,县衙贴出布告,接着,一老者在秦兵的看护下,打着铜锣,满街喧叫:"天下一统,大秦为政。皇帝敕令,庶民恪守。谋反者族,杀人者诛;怨谤者罪,辍耕者罚。一人犯科,邻里连坐……"

听到叫声,淮阴人无不怵然,像避瘟疫一样,远远地躲开。锣声走街串巷,往复不止。无欺酒垆没有开张,低垂的旗幌,像霜打过的菜叶。下午,胆大的人出来看布告。县吏面对众人宣讲:"楚国旧臣、军人,逃匿淮阴者,速到县衙登记。逾期不报者,以谋反罪论处;家存兵器,速交县衙,有藏匿不报者,以谋反罪论处;炊耕刀具,十户一把,逾期不缴者,以谋反罪论处……"

布告前,人越聚越多,都屏着气息,面带恐惧,倾听宣讲。月娥也来观看,和众人一样,不敢出声。这时,韩信背着剑从城外走来。人们看到韩信,都为他捏了一把汗。县吏看见韩信带剑走来,远远地叫道:"负剑者,过来。"

韩信不知法令,到县吏前,理直气壮地问道:"唤我何事?"

"看大秦法令了吗?"

"大秦,没看过。"

县吏骂道:"庶子,当今是大秦天下,把剑交出来。"

"这是我的剑,凭啥交给你?"

"凭啥,就凭这张布告。"

韩信不惧,辩道:"布告又没说缴我的剑。"

两人正在辩论,县令从衙内走出,愠怒道:"呀!鼠胆包天。抗法者反,抓起来,先拿他审问!"

两个士兵走了过来,月娥急忙上前,央求道:"县令大人,韩信刚从城外来,不知法令。偏野小民,不知事理,大人切莫计较。布告刚刚贴出来,淮阴人都不知道呢,剑交给您就是了。"

月娥说着,从韩信身上夺下剑,交给县令。

韩信没有动,任月娥处置。县令接过剑,斜眼看着韩信,挑衅道:"敢不交,就拿你试法。看你的脑壳硬,还是大秦的法律硬!"

"大人息怒,剑不是已经交了吗?我们都是大秦的子民,请您宽恕。"月娥和县令说过好话,转身对韩信道,"韩信兄弟,剑交了,我们走吧。"

月娥说完,拉起韩信离开人群。

县令欣赏起那把剑,没再理会韩信。他拔剑出鞘,寒光耀眼。县令避开寒光,脱声叫道:"好剑,好剑啊!"

韩信失去宝剑,像丢了魂魄,很晚才回去。司马爷爷收拾好行囊,独自在黑暗中端坐。韩信觉得不对劲,没敢提剑的事。司马爷爷首先开口,庄重道:"秦狗并吞六国,整治天下,要杀人了。孩子,爷爷叫司马剑,是从楚王城中杀出来的,秦狗是不会放过我的,我得离开淮阴。记住:楚虽三户,亡秦必楚。你是大楚的子孙,拯救天下,全靠你们了。"

韩信从没见过司马爷爷如此严肃,顿觉责任重大,关切地问道:"爷爷,你去哪里?"

"浪迹天涯,不知所终。"

韩信认真地点了点头:"爷爷,您的教诲孩儿都记下了,我不会给楚人丢脸的。"

"孩子,你少有大志,将来必成大器。"司马剑说完,把一个布包留给韩信,"这是爷爷给你默写的《鬼谷子兵法》,熟记之后,把它烧掉。"

韩信跪地磕头,双手接过兵法。

"爷爷的身世不要和外人讲,秦狗当道,小心为上。我走后,你好自为之……"

韩信跪地聆听,忽然,街上狗声大叫,连成一片。司马剑警觉,起身操剑:"秦狗来了,我得马上走了。"

韩信机警,把兵书系在腰间:"爷爷,我跟您一起走。"

"不行。我此去行踪不定,山高路远,凶多吉少。秦狗只来抓我,与你无关。你要潜伏心志,以待天时……"

这时,街上吆喝声渐近:"在这里,就在这里——"

接着,有人砸门,喊道:"司马剑,开门!快开门——"

司马剑向房后一指,示意韩信躲开,然后挺身而出,一跃冲到门外,大叫道:"爷爷在这里!"

顿时,街上响起杂乱的打斗声,韩信趁机从房后逃离了。

暗夜里,传来急促的叫声:"放箭,快放箭——"

不多时,司马剑的草房燃起大火。

韩信望着大火,抹掉眼角的泪水,逃到城外。淮阴河边,一棵老柳,弯腰驼背,像个慈祥的老人。韩信爬上树,把兵书藏进洞里。此时四方寂静,旷野茫茫。韩信不知司马爷爷的生死,突然大哭:"爷爷——"

大秦来了,司马爷爷走了,韩信失去生活的依托,变成流浪儿。四处为家,最难挨的是吃饭。少吃一顿,肚子就发疯似的号叫。肚子是个无底洞,怎么也填不满。韩信厚着脸皮,东食西宿,南北凑合,日子一长,人多厌之。一天,他在城里转了半天,没找到吃的,于是下乡找南昌亭长混饭吃。亭长高山忠厚老实,和韩信还有一段情缘。他的宝剑就是高山带回来的。韩信猜想他认识自己父亲,可追问多次,高山也没说清楚。不是胡乱搪塞,就是一言不语。时间一长,韩信也失去了信心,好在高山还有几分热情,有吃的就会拿出来给韩信。高山婶子却是个十分尖刻的人,明里暗里,早露出讨厌韩信的情绪。韩信看在眼里,装作不知,他也是没有办法。乡间小路不知有多漫长,韩信记不清走了多少时间,终于来到了,敲响了亭长的家门。敲过数次,门终于开启一道缝,里面探出一张让人讨厌、刀削一样的脸。韩信迟疑片刻,问道:"婶婶,我找大叔,想问问我父亲的情况。"

高山妻把门堵得严严实实,不耐烦地说道:"这话你说过多少次了,我的耳朵都磨出老茧了。"

"可、可是,大叔一直都没说清楚。"

"有啥好说的,是不是没处吃饭了?"

"有饭,吃一口更好。"

高山妻瞪起绿豆一般的眼睛,尖刻地说道:"谁家的米饭也不是大风刮来的。这年头,哪粒米不是汗珠子泡出来的。你在我家吃的饭,够喂两口肥猪了。大千世界,不能总坑我一家吧……"

韩信无言以对,但没有离开。

高山妻见韩信不走,催促道:"高山早就出去了,明天再找他说话,我还有事呢。"

高山妻说完,便要关门。这时,高山从房里走出来,吆喝道:"怎能这样,怎能……进来吧。"

韩信也不客气,走进院子。高山妻狠狠地看了韩信一眼,发出鸡鸣般的哽咽。韩信随高山入室,高山妻跟在他们的后面,见儿子小淘手执烧火棍闯入,便扯过小淘,劈头盖脸就打,骂道:"你这丧气的,还不给我滚?白花花的米饭,不是天上掉下来的……"

烧火棍横空飞舞,在韩信眼前晃来晃去。高山毫无面子,护着韩信,又看小淘,想夺下烧火棍:"怎能这样?这成啥了……"

"你敢打我?"高山妻突然把烧火棍砸到高山身上,而后一头撞进他的怀里,哭道,"这个家,没有你一草一木。不是我,你早饿死在路边了。不是我父兄,你能做亭长?你从军的事我还瞒着呢,说出去,马上砍你的脑袋……"

高山慌了,像见到鬼似的,掩住妻子的嘴:"夫人,千万别、别说。"

高山妻号啕大哭,竟打起滚来:"我真倒霉呀,吃我的,喝我的,还养个白吃的,这是哪辈子欠的债啊……"

韩信尴尬极了,觉得无法容身,想了一下,愤然离去。高山眼睁睁地看着韩信出门,没敢挽留。

六月天气,一片燥热。韩信空腹走在小路上,不知落脚何处。微风吹来,一阵谷香挑拨着他的胃口。远远望去,暗红的黍子在风中荡起波浪,谷香随风飘来,诱惑着韩信。他站住脚,不自觉地吞咽着口水。四下望去,空无一人,他一狠心,闪身钻进庄稼地。高高的黍子,站在里面不见人影。韩信饿得不行,折一穗,搓下还没成熟的果实,塞进嘴里,又甜又香。这是世界上最好吃的食物,韩信得到一时的满足。谁料,小路上突然闪出一个人影,接着传来一声吆喝:"捉贼——"

韩信大惊,转身向外看,远处又有几个人正往这里跑过来。韩信扔掉黍子,叹道:"按秦律,盗窃要斩手的。"

清澈的淮阴河懒懒地流着,河边大槐树枝繁叶茂,树下几块大青石被磨得精光。青石旁,几个女人谈天说地,正在清洗丝棉。不远处的老柳树,枝叶稀疏,像个驼背的老人,躬着身子,垂条落在水面。王妈妈向老柳树下张望多次,自语道:"钓鱼的那个孩子怎没来呢?"

"你是说钻别人裤裆的那个孤儿仔?"一个问道。

"是呀。孤苦伶仃,怪可怜的。"

"出事了,前几天偷庄稼,叫人捉了个正着。"

"论法应当斩手。南昌亭长死活给保下来了。"又一个插言道。

"我正为这事担心呢。偷东西总不是好事,可也不能眼睁睁地看着他饿死呀。"

"这年头法律多如牛毛,不小心就会遭殃。"

王妈妈说着话,又不断地朝县城方向张望,还是没有看见韩信的身影。日晷渐移,始终不见韩信的身影。一种不安的情绪,重重地压在王妈妈的心头。

早晨,淮阴城炊烟袅袅,饭香飘飘,韩信不知所终地走在街上。无欺酒垆的门,关得严严实实,一家饼铺刚刚开门。饼铺的麦香悠然飘来,像魔鬼一样勾引着韩信的胃口,他无法抵御地咽着口水,不由自主地向饼铺走来。店主看见韩信,急忙把饼端回铺内,关上店门。韩信停下脚步,伫足良久,向城外走去。这时,一个清脆的声音叫道:"韩信,你别走。"

"月娥姐姐?"

韩信回头看去,无欺酒店的门开了,月娥向他跑来,远远地叫着:"走,到我店里去。"

韩信看一眼月娥,轻轻摇头。

月娥跑到跟前,拉住韩信:"我店里有饼,你只管吃。"

韩信抑制住泪水,喃喃道:"我、我配不上你。"

"我找你做事,没别的意思。跟我走。"

这时,一个严厉的声音从月娥身后传来:"回来,店里来客人了。"

韩信望去,田伯父正用刀子一样的目光盯着月娥。韩信一拱手:"谢姐姐好意。"然后,他毅然向城外走去。

淮阴河边,韩信爬上老柳树,取下钓鱼竿,把鱼钩投在水里。不争气的肚子咕咕地叫,几乎造反了。鱼不咬钩,也走了。日上一竿,河边的女人又来了。几个人说说笑笑,搅动着河水。虽然离得还远,但他觉得,这一闹,鱼更不敢来了。于是,他怀抱钓鱼竿,悻悻地睡起来。不知过了多久,忽听有个声音叫他:"孩子,还没吃饭吧。"

韩信睁开眼,是王妈妈。她抱着砂罐,和蔼可亲。韩信惊问道:"妈妈在问我?"

王妈妈放下罐子,打开盖,叫道:"孩子,吃吧。"

饭食像一道光亮,闪在韩信面前。他毫不客气,一跃而起,抱起砂罐,狼吞虎咽,不多时,一罐子米饭被他吃得精光。吃过饭,韩信流泪道:"孩儿流浪淮阴,乞讨为食,世人厌之,避之唯恐不及。妈妈却主动赐饭,让孩儿感动。我日后若有出头之日,必以千金报之。"

王妈妈严肃道:"听说你是楚将后代,看不得你颓唐,只望你自强自立,奋发向上,何需你报答?"

韩信认真地说道:"孩儿不会种田,不懂商贾,但有志向。若无用武之地,或许沉沦,形同泥土;倘有用武之时,孩儿必奋发有为,惊天动地。"

王妈妈感动道:"你四处流浪,我原以为你不求上进,荒唐颓废,听你这几句话不同凡响,妈妈知道自己错怪你了。"

"孩儿受胯下之辱,遭世人白眼,苟且偷生,只待天时。"

"孩子,看你树下烧毁的残片,是兵书……"

韩信警惕,四下望一眼,轻声道:"还请妈妈守口如瓶。"

王妈妈点头:"孩子,妈妈住河阳村,只二里路,到我家去吧。"

无欺酒垆。田伯父庄严地坐在床头,田伯母在一边。月娥央求道:"父亲,叫韩信来咱家吧,你一年不如一年,韩信可是好帮手啊。"

"那小子游手好闲,世人厌之,淮阴人避之唯恐不及,为何偏要他做帮手?"

"父亲,你错怪他了。韩信可是有大志的人啊。"

"我家不要大志,只需安分。"

"不要大志也成,他还有一身力气呢。"

田伯母插言道:"姑娘大了,心事多,但终身大事,不是儿戏。"

月娥红着脸分辩道:"妈妈,不是那个意思。"

田伯母说情,田伯父终于软下来,思忖良久,说道:"他来可以,但有个约定。"

"有何约定,父亲只管说。"

"韩信来这里只做帮手,别的事,免提。"

月娥高兴道:"看你说的,除了干活,还有啥事?"

田伯伯想了一下:"明天叫他来吧。"

月娥脸一红,答道:"他在门外候着呢。"

田伯父狠狠地看了一眼月娥,正色道:"叫他进来。"

韩信拘谨地入室,施礼。田伯父无语,田伯母却有几分高兴,说道:"坐吧,坐下说话。"

韩信小心地坐下。

田伯母劝道:"孩子,别拘束。以后在一起做事呢。"

韩信自悲道:"孩儿无依无靠,流浪为食,不配来你家做事。"

田伯母又劝道:"月娥叫你来,就没嫌你穷。只要用心,好好干,以后会好的。"

田伯父端坐不语,突然冷冷地问道:"听说你练过剑?"

"不瞒伯父,有这事。"

"学那东西做啥?"

"司马爷爷说过,大楚的子孙,要为国家出力。"

田伯父斜看了他一眼:"那东西不当饭吃,以后学记账,为田家出力就够了。"

韩信不敢分辩,默默点头。

田伯父又看了他一眼,吩咐道:"要紧的,再进些酒来。"

田伯父说完,先自出门。韩信不知所为,月娥捅了他一下,轻声道:"跟父亲去呀。"

韩信醒悟,急忙跟田伯父出门。

月娥了解韩信,知道他不是堕落汉。两人走近,接触多了,感情像春天的小草,慢慢长起来。时间一长,田伯父只好认账。

司马爷爷说过:"楚虽三户,亡秦必楚。"韩信在田家起早贪晚,庸庸碌碌,自以为大志难伸,谁知突然传来一个振奋人心的消息:楚人陈胜、吴广发难,揭竿而起,大张义旗,反叛暴秦。而后,又不断有新消息传来:会稽项梁、项羽造反,攻城略地,势不可当;沛县刘邦、萧何响应,斩杀县令,再扯义旗;赵、魏、韩、齐遗臣,先后起兵,复立旧国。山东豪杰,蜂拥而起,天下大乱。

消息传到淮阴,人多恐惧,韩信却兴奋不已,暗道:"天下叛秦,正是我施展大志,英雄用武之机。"

天下说变就变了。在淮阴人不敢僭越秦法时,一支队伍杀到了城外。土冈上,迎风飘扬着"楚"字大旗。大旗下,队伍严整,将士手执利刃,严阵以待。主将项梁,骑红马、持长枪在前。谋士范增、首将项羽、次将钟离昧等数十骑立马两侧。项梁回望将士,枪指淮阴,高叫道:"攻取淮阴,斩杀秦狗——"

项梁一声令下,项羽纵马在前,高呼道:"推翻暴秦,张我大楚!杀——"

众将士杀声震天,潮水般地向淮阴城涌来。

淮阴城内,铜锣爆响。县吏登临城头,绕城打锣,惊呼骇叫:"贼人造反,攻我淮阴,全城军民,快快守城!"

街巷里也有县吏打着铜锣,转圈呼叫:"贼人造反,攻打淮阴,全城军民,快快守城——"

淮阴百姓,无人响应,反而关窗闭户,深深地躲在家里。

县令坚守城门,组织官兵,急呼:"快,关闭城门!"

官兵十几人,推动厚重的城门,严严实实地关闭,又挂上三道门闩,然后抬来圆木,顶在门后。最后,他们挪来巨石,顶住城门。

县丞亲临城头指挥:"快,坚守城池!"

官兵城上城下,跑来跑去。手执刀枪,登临城头,扼守垛口。

城外,喊杀声震耳欲聋,四面攻城。钟离昧一马当先,将士奋勇攀登,率先破城。一片掩杀,官军纷纷逃窜。钟离昧率将士杀到城门前,县令持剑,负隅顽抗。钟离昧一声大叫,斩杀县令,夺得佩剑,打开城门。项羽一马当先,纵身杀入城内。

项羽骑着乌骓马,手执长戟,横扫残军,县尉纵马逃走。项羽手疾马快,追在身后,大叫一声,把县尉挑在半空,摔死在地上。

韩信扒着土窗,看得真切,捶窗叫好:"真乃英雄也!"

月娥恐惧,忙把韩信拉离窗口,急道:"快躲起来。"

韩信兴致不减,回首恨道:"秦狗完了。"

月娥把韩信拉到墙脚,惊恐不已:"吓死我了……"

第二天,县衙升起"楚"字大旗。楚旗鲜艳,猎猎迎风。韩信不顾月娥的劝说,胡乱吃过饭,向县衙走去。

大槐树下,悬挂一面白旗,白旗中央是个硕大的"兵"字。旗下聚了好多人,韩信急往前赶。一队士兵走来,韩信迎过去问道:"敢问将士,你们是哪路义军?"

"楚军。"

"是项燕的部队吗?"

"项梁的。"

韩信正在疑惑,一个士兵回身解释道:"项燕、项梁是父子,一家人。"

韩信心中释疑,兴备不已。士兵离去后,他迅速向兵旗跑去。募兵站,一张木桌前,几个人正在登记。书记官看清一个年轻人,问道:"姓名?"

"张成。"

"年龄?"

"二十。"

"为何当兵?"

"建功立业,光宗耀祖。"

书记官又问道:"当兵很苦,受得了吗?"

"小民吃苦水长大的,不怕。"

"好,你可以从军了。"

书记官说完,拿过一块"兵"字木牌,写上张成的名字,递过去:"拿着它,到县衙领兵器,领衣服,吃饭。"

张成高兴,手持腰牌退出。韩信看张成兴奋地离去,挤上前,面对书记官:"我也从军。"

"为何从军?"

"灭秦。"

书记官抬头看了一眼韩信,赞道:"有志气,报上姓名?"

"韩信。"

"凭你的志气,准予从军。"

书记官采取同样的操作,登记后发给韩信木牌。韩信退出队列。张成没有走,迎上前问道:"你叫韩信?"

韩信点了点头。

"我叫张成。走,咱一块去县衙。"

韩信望了一眼县衙,迟疑道:"你先去吧,我独自出来,还没和我家月娥说呢。"

"唉,有了家口,就是麻烦。"

韩信苦笑了一下,看了一眼张成。把木牌藏在怀里,回到酒垆。

韩信出门,月娥不放心,正在门口张望。韩信脚步轻快,远远地走来。月娥看他兴奋异常,问道:"干啥去了?乱纷纷的,不知人家多担心啊。"

韩信没理会月娥的感受,兴冲冲地问道:"月娥,知道是谁的队伍吗?"

"谁的队伍?"

"楚军。"

"楚军又怎样?"

"爷爷说过:'楚虽三户,亡秦必楚。'暴秦亡定了。"

韩信说着,奋奋欲飞,与月娥一同进屋。月娥心生疑窦,问道:"刚才你干啥去了?"

韩信毫不隐瞒,拉住月娥的手,认真地说道:"月娥,我要当兵了。你不会反对吧?"

月娥愕然:"好好的日子,当啥兵啊?"

"月娥,我早就盼着这一天呢,你可不能拦我。"

月娥不语,默默流下泪来:"我知道你有大志,可你一走,我和孩子咋办?"

韩信沉默了一会儿,冷静地说道:"月娥,我也不想离开你们,可暴秦不灭,天下难安。从军灭秦,是我平生之志啊。"

月娥的眼泪,止不住地流出来,低头泣道:"韩郎大志,月娥理解,只怕父亲不同意。"

"从军灭秦,宿愿在胸,还请娘子帮忙。"

两人正说着,田伯父已经站到身后。他沉着脸,异样地看着韩信,粗声粗气地问道:"你想当兵?"

韩信一惊,抬起头坚定地说道:"是的,岳父。"

"休想!"

田伯父断然扔下一句话,愤然离去。韩信觉得不妙,急忙跟在岳父身后,进入室内。月娥踌躇了一下,擦掉眼泪,也跟进来。

田伯父盛怒,指着韩信斥道:"那咋叫当兵,那是造反!"

韩信没有顺从，迎头辩道："岳父，秦王并吞六国，残暴天下，楚人苦秦已久。反叛暴秦，顺应天理民心，造反又怎样？"

田伯父厉声斥责："造反，是灭族之罪！你想想，哪个造反的得到好下场了？"

韩信争辩道："不反也难活命。岳父，看看淮阴，苛捐杂税，多如牛毛；兵役徭役，如负大山；县官县吏，如狼似虎；淮阴青年，失之六七，谁家有好日子过？不反等死，造反或许能闯条生路。"

田伯父看着韩信，如同陌生人。他没想到，一向顺从的韩信，今天竟如此胆大妄为。他憋红了脸，说不出话。韩信看岳父无语，又解释道："岳父大人，韩信在淮阴忍让嘲讽，甘受胯下之辱，为的是有朝一日，施展大志。孩儿读书练剑，等的就是这一天。当下正是用武之机，不让我走，死不甘心……"

田伯父根本没听韩信的解释，韩信话没说完，他怒道："想当兵，除非你再活一回！"

田伯父怒吼一句，丢下二人，再次离去。韩信一片迷茫，不知所为。月娥想了想，追出门外。

夜，月光静静地洒在院子里，流银淌水。无欺酒垆浸在迷茫的月色中，没有一丝声响。月娥跪在父亲面前，两行泪水被月光映得晶莹秀亮。田伯父坐在黑暗中一言不语。看着女儿，许久许久，然后起身叹道："好歹你要跟他一辈子，父亲怕你受苦才这样坚决。祸福只在你一句话，现在收心还来得及，切不可草率而为。"

月娥沉思半晌，噙住泪水："父亲，韩信夙愿，坚如磐石，留得住人留不住心。孩儿理解韩信。结识他，是命中注定的，您就别拦了。"

田伯父痛心疾首，连声道："罢，罢，罢！"

月娥一阵惊喜，急问道："父亲，您答应了？"

"答应，没那么简单。"田伯父轻轻扶起月娥，"让他进来。"

韩信入室，和月娥站在一起。田伯父沉默良久，对韩信道："你听着，天下从军，亲人挂念，大凶大恶，九死一生。我拼杀半辈子，从齐到楚,才寻得一片静土。你却鬼迷心窍,妄图功名,实在浅薄。我心肠虽冷,但看不得月娥的眼泪。我有一难事,终未破解。如果你能帮我解决,当兵的事,由你。若解决不了,别再提当兵的事。"

韩信不知岳父有何难事,一时无语。月娥急问:"不知父亲有何难事?"

田伯父面对韩信,固执道:"你先答应。行,还是不行?"

韩信想了一下,肯定地答道:"就依岳父。"

月娥看了一眼韩信:"凭天由命,谁也不能反悔。"

两人同时看了一眼月娥,皆默然无语。田伯父起身,从箱内拿出玉连环手镯,交给韩信:"这套鸳鸯玉镯在田家流传三世了,没人能解开。解开玉镯,当兵的事由你;解不开,老老实实地过日子。"

田伯父态度坚决,不容半点商量。韩信小心地接过连环玉镯,仔细端详:两只玉环,相互套在一起,是用一块独玉打制而成的。玉镯打制精巧,琢磨细腻,是套死环。月娥看出了父亲的用意,听天由命,随他做吧。

韩信手持玉环,端详良久,一筹莫展。月光渐移,时限将尽,田伯父得意道:"解不开就还给我吧,以后别再提当兵的事。"

韩信见岳父逼得紧,急中生智。把玉镯扣在掌中一用力,答道:"岳父大人,玉镯解开了。"

田伯父斥道:"只会胡说,这是套死环,怎么能解开?"

韩信张开双手,玉镯断成三截。田伯父大惊,怒道:"你、你怎敢毁掉我的传家宝。"

"岳父大人,出奇制胜,此为兵法。不破不解,出奇计,方有奇功,孩儿何过?"韩信从容应对。

田伯父无言以对,接过破碎的玉环,感叹不已,良久,语重心长地说道:"孩子,你有大志,善机变,真的与众不同。去吧。"

韩信突然跪在岳父面前,认认真真地磕头:"待孩儿建立军功,回乡加倍报答老人。"

月娥看得目瞪口呆,看韩信真的要离去,突然转过身去,泪水止不住地淌下来。

天下着小雨,楚军离开淮阴,向北进发,城内一片混乱。韩信一身戎装,腰挎短刀,从县衙里跑出来。月娥看了好久,才认出他。没想到,一转身的工夫,韩信竟变成了陌生人。月娥有话说不出来,哽咽几下,扑进韩信的怀里,泪如泉涌。

韩信为月娥擦去泪水,安慰道:"姐姐恩情,韩信永不敢忘。待推翻大秦,回乡再与你朝夕相处。也许立下军功,分几亩田产,咱的日子就更好了。"

月娥苦笑了几下,流着泪水:"我不要军功,只望你平安回来。"

"韩信从小丧父失母,命硬,啥事也难不倒我。"

月娥擦掉泪水,从肩上取下布包,交给韩信。打开看时,两件衣服,一双布鞋,还有个红布包。月娥指道:"这是父亲的布鞋,还没上脚呢。红布包是家乡的泥土。这一去,天南地北,不知走到何方,水土不服,会生病的。母亲说,在吃水的井里撒一点乡土,就没事了。"

韩信感动道:"谢谢父母双亲,待我回来,当牛做马,孝敬他们。"

两人正说着,张成从身边跑过,远远地叫道:"韩大哥,队伍出发了,快走吧。"

韩信应承着,转身离去。月娥突然叫道:"等等。"

韩信停下脚步。月娥撸下玉镯,取下头簪,刻了一个"月"字,叮嘱道:"这一走,天各一方,不知何时见面。带上它,就是我在你身边。"

韩信收起玉镯,藏进怀里,随手摸出"兵"字腰牌,交给月娥:"留给你,上面有我的名字。"

月娥收起来木牌,抬头再看韩信,已经找不到人影。韩信混在队伍里,像一滴水,流入江河,像一颗泥土,化进苍茫的大地。

月娥呼喊着,不顾一切地向前追赶,一直追到城外,然后登上高冈,向韩信远去的方向,使劲地挥手。不知不觉间,雨水顺着她的头发淌下来,和眼泪搅在一起,世界顿时变得一片模糊。

第二章　从楚军　大志难伸

山东豪杰,揭竿而起,共诛暴秦。二世皇帝大惊,急派大将章邯率三十万大军出关平叛。秦军金戈铁马,席卷而来。一路斩陈王,杀魏咎,破韩平燕,击赵迫齐。齐军难以招架,失边境,丢临淄,退守东阿。官军穷追不舍,杀至东阿,四面攻打。齐将田荣心慌,急忙向楚军求救。

江东项梁,率八千子弟起兵,过江行收义军,得十万余众。一路势如破竹,攻郡夺县,无所不取。秦官惊恐,闻风丧胆,不战而走。楚军长驱直入,杀进齐鲁大地,取薛县,破亢父,士气高涨。项梁得胜,对众将笑道:"官军不过如此啊。"

钟离眜见项梁有骄色,谏道:"官军虽败,并非主力,欲破秦军,必有恶仗。"

项梁大笑道:"我八千子弟,败官军如卷残云。即使章邯亲自来,也杀他个片甲不留。"

项梁踌躇满志,将欲进城,一匹快马,从风而来。齐使手举帛书,远远下马,跪地而拜:"项梁大将军,官军围困东阿,攻打甚急。田荣将军死守城池,危在旦夕。天下义军,本为一家,恳请将军驰援。"

项梁看过帛书,突然大笑:"我正欲与官军决战。集合队伍,驰援东阿。"

一声令下,楚军再整旗鼓,待令出征。钟离眜一身铠甲,手执宝剑,立马军前,大叫道:"楚军将士,奋勇杀敌。斩秦军者奖;斩二人者功;斩秦将者,大功……"

韩信在军前,距钟离眛只数步之遥,他腰间佩剑,不停在眼前晃动,似曾相识。韩信正欲细看,钟离眛突然剑指东阿,吼道:"建功立业,驰援东阿,杀!"

众将士齐呼:"杀——"

一阵呼叫,将士势如潮水,席卷而去。韩信没时间多想,随队伍向东阿杀来。

东阿城外,硝烟弥漫,死尸相藉,云梯折断,河水染红。官军屯土,填平护城河,筑起数条甬道,直逼城垣。官军将要最后一击,楚军从身后杀来。呼声震天,兵如潮涌,官军猝不及防,一时大乱。秦将率官军与楚军厮杀,双方战成一团。韩信与张成等五人一伍,楔形进攻。韩信在前,两翼各二人,开合自由,切入敌阵。钟离眛手持长枪,勇猛异常,所到之处,官军溃散。田荣抓住战机,率军从城内杀出。官军首尾难顾,顿时大败。

一秦将奋勇突围,斩杀数十将士,冲开一条血路,突破乱军逃出。韩信义愤在胸,大叫道:"斩杀秦将。"

韩信杀来,拦住秦将。秦将果然凶猛,居高临下,连斩杀三人,纵马逃去。韩信大怒,随地捡起一张弓,张成递来一支箭。射人先射马,韩信张弓放箭,一声哨响,战马中箭仆倒,秦将摔出丈余。

秦将心慌,起身再逃,韩信、张成一前一后,拦住去路。秦将弃枪持剑,猛刺韩信。韩信左躲右闪,与秦将周旋。张成在身后攻击,看准机会,朝秦将猛砍一刀。"嘭"的一声闷响,刀劈铠甲,秦将毫无损伤。秦将回身战张成。张成躲闪不及摔倒。秦将将下狠手,韩信正面急攻。秦将丢下张成,又斗韩信。张成扑来,抱住秦将大腿。秦将行动困难,又回过头刺杀张成。韩信抓住机会,双手举刀,跳在半空,大叫一声:"泰山压顶!"

韩信使尽平生力气劈下来,秦将躲闪不及,头颅被削去半边,鲜血喷涌而出,身躯摇晃几下,仆倒在地。

韩信夺得秦剑再刺,直至他毫无声息,然后回身救张成,张成竟毫发无伤。

官军大败,狼奔豕突。项梁率军追赶十余里,收住缰绳。面对溃军,再次大笑:"官军主力如何？屁滚尿流之辈。"

韩信斩杀秦将,名声大振。钟离昧大喜,召见韩信。钟离昧乃伊庐人,当初,因抗赋税被县吏逮捕,将斩,项梁起兵杀来,救得他的性命。由此,他感恩项梁,作战十分英勇。韩信见召,急来将军大帐。钟离昧出帐相迎,远远问道:"你是韩信壮士？"

"在下正是。"

"是你斩杀秦将？"

"斩杀秦狗,大快人心。"

"斩杀秦将,大功。进帐说话。"

韩信见钟离将军爽快,疑虑顿消。入帐后,钟离昧兴奋地说道:"军中有令:斩秦将者大功。本将留你在帐前听用,如何？"

韩信高兴:"将军,斩杀秦将,不是我一人,还有张成兄弟。"

"一同表彰。还有你的'楔形'队伍,在全军推广。"

"谢将军抬举。"

钟离昧兴致有余,问道:"听说你缴获了秦王剑,能让我看看吗？"

"当然可以。"

韩信从腰间摘下佩剑,双手把它呈给钟离昧。钟离昧拔剑出鞘,赞道:"好剑,好剑啊。秦军宝剑,名不虚传啊。"

"将军喜欢,就留下吧。"

"当然喜欢。不过,舍不得我的佩剑。"

韩信趁机问道:"将军佩剑,可是楚王监造？"

"壮士何以晓得？"

韩信从容道:"此剑为先父遗物,韩信保管多年。后因暴秦收缴兵器,此剑被淮阴县令查没,再后就不知下落了。"

钟离昧叫道:"奇了,竟如此巧合。打淮阴时,本将斩杀县令所得。原来,县令收缴楚王剑,给贪污了。"

钟离昧摘下楚王剑,递给韩信:"既是你的传家宝,还给你吧。"

韩信惊愕:"这,韩信不敢。"

钟离昧慨然道:"君子不夺他人所爱。本将军还想留个好名呢。"

韩信肃然起敬,跪地施礼,庄严地说道:"儒者喜书,将军爱剑。将军慷慨相赠,韩信永志不忘。"

钟离昧止之:"不必多礼。秦剑也好,权当交换吧。"

韩信跪受楚王剑。由此,两人结下深情。

楚军一路得胜,攻取定陶,迫使章邯退守濮阳。连日来,淫雨连绵,昼夜不息,天湿地滑,不好再战,项梁下令,驻兵定陶,休整军队。项梁、钟离昧等数将骑马进城,韩信随钟离将军同行。项梁回首,对钟离昧道:"大军过江以来,破关夺隘,势不可当,若如此,不久将活捉章邯,推翻暴秦。"

钟离昧谏道:"楚军虽胜,亦不可粗心大意。薛县、亢父之敌并非劲旅。东阿虽胜官军,但溃而不散。只有斩杀章邯,方可夺关中,成大业。"

项梁大笑道:"章邯龟缩濮阳,望楚军而胆寒,有何惧哉?大破官军,指日可待。"

"将军,何不一鼓作气,直捣濮阳?官军若得喘息,必然反扑。"

"我也有此意。本想与田荣合兵一处,会攻濮阳。没想到,他却借口推脱,不肯出兵。眼下淫雨霏霏,城高壁滑,不便攻城,待秋高气爽,再用兵不迟。推翻暴秦,只差时日。"

钟离昧气愤道:"田荣无义,令人厌之。楚军有恩于齐,他却借故推托,可恶。"

"不说这些了。听说你有位壮士,亲手斩杀秦将,能让我赏识赏识吗?"

"将军,此人就在身边。"

钟离昧说完,向他引见韩信。韩信上前施礼:"报将军,韩信与秦狗有杀父之仇,灭国之恨。斩杀秦将,尚不能完成大业。在下欲斩杀章邯,推翻暴秦。"

"好样的!"项梁脱口称赞,"楚国有此壮士,何患暴秦不灭?"

"谢将军。"

"壮士忠勇可嘉,褒奖全军。"

钟离昧对项梁赞道:"韩信乃楚将之后,不但武功出众,智慧更胜一筹,堪当大任。"

"楚国之幸,楚国之幸啊,日后必有用武之地。"

项梁大悦,与众将谈笑风生,徐徐入城。

楚军跋涉两千余里,历经数十战,早已疲惫。将士入城,偶得偷闲,吃喝嫖赌,好不开心,一时纪律松弛。项梁体恤将士,看在眼里,装作不知。

韩信在钟离昧帐下深受器重,无话不讲。谈到定陶,韩信谏道:"官军虽远离定陶,但不可大意。兵法云,出奇者制胜。若章邯趁我不备,趁夜袭来,定陶将有大祸。军纪散乱,我甚忧之。"

钟离昧望一眼晚霞,点头道:"言之有理。夜幕迫近,正是用兵之际。走,出去看看。"

钟离昧说完,带帐前将士数人,向大街走来。

定陶古城,交通顺畅,经济富足,商业繁荣。韩信随钟离昧一同走来,路过青楼,大红灯笼下,横匾赫然在目:荟春楼。楼内歌声、嬉闹声充斥双耳。楚军将领出入青楼,鸨母眉飞色舞,春色荡漾。

钟离昧路过时,鸨母风吹摆柳,远远叫道:"将军,进来玩玩……"

"滚!"钟离昧讨厌鸨母,狠狠斥道。

"不玩算了,凶什么?"鸨母也不示弱,屁股一扭,走开了。

几人将要离去,一女子从房内跑出来,校尉在身后紧追。女子惊叫不已,韩信持剑拦住校尉,喝道:"岂敢无礼?"

校尉见钟离将军,惊得目瞪口呆。女子躲在韩信身后,叫道:"谢将军救我。"

韩信看那女子,确有几分姿色,劝道:"请姑娘好自为之。"

女子看一眼韩信:"小女本是良家女子,是军爷无礼。"

韩信掏出铜钱,塞在女子手里:"远离是非之地,自珍自重。"

女子感激涕零:"小女赵圆,感将军大恩大德,没齿不忘。"

赵圆深深施礼,谢过韩信,依依而去。韩信望断赵圆身影,平添几分担心。

钟离昧喝退校尉,离开青楼,登城查防。刚走出去不远,一小校哼唱

小调,如痴如醉走来:

> 小娘子,真美丽,
> 让我亲亲你的嘴;
> 小娘子,真漂亮,
> 让我摸摸你的床……

小校临近,钟离昧喝道:"别唱了!"
小校酒醉,媚脸笑道:"不唱……喝、喝酒……"
钟离昧上前,给了他一耳光,骂道:"狗彘,看我是谁?"
小校吃惊不小,见钟离将军,扑通跪下:"将军饶命、饶命……"
"拖下城去!"
侍卫拖走小校,钟离昧来到箭楼。楼外无人站岗,将士聚在楼内赌钱。昏黄的灯光下,众人围聚着木桌。校尉将一枚铜钱抛在半空,然后压在手下。一人叫道:"正面。"又有人叫道:"反面。"

众人各自押下铜钱,校尉慢慢张开手,众人瞪大眼睛呼叫:"正面,反面……"

钟离昧拨开众人,抓起校尉骂道:"狗胆军校,将士安危都在你等身上,竟敢赌钱?"

校尉见钟离将军,急忙跪下:"将军,小的错了,错了……"
众人都跪地求饶:"将军饶恕,再也不敢玩了,守城……"
钟离昧见众人求饶,对校尉喝道:"按军纪当斩,暂且记下你的人头。"

钟离昧离去,校尉看着背影,自辩道:"淫雨霏霏,夜暗路滑,谁来攻城?"

钟离昧在城内转了一圈,觉得事态严重,急来报告项梁。不想,他却被侍卫挡在门外:"将军有令,今晚概不议事。"

钟离昧斥道:"本将有重要军情。"
"将军有令,除非章邯攻城,任何事明日再议。"

钟离眜拔剑怒道:"军机大事,谁敢拦我?"

侍卫也拔剑出鞘,守在门口:"擅自闯帐者,以造反论处!"

钟离眜沉思了一下,收起佩剑,喟然而去。

下半夜,喧闹的定陶城睡去了,偶尔有一声梆响。城外,十几个官军身穿夜行衣,猫一样摸到城下。黑暗中,十几只拴着长绳、裹着麻布的铁锚飞上城头,悄然无声。很快,官军凭借绳索,轻盈登城。城头,官军列成一队,大摇大摆地向箭楼走来。小校首先发现,喝问:"何人?"

官军骂道:"妈的,老子巡城,装啥精神?"

小校无语。临近,官军出手,斩杀小校。不多时,城门大开。一声呼叫,官军杀入城内。

韩信听到喊杀声,大惊,急忙呼叫。钟离眜听街上乱叫,大惊失色,急道:"快救项梁将军!"

将士披甲持械,冲出门外。定陶城内,火光四起,喊杀声连成一片。钟离眜率众人杀到项梁门外,章邯先到。火光中,项梁身穿睡衣,手持短剑,在门前迎战。章邯胯下骑骏马,身穿铠甲,手持大刀,高叫:"反贼,拿命来。"

项梁以短剑搏击,首尾不能相顾。章邯手起刀落,将项梁劈成两段。

将士大惊,钟离眜叹道:"功败垂成,岂不痛哉。"

众人不敢恋战,转身突围。混乱中,韩信斩杀旗官,夺得军旗。执旗大叫:"项梁逃出北门,追杀者,大功!"

官军不辨真假,杀向北门,韩信等趁机从南门逃脱。

众人随钟离将军,逃出三十余里。天色微明,钟离眜收住马缰,回望定陶,对众人道:"去见项羽。"

项羽,项梁侄子,二十多岁。此人不善读书,精于武艺,勇力过人。此时,正坚守薛县。早起,项羽将要出帐,钟离眜满身污泥,一脸惊惧,闯到面前。项羽急问:"钟离将军,何故如此?"

钟离眜大哭,沉痛道:"章邯夜袭定陶,楚军大败。将士生死相拼,可惜迟了一步,项梁将军殉国。"

"叔父死了?"

钟离昧懊悔不已:"本将亲眼所见,为章邯所杀。"

项羽呆愣良久,突然蹲在地上,号啕大哭:"叔父哇,侄儿与你江东起兵,反叛暴秦,只望成就大业,哪想你却半路而去。事业未成,再有难事,可问何人啊……"

众人见项羽大恸,无不悲痛,谋士范增劝道:"人死不能复生,还望将军自重。重整旗鼓,报仇雪恨。"

项羽突然起身,恨道:"章邯老儿,此仇不报,誓不为人。"

项羽引众将入帐,回看韩信,问道:"此为何人?"

钟离昧引见,指道:"此乃斩杀秦将的壮士韩信。"

"斩杀秦将?有此本事?"

韩信施礼道:"将军枪挑县尉,韩信久仰。"

钟离昧赞道:"此壮士不仅善战,而且善谋。"

项羽问道:"留我帐下,何如?"

韩信看了一眼钟离昧。钟离昧会意,对项羽道:"将军惜才,只管调用!"

项羽到韩信面前,捶他一拳:"做我帐前执戟郎中,如何?"

"谢将军器重。"

范增看了一眼韩信,问道:"读过兵书?"

韩信直言不讳:"少时,随司马先生读过兵法。"

"司马剑?他还活着?"范增惊问。

"在淮阴时,我与先生朝夕相处。后来为秦狗所迫,先生不知去向。"

范增满意地点点头:"司马高徒,天资楚国,大军之幸也。"

项羽不以为然:"斩杀秦将,此勇足矣。"

范增又问钟离昧:"将军何以知韩信善谋?"

钟离昧答道:"大军兵驻定陶,韩信预先想到官军袭城。事未发而先测其形,足见其谋。突围时,韩信夺得秦旗,诓骗秦军去北门,我等兵不血刃,从南门突出。两军相遇,不以力胜,足见其智。"

范增满意,深深点头,一言不发。

众人坐定,一匹快马飞驰而来。信使急入帐,递上帛书:"怀王使令,请将军到盱眙议事。"

项羽看罢帛书,目视范增:"亚父与我同去,如何?"

范增点头道:"项梁将军殉国,楚军危矣。军中无首,老夫必力荐将军担当大任。"

章邯夜袭定陶,斩杀项梁,大宴将士。宴上,章邯得意地说道:"本将奉诏平叛,一路旗开得胜,杀陈王,除魏咎,破韩平魏,今日略施小计,腰斩项梁,山东蛰贼,指日可荡。诸将,下一步对谁用兵啊?"

司马欣起身道:"项梁虽斩,楚军未灭。项羽、刘邦等叛军,正兴风作浪。大军可就近荡平楚地,而后回师河北。"

章邯大笑:"项羽、刘邦皆鼠辈也,不足挂齿。区区数千人马,何以兴风作浪。"

副将董翳起身:"楚人意在复国,志向非浅。项刘人马虽寡,但发展迅速,不可轻视。"

章邯又笑道:"二位将军过虑了。项刘之徒,打家劫舍之辈,难成大业。我所担心的,是赵燕之贼。待我平定河北,扫除后患,再除蛰贼不迟。"

章邯不听二将劝阻,挥师过河,直取赵国。

盱眙楚王宫,楚怀王熊心上座。义军将领齐聚:上将军宋义、沛公刘邦、楚将项羽、英布将军、陈将军、浦将军、谋士范增等二十余人在座。熊心,楚君后人,被义军推举为王。项梁新败,人心未稳,熊心道:"楚军入齐,已露破绽,宋义将军曾有谏议,项梁不听,致使惨败,此人祸也。为防官军南下,各路义军收缩固守,以备不测。"

宋义听到表扬,矜矜自得,看一眼众将,提议道:"楚人叛秦,义军众起,为统一号令,协同作战,本将提议,推举怀王为义帝。怀王乃楚君之后,众将以为如何?"

众人应承。项羽不满怀王对项梁的结论,又看他们两人互相吹捧,怒,将要起身,范增拉住他的衣角。项羽沉默片刻,勉强应承。

刘邦起身道:"义军收缩防御,也是道理,但据我所知,官军并未南下,已回河北击赵,楚军可否伺机而动……"

宋义轻视刘邦,讥讽道:"区区沛公军,岂敢妄议大政?"

义帝面对众将:"军中不可一日无主,宋将军怀九德之才,驾驭万军之能,可担大任。各位以为如何?"

众将应承,刘邦不语,项羽起身,将要反驳,范增再止之。这时,一使者持帛书急入,传给义帝。义帝看罢,面带悦色,对众将道:"诸位,官军正如沛公所言,北上击赵。赵军受困巨鹿,十万火急,求救于楚,可救否?"

刘邦宽心,心情复杂地看了一眼宋义。项羽复仇心切,起身道:"当然要救。山东义军,本为一家,楚赵一心,里应外合,正好用兵,机不可失。"

义帝看了一眼范增。范增起身道:"项将军所言极是,救赵亦救楚。赵军破,必击楚,此各个击破之法也。若灭官军于赵地,楚亦安矣。"

义帝又看宋义。宋义起身:"楚赵唇齿相依,唇亡则齿寒,救赵乃大略也。"

义帝点头,起身决定:"大军出兵救赵。令宋义为上将军,项羽为副将,英布、浦将军为偏将,北出巨鹿,见机行事。沛公坚守砀郡,以备不测。其余将领原地坚守,伺机而动。"

宋义身担重任,大悦,起身应道:"遵令。"

楚军多路,唯项羽最强,不服,再欲理论,范增复止之。

义帝没在意项羽的表情,议道:"关东义士,起兵诛暴,各位务要奋勇争先,建功立业。今日,寡人与众约:先入关破秦者为王,可否?"

项羽自料,破秦非楚军不可,高兴,起身称赞。众将亦赞同,盟曰:"先入关破秦者为王!"

宋义率两万大军北上救赵,一路跋涉,终于来到彰河南岸。宋义欲观其变,择时出兵,于是安营扎寨,一住竟达四十余日。大军粮草将尽,仍无动静。项羽怒,以贻误战机为名,斩杀宋义,夺其兵权。破釜沉舟,渡河救赵。

巨鹿城外,烽烟弥漫。官军攻城,旷日不下,将士松懈,席地而坐。一天,远处烟尘大起,项羽率楚军席卷杀来。战鼓连天,杀声震地,秦军大惊,仓皇迎战。项羽持长戟一马当先,如入无人之境,横扫官军,连斩数将。秦将抵挡不住,争相逃避。赵将赵歇、张耳、陈馀、陈豨等从城中杀出,内外夹击,官军大败。

项羽率军追杀十余里,然后回城。赵歇、张耳、陈馀、陈豨、李左车、蒯彻等文臣武将,见楚军势大,项羽英武,不仅佩服,更是敬畏。项羽临城,他们跪拜迎接。项羽得意,下马还礼。赵歇施礼道:"末将赵歇,拜谢项将军。"

项羽飘然,大笑道:"天下义士,共诛暴秦,岂容章邯老儿横行。"

张耳赞道:"将军英勇无敌,冲锋陷阵,如猛虎驱羊群。末将佩服。"

项羽愈加得意:"只恨章邯老儿不在,否则必亲手斩之。"

赵歇礼让有加:"请将军入城。"

众将簇拥项羽入城。城内军民,箪食壶浆,扑地相迎。项羽入宫,被奉为上座。他得意问道:"诸位,楚军打仗如何?"

众将赞道:"天下无敌。"

赵歇奉承道:"将军真天下义士也。"

张耳捧场:"将军救赵,官军丧胆,诸侯灭秦,指日可待。"

范增看了一眼众将,旁敲侧击道:"山东义士,本为一家。赵国有难,楚人理应承担大义。项将军勇冠天下,统领义军,共诛暴秦,各位以为如何?"

赵歇看了一眼范增,知其意,对众将道:"项将军英勇善战,堪当大任,我等愿推将军为诸侯之长,成就大业。"

张耳赞成:"将军名不虚传,当之无愧。"

众将同声:"听令项王,共灭暴秦!"

项羽喜出望外,拱手施礼道:"各位既推举我项羽,那灭秦之后,天下愿与诸侯共有之。"

范增觉得不妥,目视项羽,止之。项羽不以为然,装作不知。

众将高兴,齐呼:"听令项王,共有天下!"

赵歇大悦,高声道:"诸位,大破官军,此为一喜;诸侯共推项王为长,此为二喜。我愿设宴,双喜同庆,如何?"

众将热烈欢呼:"为项王干杯!"

官军兵败巨鹿,未伤元气。章邯率二十余万大军,退守棘原,固守不战,一晃月余。其间,项羽多次进攻,皆无进展。晚上,章邯独坐帐内,苦闷不语。董翳入见,献计道:"叛军屡攻不胜,士气衰落,正是反攻之际。今夜,我愿率三千精兵,偷袭叛军大营。将军率大军助攻,必获大胜。"

章邯轻轻摇头,长叹不语。

董翳道:"将军为何怯战?兵法云:'避其锐气,攻其惰归。'此正当时也。"

章邯再叹,轻声道:"我所虑者,并非叛军,唯忧朝廷。如今,二世暗弱,赵高专权,指鹿为马,诛杀异己,我等皆不知所归矣。"

董翳劝道:"世间流言甚多,并无实证,将军切不可轻信。"

章邯道:"我派司马欣以奏报山东战况为名,打探虚实,司马将军回报,实情比传言更甚。赵高责备大军讨伐不利,限期平叛,否则……"

"否则怎样?"

"以通贼论处。"

"通他个姥姥!"董翳起身骂道,"将军,宦官当道,忠臣难做了。"

章邯不语,恰好司马欣入,对章邯道:"董将军所言极是。"

章邯思忖良久,流泪道:"我本想为朝廷做番事业,哪想生不逢时,天不助我呀。"

董翳直言道:"将军,我等绝不与宦党为伍。赵高既然逼迫,索性反了。和叛军联手,杀回咸阳,宰了赵高。"

章邯摇头不止。

司马欣道:"咸阳回不去了。我在咸阳,若不乘机借夜色逃脱,已是刀下之鬼了。"

董翳道:"咸阳回不去,就联手叛军,以图天下。"

章邯怅然:"我和项羽有血海之仇,他岂能容我?"

董翳道:"此事何难？司马将军于项羽有恩,何不由他周旋。"

章邯抬头看司马欣,问道:"真有此事？"

司马欣点头道:"当初,项羽杀人,论罪当斩,其叔父项伯找我相助。在下费尽周折,为他了结命案。"

章邯高兴道:"若如此,烦将军面见项羽。"

司马欣点头道:"彼一时,此一时也。我可见项羽,成败只由天命矣。"

司马欣出使诸侯,项羽大骂章邯,不肯受降。司马欣又找范增,陈述利弊。几经周折,项羽心动,接纳章邯。

楚军、官军合兵一处,声势浩大,一路向咸阳进发。项羽踌躇满志,以为咸阳唾手可得,先入关者为王,舍我其谁！诸侯军痛恨秦王朝,迁怒官军。官军虽降,待若俘虏。路上,随意打骂,杀戮,克扣粮饷,侵衣夺食。官军恐惧,人心浮动,拖累楚军,日行十余里。六十余万大军,粮草消耗甚大,楚军不堪重负。

韩信在项羽帐前,虽有执戟郎中之位,却无钟离帐前之愉快。几次献计于项羽,无一采用。一天,张成来见,韩信倾吐内心苦闷:"项王只会拼杀,却无用兵之道。"

张成看四下无人,轻声问道:"此话怎讲？"

韩信叹道:"项王勇冠三军,令人佩服,但不通变故,治理更一塌糊涂。有力敌百人之威,却无智服万众之术。项王统一旅之师,已是极限,率一军就力不从心了。"

"为何不劝说项王？"

"项王刚愎自用,妄自尊大,亚父尚且不尊,何况执戟郎中……"

说话间,范增走来,韩信上前施礼。范增问道:"昨晚去我帐中,欲言又止,何为？"

"在下有心报国,但身为执戟郎中,妄言军机大事,怕有不妥,故欲言又止。"

"此言差矣,楚国乃大家之事业,凡于楚国有利,当讲则讲。"

韩信想一下:"在下以为,我军对待官军不妥。"

"有何不妥？"

"兵法云：'得降卒而善养之，杂而阵之，更其旌旗而用之。'岂能视官军为异己？更不可无端虐待之。若如此，恐生变故。"

范增赞道："不愧为司马高徒。为何不直谏项王？"

韩信轻轻摇头："人微言轻，项王岂能重视？"

范增不语，看了一眼韩信，出帐离去。张成担心道："小心误会。"

韩信长叹一声："为楚国大业，何惧误会？"

项羽这边为降卒拖累，如陷泥潭，日行缓慢，刘邦却发展很快。沛公军坚守砀郡，知项羽大捷，官军势弱，率军沿黄河南岸向关中杀来。刘邦原为沛县亭长，天下叛秦后，与县吏萧何、曹参等共举义旗，众人推之为首。部下义聚萧何、曹参、张良、夏侯婴、樊哙、灌婴、周勃、郦商、郦食其等文臣武将百余人。沛公军西进，刘邦广纳良言，恩威并用，一路旗开得胜。取砀郡、破陈留、下南阳，直逼武关。

武关是进取关中的要隘，过武关可直捣秦都咸阳，然而，武关有万击不破之固。古往今来，关前不知留下多少冤魂，尚无破关先例，人称"鬼门关"。张良得知守关将领是商人之后，便献计刘邦："商者，利也，可以利收之。"刘邦用张良计，派郦食其出使武关，使重金贿赂。结果，兵不血刃，巧过武关。刘邦率十万大军，杀入关中，直扑咸阳。此时，项羽率降卒，仍在新安路上蜗行。

这天，项羽兵临新安县城，行动缓慢，早早宿营。项羽入帐，气得大骂："该死的降卒，若如此，何日抵达咸阳？"

赵将赵歇早有主意，看项羽日益烦躁，觉得时机已到。当晚，悄悄入帐，毕恭毕敬，面见项羽，奏道："项王之忧，亦末将之忧也。若如此，项王虽有盖世之功，怕有失义帝之约矣。"

项羽急道："降卒拖累大军，如何是好？"

赵歇诡异道："区区小事，处之何难。"

"将军有何良策？"

赵歇不答，旁敲侧击道："降卒拖累大军，必失义帝之约。若如此，将军空有功名，而无权重之机矣。"

项羽甚急,再问:"将军有何良策,但讲无妨。"

赵歇仍作迂回,不紧不慢地答道:"眼下,粮草将尽,降卒仍喊饥饿,若不果断处置,大军断粮,莫说进咸阳,恐怕自身亦难保矣。"

项羽不耐烦地说道:"有话就说,有屁则放,寡人绝不计较。"

赵歇看火候已到,四下看一眼,诡异地做了一个砍头的动作:"只有这样,才能轻松前进。否则,大军必为降卒拖垮。"

项羽思考良久,不语。赵歇摸不准项羽用意,怕遭杀身之祸,补充道:"末将只为项王,绝无二心。否则,大业难成。"

项羽沉默良久,低声道:"容我思量。"

赵歇诡异离去,韩信看出端倪,入帐面见项羽,直言道:"赵歇只为泄私愤,轻信则误国。当初,秦将白起坑杀赵卒二十余万,赵歇欲借将军之手,复报前仇。坑杀降卒,大恶,万万做不得。"

项羽看了一眼韩信,不满道:"军机大事,休得妄言。"

韩信争辩道:"官军归附,天助楚人也。关东诸侯,群起叛秦,皆因秦王暴政。项王切不可以暴治暴,痛失人心。杀降卒,必酿大错……"

项羽听后,大为不悦,怒问道:"何谓以暴治暴?胡言乱语。军国大事,岂容尔辈妄加评论?"

"项王……"

"下去!"

争论间,项庄急匆匆入帐,韩信退出。项庄近身轻声道:"将士缺少棉衣,去降卒营中借用。降卒不与,两军械斗,死伤近百人。"

"反了!"项羽不自觉地叫了一句,踱数步,回身问道,"降卒人心浮动,反迹已现,将军以为,如何处治?"

"尽杀之。"项庄早有准备,见项羽问计,脱口而出,"降卒暗中聚议,密谋哗变,若不及早处置,必生大乱。"

项羽沉思半晌,从牙缝里迸出一个字:"杀!"

后半夜,城外降军大营起火。火光中,楚军手执利剑,肆意砍杀。降军手无寸铁,任人宰割。韩信被骇叫声惊醒,起身出帐,见降军大营一片火光。烟火处,隐隐传来骇叫声、怒骂声、反抗声、呻吟声、惊呼声……各种声音交织在一起,恐怖得如人间地狱。

第二天早起,大军将要出发,韩信纵马到城外,发现那里惨不忍睹。降军荡然无存,死尸犹如烂柴,填入深坑。微风吹过,腥气袭人,令人作呕。韩信伫马良久,叹道:"二十余万降卒,不为所用,反成包袱,又转念杀之,真用兵之哀也。"

秦都城咸阳,赵高谋杀二世皇帝欲独揽天下。秦遗臣奋起反抗,共诛赵高,立子婴为帝。秦政风雨飘摇,子婴试图力挽狂澜,但时运不佳。刘邦巧破武关,挥军杀来,子婴手足无措,聚众臣议事:"各位爱卿,赖诸君之力,平定赵高乱党,但反贼刘邦率十万大军,直逼咸阳,各位可有退敌之策?"

武官痛哭道:"陛下,关中无兵无将,咸阳不过数千侍卫,何以抵挡虎狼之师?"

子婴急道:"难道大秦就眼睁睁地灭亡吗?"

文官亦痛哭:"大秦将亡,罪在赵高。若无宦官作乱,大秦岂有今日。如此时局,即使周公再世,比干重生,亦难回天矣。"

一武将义愤填膺,起身叫道:"陛下,臣愿率御林军与反贼死战,誓与咸阳共存亡。"

文官反对:"区区御林军,以卵击石也。"

一文官哭道:"战则百无一胜,莫若不战……"

议事良久,子婴垂泪:"天不助我。若用一年,哪怕半年,朕也要重整旗鼓,再振大秦雄风啊!"

众臣跪地痛哭:"大秦将亡,臣等之罪也。"

子婴泪如雨下,离座道:"罪不在尔等,是朕命薄福浅。朕愿只身面见刘邦,纵有万罪,独自承担。"

子婴辞退众人,率一班近臣,素车白马,出城投降。刘邦兵不血刃,率先破秦,进驻咸阳。

项羽坑杀掉降卒,轻装前进,终于来到函谷关前。项羽铠甲在身,长戟紧握,威风凛凛,志在必得。这时,探马飞报:"函谷关有军人把守。"

项羽急问:"是秦军吗?"

"看旗号,是沛公军。"

项羽大叫一声:"刘邦老儿,先我入关了吗?"

快马又来急报:"刘邦兵进咸阳,子婴束手投降,半月有余。"

项羽气得半晌无语,恨道:"刘邦老儿,投机取巧,抢占头功,寡人绝不容你。英布,率军速取函谷关,进取咸阳。"

英布受命,率铁骑三千,杀向函谷关。守关将士知楚军来,不战而退。不多时,关门大开,项羽率四十万大军杀入关中。楚军长驱直入,盛怒而来。

沛公刘邦接受子婴投降,驻军灞上。咸阳城内,秩序井然。中街上,一张布告赫然在目。布告下数十人观看,有人读道:"沛公昭告天下——废除秦王苛法,与民约法三章:杀人者死,伤人者罪,盗窃者罪……"

废除苛法,秦民大悦,无不奔走相告。

刘邦进秦王宫,如入仙境。珠宝似山,美女如云,这也新鲜,那也稀奇,喜不自禁,恨不得把这一切都揽入怀中。张良入,对刘邦道:"主公用萧何计,约法三章,布告天下,秦民大悦。"

刘邦点头:"萧何善于治理,名不虚传。先生来,可有良策教寡人?"

张良想一下,直言道:"主公切莫贪恋美女珠宝,宜封闭秦宫,退出咸阳,还军灞上,以待天时。"

刘邦惊问:"义帝有约:先入关破秦者为王。大军率先破秦,寡人理应为王,何故退出?"

张良严肃道:"项羽率四十万大军,正向咸阳杀来。主公若称王,不仅项羽不允,诸侯也不会答应。若如此,主公必成众矢之的,不但称王不成,大军亦难保啊。"

刘邦倒吸一口凉气,沉默良久:"先生所言极是、极是……可惜我一世英名,还得看小儿脸色。"

"从长计议,以退为进,方为上上之策。"

刘邦沉思良久,愠色道:"封闭府库,把守王宫,退出咸阳。"

这天傍晚,项羽率大军抵达新丰鸿门。鸿门距咸阳只半天路程,大军扎寨后,范增入帐,低声道:"刘邦左司马曹无伤从咸阳来,欲见项王。"

"不见。"

范增劝道:"大军正欲知刘邦详情,曹无伤主动上门,求之不得啊!"

项羽觉得有理,问道:"曹无伤安在?"

"帐外等候。"

"叫他进来。"

不多时,曹无伤谨慎小心,入帐见项羽,跪地施礼道:"小臣曹无伤拜见项王。"

项羽盛气凌人,一只脚踏在案几上,问道:"刘邦老儿,欲王关中,此事当真?"

"千真万确。刘邦入住秦王宫,独据财物、宝器、美女,把守山关隘口,欲王关中,以子婴为相。还说项王……"

"还说什么?"

曹无伤停顿了一下,恨道:"说项王乳臭未干,匹夫之勇……"

项羽气极,吼道:"刘邦老儿,吾誓杀汝!"

项羽气贯长虹,曹无伤为之颤抖。恰好项庄入帐,项羽遂令道:"犒劳三军,明早为我击破沛公军,斩杀刘邦老儿!"

曹无伤一把火,烧得项羽火冒三丈。刘邦即将大难临头,却一无所知。当夜,与二女共度春宵,美不胜收。夜半,张良急来房外,叩门求见。敲门声搅了刘邦美事,大为不满,骂道:"谁在敲门?报丧似的。"

张良悄声道:"是我,张良。"

刘邦不悦:"有事明天再议。"

张良急道:"主公,事情危急,快快开门。"

张良声音有几分颤抖,刘邦觉得不妙,推开美女,赤脚开门。见张良脸色惨白,他吃惊不小,急问道:"何事甚急?"

张良入室,刘邦把美女赶走,更衣再问。张良低声道:"项羽知主公抢占头功,大为不满,明早要马踏大营啊。"

刘邦听后,半晌不语,良久,问道:"先生如何得知?"

张良道:"项羽叔父项伯,与臣有生死之交。先前他命案在身,是臣救了他。项伯不忘旧恩,知臣在军中,怕遭不幸,连夜骑马来,要臣离去。臣担心主公,特来急报。"

刘邦听罢,一屁股坐在地上,哀声问道:"大祸临头,为之奈何?"

"主公以为,两军交战,可胜项羽否?"

"军中之事,先生自然明了,沛公军哪是项羽的对手啊。"

张良想了一下,出计道:"若不能战,必臣服之。主公可到鸿门谢罪,陈述无称王之意,并推举项羽为王,或许可避免灾难。"

"谢罪可以,只怕项羽不容?"

"主公可见项伯,请他从中周旋。明早,必亲自去鸿门谢罪。"

刘邦惴惴不安,再谢张良:"大军安危,任凭先生定夺。"

冬月天气,夜里下过小雪,清晨寒冷。韩信与众侍卫,备好鞍马,准备出征,却不见项羽动静。项庄衣甲佩剑,急促而来,走近韩信,问道:"主公安在?"

"尚在帐中。"

项庄到帐前叫道:"主公,大军集合完毕,待令出征。"

项羽不紧不慢,帐内答道:"莫急。"

项庄大感不解,正欲问个明白,营外一队人马,急驰而来。为首的骑红马,披红袍,腰佩短剑。身后十余将领,皆无长枪。人马披霜挂雪,汗气蒸腾。临近营门,远远下马,徒步走来。项庄认得刘邦,问道:"刘邦老儿,为何早来?"

韩信惊问道:"沛公?"

"正是。主公有变,原来是刘邦来访。"

刘邦走近,韩信仔细观看:五十上下,红脸膛,高鼻梁,身长清瘦,面相朴质,两眼黠气。身后有张良、樊哙、夏侯婴、纪信等十余心腹。临近帐门,项庄、韩信等一班侍卫拦住去路。项庄利剑在手,喝问道:"来者何人?"

刘邦没回答,项伯从后面迎上来,客气道:"项庄将军,此乃沛公刘邦,与主公有约,特来拜见。"

项伯出面,项庄、韩信等众人收起兵器,让开道路。项伯引刘邦到项羽帐外,叫道:"项王,沛公前来拜见。"

有顷,项羽衣甲佩剑,威武雄风,步出帐外。刘邦先自上前,单膝跪地,拱手施礼:"不知项王来,有失远迎,臣之罪也。"

韩信看刘邦跪拜项羽,忽然想起胯下之辱,暗中叹道:"沛公,大志也。"

项羽见刘邦跪拜,甚是得意,敲打道:"沛公神鬼莫测,先我入关,何罪之有啊?"

刘邦心慌,叩头再拜道:"项王披坚执锐,灭秦主力,当推首功。刘邦托项王洪福,不意入关。兵至咸阳,不敢妄动。驻兵灞上,护秦宫,封府库,籍民册,等候项王来。欣知项王至此,臣特来迎拜。"

项羽愈加得意,直言道:"尽收珠宝,欲王关中,以子婴为相,何谓不意?"

刘邦心惊肉跳,辩道:"绝无此事。"

项羽追问道:"你左司马曹无伤亲口所讲,岂能有诈?"

刘邦汗流浃背,再辩道:"曹无伤因强抢民女,触犯军规,我欲杀之。他逃离咸阳,因嫉恨臣,故来搬弄是非。项王莫听小人挑拨,使两军生隙,再乱天下。"

项羽沉默良久,轻轻一笑:"起来吧。"

刘邦稍稍安心,激动道:"项王英明。"

项伯上前劝道:"沛公确无称王之意,封存府库,以待项王,把守山关隘口,以防盗贼。今又亲来迎接主公,主政天下,实为大德大义。项王、沛公,同为楚人,情同兄弟。如今暴秦已灭,兄弟相逢,理应庆祝。"

项羽心满意足,爽朗大笑:"设宴。"

众将入室,范增趁机见项羽,果断做了个砍头动作。项羽佯装不知。范增谏道:"刘邦能屈能伸,城府颇深,此成大事之相也。主公务必杀之,否则必追悔莫及。"

项羽不以为然,笑道:"杀刘邦易如翻掌,但恐失信诸侯,为怨天下。"

"主公切莫痛失良机,刘邦以智取胜,巧取关中;善于用人,文武附之。若不除掉,必与项王争天下。"

项羽不语,思忖之际项伯走来,近身劝道:"刘邦归顺,天下朝拜,良机在掌,切莫轻动邪念。杀有功,诛有德,必失信诸侯,再乱天下,此万劫不复之过也。"

项羽不语,分别看过二人,大笑离去。

灞上沛公营,众将枕戈待旦。萧何统军,在大丘上向鸿门观望,曹参、灌婴等在身边。日上中天,萧何严肃道:"鸿门毫无消息,祸福各半。众将务必随机应变,急时退守武关,以备不测。"

曹参道:"沿途皆有探马,举旗为号。楚军杀来,必先知之。"

萧何又问:"武关方向如何?"

灌婴道:"依公之计,已派傅宽、高邑镇守。一旦有变,可保大军进退。"

"武关乃要害之地,不得有误。"

"灌婴明白。"

众人迎着寒风,熬到偏午时刻。突然,远处腾起烟尘,众人惊惧。不多时,十余骑从鸿门方向飞驰而来。萧何大喜:"主公回来了。"

灌婴疑惑:"后面可有楚军?"

"不见楚军,定无大碍。"曹参释然。

快马临近,果然是刘邦。身后紧随樊哙、周缧、纪信等众将。萧何见众人一身惊恐,迎上前急问:"情况如何?"

刘邦稍稍伫马,急道:"一言难尽,回营说话。"

萧何、曹参不敢多问,随刘邦身后,打马归营。

刘邦、萧何、夏侯婴、周缧、曹参、灌婴、纪信等入帐,惊魂未定,刘邦看着萧何,对众将道:"鸿门宴前,杀机四伏,我等虽然平安归来,但恐项羽生变。通晓全军,提高警惕,以备不测。"

曹参、灌婴应答而去。

两人刚出,樊哙拎一颗滴血的人头入帐,扔在众将面前:"曹无伤被我杀之。"

刘邦上前,朝人头踹了两脚,恨道:"可恶小人,险些坏我大事。"

天下归心,项羽称意,率楚军向咸阳进发。路上,项羽自矜道:"刘邦称臣,天下无忧矣。"

范增劝项羽杀刘邦,不用其计,因而怨之,见项羽骄色十足,反讥道:"切莫高兴太早。诸侯中,刘邦最难信任。鸿门宴前,他俯首帖耳,皆是假象。此人深藏不露,必有远图。依老夫看,宜尽早除之,以绝后患。"

项伯插言道:"先生差矣。义帝之下,刘项如同兄弟。沛公率先破秦,也是大功。杀有功,诛顺臣,必陷项王于不义也。"

"叔父所言极是。我项羽入关,杀功臣,伐无罪,岂不失信于诸侯?"

范增哂笑:"将军沽名钓誉,当断不断,必有后患。"

项羽听得甚为逆耳,无奈范增是老臣,并不计较,但置之不理,不用其策。

楚军进城,纪律松懈,烧杀抢掠,为所欲为,秦民大失所望。项羽同众将进秦王宫,子婴素衣白袍,出宫迎接。见项羽,他拱手施礼:"秦子婴,迎候将军。"

项羽骑马,戟指子婴:"你是秦王?"

子婴恭敬道:"正是。"

"为何这般打扮?"

"戴罪之身,不敢严装。"

项羽哈哈大笑,对众将道:"想当初,始皇帝巡游天下,临驾会稽,万人拥戴,令人垂慕,寡人只好远而视之。谁知天地颠覆,秦王竟在寡人面前称臣啊?"

众将捧场道:"项王神威,暴秦覆亡,天之意也。"

"看子婴装束,形同吊丧,你们说,当如何处治啊?"

项庄纵马上前,枪指子婴,怒斥道:"当初,秦王并吞六国,杀人如麻,如今暴政已除,留尔尚作何用?"

项庄骂完,一枪戳下去。子婴口吐鲜血,手指项羽骂道:"秦王暴政,人神共愤。楚人之暴,甚于秦王。江东小儿,必无善终!"

项羽大怒,举戟复刺。子婴痛骂数声,气绝身亡。

见项王杀人,众将放肆,屠杀秦臣。争抢美女、珠宝神器,为所欲为。不多时,咸阳大乱。

不知是谁,在宫中纵起大火。火势迅速蔓延,很快连成一片。烈焰冲天,烧红天际,浓烟低垂,弥漫全城。韩信大惊,再谏项羽:"前朝故都,正为我用。项王何故纵火,不想留驻关中吗?"

"寡人起兵伐暴,除恶务尽。关中乃残暴之地,岂可久居?"

韩信力谏:"项王差矣,关中乃天府之国,帝王之都。内有渭水滋养,外有山河紧固,足以成就大业。建都关中,进可觊觎天下,退可凭关自守。攻守兼备,此乃万击不破之地也,岂能留与他人?"

项羽愤然:"楚军灭秦,尊贵至极。富贵而不还乡,如同夜穿锦绣,谁能见之?"

项羽浅薄,韩信痛之,直言道:"大丈夫高瞻远瞩,成就大业,岂能鼠目寸光,贪图虚荣……"

"胡说八道!"项羽听言不顺,暴怒,厉声斥道,"你屡次犯我,何为?若不念你乃楚将后人,定斩不饶。退下!"

韩信毫无惧色,争辩道:"臣之所谏,实为衷肠。若如此,楚必亡矣。"

"岂敢无礼?"

项羽震怒,欲责韩信。范增入,进前止之。韩信怅然出帐。

一团黑烟,形同怪兽,扑面袭韩信。黑烟中,夹杂着焦煳的怪味,令人窒息。韩信毫不怜惜自己,迎风而立,不觉泪如雨下。

咸阳城四处火起,烈焰毕剥作响。不久,秦宫大殿轰然倒塌。随后,阿房宫火起,骊山陵火起,二百里行宫火起。烟火直冲九霄,封锁关中大地,大火三月不灭。八百里秦川,充满恐怖。秦人大骇,无不惊恐万状。

好端端一个帝都,转眼间变成焦土。韩信怅然,大失所望。

项羽得意,乐在军中,美不胜收。饮酒作乐,通宵达旦。大帐内,丝竹飘渺,金鼓铿锵,歌女翩跹起舞,曲调悠扬入耳。美女皆出自秦宫,训练有素。一组唱过,又换一班。六六三十六人,个个身材窈窕,轻盈动人。领舞一人,穿戴与众不同。红色纱裙,薄如蝉翼,袒胸露腹,风情万种。宫女翩翩起舞,秦歌颂唱:

  大王神威,海内皆宁;
  四夷归附,八方朝贡;
  三千佳丽,百里宫庭;
  美酒佳宴,无尽无终。
  ……

酒至半酣,项羽心潮涌动。推开佳丽,起身与领班歌女共舞,和唱道:

  立马威兮谁敢当?
  破秦阙兮笑嬴王。
  诸侯归兮吾为尊,
  美姬悦兮酒百觞。
  ……

项羽舞姿笨拙,怪态百出,气氛却十分高涨。一曲歌罢,把美女揽入怀中,回座休憩,问道:"如何称呼?"
"贱妾虞姬。"
"芳龄几何?"
"刚好二八。"
"故居何处?"
"江东人氏。"
项羽知虞姬是江东人,大悦,问道:"肯与寡人同行否?"
"大王若不嫌弃,贱妾愿终生陪伴大王。"

项羽大喜,叫道:"添酒。寡人与虞姬畅饮,不醉不休。"

帐前歌舞,高潮迭起。夜以继日,接连月余。

诸侯滞留关中,一晃数月。何去何从,不知所终。当初,项王承诺,灭秦之后,与诸侯共天下。此时能否有变,谁也说不清。诸侯间互相猜疑、寻问,问来问去,问不明白。至使诸侯烦躁不安,人心浮动。项羽歌舞宴饮,终日不息,无人敢谏。范增怕夜长梦多,入帐见项羽,施礼道:"老夫打扰了。"

项羽热情道:"亚父何必客气,坐下说话。"

范增开门见山,问道:"大军破秦,三月有余,诸侯焦躁,不知所终。久拖不决,恐生变故,不知主公如何处治天下?"

项羽想一下,答道:"在赵国时,寡人有约:灭秦之后,天下愿与诸侯共有之。"

"分封天下,老夫以为不妥,还望主公慎重。"

"亚父欲尊帝制?"

"天下称治,乃万世之基也。"

项羽摇头道:"亚父错矣。秦人并吞六国,暴虐天下,人神共愤,天下叛之,俄顷崩溃,皆专治之祸。再则,楚人起兵,除秦暴政,岂能因其旧制?且寡人与诸侯有约,失信天下,岂是道理?"

"如何与诸侯共享?"

"分封天下。若如此,上顺天意,下合民心。诸侯欢欣,则天下必顺之。"

范增轻轻摇头。项羽笑道:"寡人一诺千金,掌管天下事小,失信诸侯事大。"

范增苦笑良久,问道:"若如此,刘邦如何加封?"

"沛公率先破秦,应封关中,不知亚父有何高见?"

"不妥,不妥。"范增连连摇头,谏道,"关中乃帝王之所,岂容刘邦酣睡?按义帝之约,刘邦宜封秦地。巴蜀历来属秦,可封刘邦至四塞之地,免得日后捣乱,也不失义帝约。"

"如此甚好,不知关中如何加封?"

范增道:"关中不能一家独大,可裂分之。封秦三将于关中,一则顺情理,再则可挤对刘邦。"

"好,就依亚父之意。"

范增想一下:"张良乃刘邦重臣,奇谋百出。割裂张良,如断刘邦之臂膀。"

"这有何难?韩成本无功劳,但念他为韩之后人,欲封他韩王。张良本是韩国贵族,使张良辅政,合情合理。"

范增又谏道:"再有,主公的王位,应以义帝名分加封。若如此,主公则为王中之王,称霸天下,可服众人。"

项羽大悦:"如此甚妙,即差人出使义帝。"

分封天下的消息,很快传到诸侯中。灞上沛公营,刘邦、张良、樊哙等在座。樊哙愤愤不平,骂道:"项羽小儿,欺人太甚。主公率先灭秦,按义帝之约,应王关中,何故封至四塞之地?"

刘邦亦愤然:"是可忍,孰不可忍!"

樊哙益怒,手按佩剑:"主公,借我一支人马,夜袭楚营,斩杀项羽小儿。"

二人激愤,张良却十分镇静。刘邦以目示之,张良问道:"主公以为,袭楚胜算几何?"

刘邦不语。

樊哙脚踏矮几,骂道:"黄口孺子,狗屁项王。待我斩了项羽,再作理论!"

刘邦转身看樊哙,问道:"将军以为,胜算几何?"

"项羽饮酒作乐,防务松懈,若乘夜袭之,必获全胜。"

刘邦气愤交加,突然起身:"成败在此一举。召众将议事!"

张良仍不动声色,见刘邦要动真的,低声劝阻道:"且慢。"

刘邦急问:"先生可有话说?"

张良问道:"若与楚军交战,赵军助谁?"

刘邦沉思后,摇头不语。

张良又问:"魏军、燕军呢?"

刘邦肯定答道:"不会助我。"

张良起身,踱数步,断言道:"天下诸侯,归附项羽,主公孤掌难鸣。若贸然行动,先有小胜,后必大败。"

刘邦嚷道:"项羽愚弄天下,我等逆来顺受不成?"

张良仍那样稳重:"古人云,小不忍则乱大谋。巴蜀虽为四塞之地,毕竟有主公的王位。有王位,就有再起的机会。我想,买通项伯,再争取汉中,大事可缓图之。"

刘邦捶膝长叹,落座不语。

张良又道:"当下之势,主公必以弱示之,蒙蔽项羽。若去巴蜀,过蚀中栈道,必烧绝之,以示无回归之意。这样,则可放心备战,天机降临,再图大业。"

刘邦沉思良久,默默点头:"依先生之计。"

项王欲分天下,韩信以为大谬。几次想见项羽,陈述弊端,徘徊未见。他知道,项羽早已厌之。若苦心强谏,轻则受辱,重则有杀身之祸,又不想看楚国败落,十分苦闷。夜里,项羽帐内,仙乐飘渺,余音绕梁,但在韩信耳中,却如泼妇脏音,难听得很。韩信不能入睡,唏嘘感叹,徘徊至下半夜。月光渐移,更斗声退,冷风袭来,韩信突然回帐,伏在案前,铺开白绢,激情写道:

项王阁下:

　　为楚国大业,天下安宁,臣冒死相谏。

　　近闻,大王欲分封天下,臣以为谬矣。分封天下,诸侯争利,世无宁日,后果不堪设想。就阁下之威,何不称帝?号令天下,推行新政,奖励耕织,选贤任能,共享太平,其德莫大焉。

　　尧舜以来,民尊一长;商汤为政,一统为尊,遂有太平。武王伐纣,建立大周,因其旧制,天下稳固。万民同心,四夷朝贡,遂有盛世。平王东迁,诸侯权重,咸压天子,各自为政。攫取私利,互相征伐,朝盟暮解,至使天下大乱,庶民苦难,不堪回首。

臣以为,天下大事,兴衰成败,在君一决。当今之势,在于政治。政通则人和,政塞必事危。裂分天下,实为塞政之路,必蹈覆辙,再乱天下。一统必兴,一统必安天下。项王谨思之。切切!

臣泣血叩拜!

项羽手持"一统论",心不在焉地看了一遍,莫明其妙地冷笑两声,扔在几上。虞姬进帐,携项王离去。清风吹来,"一统论"飘然落地,轻轻地飘出帐外……

四月,出使义帝的使者归来,没想到,义帝手令:如约。项羽看罢,气得暴跳如雷,由此深恨之。范增劝道:"义帝不知好歹,随他如何批复,咱照常加封。"

吉日,诸侯齐聚楚军大帐,项羽上座,范增侍之,以下诸侯各有座位。

范增起身,手把文书,对众人道:"秦王暴政,肆虐天下,山东义士,揭竿而起,共诛暴秦。功劳大者,项王也。义帝赏罚分明,封项将军为西楚霸王,统领诸侯,定都彭城。项王守信,不弃诸侯,天下愿与诸位共有之,以下由霸王册封。"

项羽春风得意,从容道:"诸侯反秦,各有其功。当初,我与众将有约:破秦之后,天下愿与诸侯共有之。本王信守诺言,册封诸位。"

诸侯异口同声:"项王英明。"

项羽手捧帛书,大声道:"列位,沛公刘邦,率先破秦,依义帝之约,宜封秦地。巴、蜀、汉中,自古属秦。封沛公为汉王,辖巴、蜀、汉中三郡,定都南郑。"

刘邦轻轻点头,众人鼓掌。刘邦亦鼓掌认可。

项羽继续加封:"秦三将破秦有功,宜封秦地。封章邯将军为西雍王,辖咸阳以西地域,建都废丘;司马欣将军为塞王,辖咸阳以东至黄河地域,建都栎阳;董翳将军为翟王,辖上郡、云中、九原等郡,建都高奴。"

众将齐声鼓掌祝贺。

项羽继续加封："魏豹将军为魏王,辖黄河以东,以北,太行以西地域,定都平阳;司马卬为殷王,建都朝歌;申阳为河南王,建都洛阳;张耳为常山王,辖赵地,建都襄国;赵歇为代王,建都阏与;臧荼为燕王,建都蓟城;英布为九江王,建都六县;韩成为韩王,建都阳翟;田都为齐王,建都临淄;田市为胶东王,建都即墨;田安为济北王,建都博阳……"

项羽加封后,诸侯掌声不绝,欢呼庆贺。项羽大声道："天下已定,诸侯各有其位。诸王各守其地,抚政安民,共享太平。值此喜庆之际,寡人设宴以贺之。"

诸王异口同声："悉听霸王!"

分封天下,韩信大失所望。苦闷之余,深信项羽浅薄无知。一天,他佩剑出营,来城中消遣。好端端的秦都城,此时大半焚毁。咸阳宫像座破败的坟场,残梁断柱,一片焦土。市井街巷躲过劫难,还有几缕烟火。韩信向民巷走去。一只春燕从身边飞过,落在一家屋檐下,看了看,又飞往别处。韩信叹春燕自由,不觉伤心。信步之下,来到街心,迎面走来个道士。道士手举算命旗幡,一声不响。临近韩信,驻足观看,仍然不语。韩信觉得奇怪,也没理会,擦肩而过。道士看韩信背影,叫道："壮士。"

韩信看四下无人,转身问道："先生,可是叫我?"

"贫道看壮士印堂暗淡,面色犹豫,必有灾难,可否爻一卦,以断吉凶?"

"先生耸人听闻,只会骗钱。"韩信不以为然。

"不可污人清白。听贫道说完,对则付钱,不对我席卷旗幡,退出咸阳。"

韩信只当解闷,答道："但听高论。"

道士认真观察韩信,从容道："看壮士气色,堂堂正正,眉宇间深藏睿智,有将帅之才,可眼下并不得志……"

道士点到为止,再不多言。韩信奇之,问道："先生为何欲言又止?"

"贫道怕伤壮士自尊,岂敢多言?"

"先生只管说,即使戳我心肝,也不怪你。"

道士微微一笑："壮士怀才不遇倒也无妨,可眼下主仆生怨,怕有血光之灾。"

韩信暗惊,镇定问道:"在下才疏学浅,还请先生明言。"

道士看着韩信,诡秘道:"想求箴言,街上可不是说话的地方。"

韩信看了一眼狗肉馆,指道:"去那里说话如何?"

道士高兴道:"老夫饥肠辘辘,出句箴言,换顿狗肉,也值。"

道士说完,主动朝狗肉馆走去。韩信轻轻一笑,跟在身后。

十里香狗肉馆虽然土气,狗肉的确飘香。两人入店坐定,酒肉很快上齐。道士旁若无人,抓起一块肉,大吃大嚼,只不谈正事。

韩信吃过肉,敬过酒,还不见道士说话,首先开口:"先生歪打正着,言中几句,不敢再讲了吧。"

"莫急,莫急。待我填饱肚子再说。"道士故意吊着韩信的胃口,只顾大吃大喝。

韩信心急,敲打道:"江湖术士,骗吃狗肉而矣。"

"哪里,哪里,贫道怕壮士执迷不悟。"

韩信愈加心急,胡乱敬过酒,再问。道士撇开话题:"贫道看壮士雄才大略,不知对时局有何高论?"

韩信满腹家国,无处述说。听问时局,如拨动了心弦,直言道:"天下大事,尚未定论,鹿死谁手,未可知也。"

道士反问道:"项羽封王,诸侯各得其位,无不欢欣,足下何出此言?"

韩信从容道:"诸侯之中,卧虎藏龙,潜伏万机。蛟龙出海,虎哮山林,势不可当。楚人凭一身勇力,岂能压得住?用不多久,天下必有变化。"

道士奇之,问道:"请壮士详细讲来。"

韩信放纵道:"各地诸侯,都有实力,项王仅凭喜好封赏,天下不服,势必生乱。即便得王者,也难安其所。汉王大志,岂能固守四塞之地;代王赵歇,祖居赵地,岂甘心一隅;魏豹虽得魏王,但名存实亡,大片封地割让别人,心存不满,岂能安分?有此种种,不乱何为?"

"项王之威,天下无不惧。谁敢惹事,岂不自取其祸?"

韩信辩道:"项王凭一人之勇,威不过五里;逞一时之能,惧不过三月。路人皆知项羽残暴,新安坑卒,咸阳纵火,天下大失所望。今又裂分天下,祸根埋定,天下不乱,必是怪事。"

道士大喜,赞道:"壮士指点时局,了然在胸,切中时弊,爽快。来,喝酒。"

两人喝得爽快,酒至半酣,无话不说。道士认真地看着韩信,问道:"壮士郁郁寡欢,大志难伸,能否与贫道直言?"

韩信喟然长叹:"在下也有志向,自出淮阴,亦欲统率千军,成就大业,谁知身陷楚营。山高水远,望眼茫茫,不知所终。人说:'女为悦己者容,士为知己者死。'可到现在……"

韩信长叹一声,闷闷地喝酒。

道士连连点头,指引道:"千里马志在天下,若用来拉磨推米,死也转不出那个圈。将军若不得志,何不去汉营?汉王雄才大略,志向非浅。入关约法三章,天下大定。汉王爱惜人才,广纳贤士。凭将军之志,腹中之才,必有用武之处。"

韩信沉思良久,伤心道:"韩信身为楚人,始从楚军,若弃楚从汉,不仁不义,岂不为后人唾骂?"

道士开导道:"壮士差矣。楚军是楚,汉军亦为楚。楚汉同在义帝麾下,只是两营之别而已,何谓不义?"

韩信茅塞顿开,高兴道:"先生所言极是。"

"再者,项王不用,弃之亦有理由,岂曰不仁?"

韩信默然良久,问道:"先生说我大祸临头,祸起何处?"

道士问道:"壮士知道卫鞅的故事吗?"

"怎样讲?"

"卫鞅生于卫国,才智出众,却不为所用。帝王之术:用之则用,不用则杀之。足下不为主公所用,必有卫鞅之祸矣。"

韩信大惊:"若去汉营,再不见用,岂不更惨。"

"足下若去汉营,贫道可为你举荐。"

"先生认识汉王?"

道士微微笑道:"吾乃汉丞相萧何也。老夫看过足下的'一统论',知你是奇才,便假扮道士,特来城中寻访。今生有缘,偏偏遇上你。"

韩信惊奇,起身施礼:"在下拜过丞相……"

萧何急忙止之,低声道:"隔墙有耳。"

韩信激动不已:"若到先生帐下,当管我饭吃。"

萧何低声道:"壮士大志,老夫了然在胸,保你尽其才,圆其梦,岂能只管饭吃?"

韩信心动,两人相顾,爽然大笑。

项羽大帐,范增与项羽密谈:"老夫心有一事,特来提醒。主公可看过韩信的'一统论'?"

项羽问道:"何谓'一统论'?"

"就是韩信的谏书。"

项羽大悟:"噢,不就是反对寡人分封吗?"

"且莫小看此文,字里行间,藏着韩信大志。"

"亚父晓得,寡人不喜欢文墨,看那东西头疼。"

范增劝道:"韩信雄才大略,不可小觑。位在执戟,屈才了,主公应重用之。"

"如何用?"

"统领三军,绰绰有余。"

项羽哈哈大笑:"韩信常与寡人冲撞,用他统军,楚国无人吗?"

范增劝道:"韩信乃司马高徒,老夫久观其志,非等闲之辈。现在之势,如锥在囊中,有朝一日,脱颖而出,必锋芒毕露。"

项羽不耐烦地说道:"韩信别出心裁,自以为是,每出号令,多有争执,寡人厌之。"

范增诡秘问道:"主公真不想用?"

"必不使用。"

范增左右看了一下,轻声道:"主公若不用,必杀之,不可资与他人。"

项羽默然不语。

他们说话时,钟离昧来到帐外,听说要杀韩信,他吃惊不小,急忙离去。

韩信从城里归来,心情很好,独自来到营外散步。张成寻找韩信,却不见人,甚急。天色将晚,出营再找,恰遇韩信。张成神色紧张,把韩信拉到大树下,悄声报告:"钟离将军要你马上离开楚营。"

韩信一惊:"为何?"

"将军没说。"

韩信眼望星空,怅然道:"韩信真有卫鞅之祸吗?"

"卫鞅之祸?"

韩信叹道:"萧何这样劝我啊。"

"是汉丞相吗?"

韩信重重地点头:"他劝我去汉营。"

张成高兴道:"天无绝人之路,兄长必当机立断。"

韩信沉思半晌,流泪道:"我从楚军,灭暴秦,本想建功立业,可项王刚愎自用,屡谏不听,久而生怨,如今竟无地容身。弃楚从汉,成败悉由天命吧。"

两人正说着,树后突然跳出一人,断喝道:"大胆韩信,敢叛楚吗?"

二人猝不及防,大惊失色。

第三章　痛弃楚　汉中拜将

韩信张成二人正谈论机密，不想隔墙有耳，被外人发现。一声断喝响起，二人大吃一惊。韩信看时，竟是武涉。武涉，盱眙人，博学多识。天下叛秦后，从楚起兵，为项羽帐前谋士。张成看机密泄漏，一跃而起，欲斩武涉，韩信大叫："且慢！"

张成愤愤不平，韩信近前施礼："先生独自来，必无加害之意。韩信有礼了。"

武涉轻轻一笑，还礼道："临大事而不惊，果然不同凡响，佩服。"

韩信心中的一块石头落地："先生此来，必有赐教，但望直言。"

武涉道："老夫在帐前久观壮士，雄才大略，楚军难得，却不见用，真乃美玉蒙尘，烈驹囚厩也。如此亦罢了，最不该妄动杀机，逆天害理。"

韩信感动道："谢先生帮助。还望指明道路。"

"壮士智慧聪颖，道路无须指点，只望尽快脱离是非之地。鸟翔太空，鱼游大海。"

"谢先生大义。日后腾达，必谢先生大德。"

"事不宜迟，老夫在此相送。"

武涉说完，从腰间掏出一帛公文："路上关卡甚多，凭此公文通行。"

"谢先生。"韩信收好公文，拱手告别。

韩信悄悄回帐，把项羽所赐之物，一并打包，留在帐内，与张成策马出营。守营将士拦在门前，喝问："缘何出营？"

张成上前："项王执戟郎，不认识吗？"

校尉赶来,阻止道:"军中有令,无论官兵,今夜不得出营。"

张成拔剑愤怒:"军务在身,你敢?"

守门将士也执利器,毫不退让。韩信目止张成,从容上前,掏出公文,举在手中,义正辞严:"校尉看好,公文在此。"

校尉看过公文,又看韩信,令道:"打开营门。"

韩信一拱手,策马出营。张成随其后,飞驰而去。

韩信刚出,项庄巡营到门前,得知韩信连夜出营,急报范增。范增惊叫道:"韩信跑了,速报项王。"

项羽得知,并未在意。看人送来包裹,自语道:"走了也好,免得日后生怨。"

范增急道:"韩信人才也,当用之;不用则杀之,绝不可资与他人。"

项羽想了想:"既如此,追回便是了。"

他们说话时,钟离昧入帐。项羽令道:"钟离将军,韩信大逆,背我而去,速带人追回。"

钟离昧一惊,应道:"诺。"

钟离昧出帐,范增紧随其后,叮嘱道:"韩信,奇才也,且不可资与他人。将军用心,追而杀之。"

钟离昧拱手,以示应诺,然后率百余骑,策马出营。

韩信知汉军向南郑进发,纵马追来。一路快马加鞭,连夜急奔,天明时刻,不知跑了多远。再向前赶,一条大河拦住去路。河宽数十丈,水流湍急,空无一船。张成急道:"大哥,怎样渡河?"

韩信面对河水:"此渭水也。下行十余里有桃花渡,可以过河。"

二人打马顺流而下,很快到桃花渡口。桃花渡有船十余只,皆锁在岸边。岸上有军人驻守,看旗号,方知是雍军。

韩信低声道:"看我眼色行事。"

两人纵马到渡口前,韩信叫道:"校尉听令,本将奉项王军令,渡河督办军务,准备船只。"

校尉正在睡懒觉,许久才起身。韩信居高临下,语出凌厉,训道:"河防重地,岂可酣睡?"

雍将受训,自觉亏理,急问道:"将军欲往何处?"

"过河督办军务。"

"可有公文?"

"在这里。"

韩信掏出公文。雍将看过,说道:"此乃雍王地界,不用项王公文。"

这时,一支人马打着楚军旗号,正向渡口追来。张成目示韩信,想夺船渡河。

韩信骂道:"雍王乃项王所封。项王公文,通行天下,你敢难我?"

雍将胆怯:"将军息怒。待我禀过雍王,再……"

张成心急,手握剑柄,只待韩信下令。楚军将近,韩信识出钟离昧旗号,暗中阻止。

不多时,楚骑临近。钟离昧纵马上前,问道:"韩信,急出楚营,有何公干?"

"奉项王命令,督办军务。"

"可有公文?"

"公文在此。"

钟离昧单骑上前,查看公文。目视韩信,低声问道:"足下欲投汉王?"

"项王以门第取人,韩信屡谏不用,且有杀身之危,实属无奈。"

"此去山高路远,多多保重。"

"将军大德,韩信没齿不忘。"

钟离昧假意看过公文,突然提高嗓门:"早去早归,不可延误。"

"是,将军。"

钟离昧转身对雍将道:"渡韩将军过河。"

雍将为难:"没有雍王文书,下官不敢……"

钟离昧怒道:"项王乃王中之王,谁敢不听?误了军情,斩你狗头。快,驶船来!"

雍将看钟离昧利剑在手,人多势众,急忙使人解船。韩信二人牵马上船,钟离昧驻马岸边,目送韩信。船至河心,韩信回望,拱手施礼:"钟离将军,后会有期!"

韩信渡过渭水,急行一天,又遇大山,拦住去路。岔路口前,张成指道:"大哥,朝哪里走?"

韩信看过,不能判定方向。犹豫间,一樵夫从山上下来。韩信上前施礼,问道:"请问先生,去汉中怎么走?"

樵夫看一眼韩信,答道:"两条路都可以走。不过左边这条路好走,经蚀中栈道去汉中;右边这条路,马不能行,只能徒步爬山,攀岩,翻过峨眉岭,再向前就是汉中了。将军骑马,只能左行。"

"谢先生指路。"

樵夫毫不在意,唱着歌下山:

大山幽兮一径深,绝尘寰兮万念焚……

韩信离开淮阴,月娥的生活一日三变。大秦倒了,淮阴却没有像韩信想象的那样得到安宁,反而更加动荡不安。无欺酒垆的生意,也像夏日天气一样,变化多端,艰难度日。店里没有生意,月娥和儿子狗剩待在一起。狗剩仰头看着妈妈,认真地问:"父亲啥时回来?"

月娥迷茫,笑道:"快了,快回来了。"

"母亲总说快了,可父亲还不回来。"

"这回是真的,司马爷爷都回来了。大秦完了,天下平定,你父亲能不回来吗?"

"父亲会讲故事吗?"

"当然会。你父亲见多历广,故事多着呢。"

狗剩高兴,叫着跑上街头,迎面司马剑走来。月娥远远地叫道:"爷爷,给您做双鞋,试试合脚不?"

司马剑试过鞋,高兴道:"正合适,正合适。爷爷谢你了。"

"谢啥,抬手的事。"月娥拉司马剑坐下,问道,"爷爷,大秦完了,韩信咋还不回来?"

司马剑收起笑容,严肃道:"大秦灭了,可项羽浅薄,裂分天下,诸侯争利,天下又乱了。"

月娥惊问道:"怎又乱了?"

司马剑恨道:"谁说得清。齐人先反,接着赵国也反,梁地再反,诸侯割据,争名逐利,岂能安宁?"

月娥失望,担心地问道:"爷爷,还要打仗吗?"

"天下乱,刀兵起,黎民又遭殃了。"

月娥为韩信担忧,伤心落泪。

司马剑嘱咐道:"韩信在外,你得多个心眼儿。事故多变,最好搬到乡下去。"

"父亲说过,城里的日子不好过,正想搬到乡下去呢。"

"以前难过,日后更难。兵匪如刀,雁过拔毛,能走就早些走吧。"

月娥几度落泪,不知所措。

刘邦受封汉王,依张良计,潜伏心智,示弱无能。项羽敕令:诸侯军不过三万。刘邦忍气吞声,裁军七万,只带三万人马来汉中就任。大军向南郑进发,一路前行,这天来到蚀中,天晚驻扎。闲暇之际,萧何打开山川图本,认真阅读。兵入咸阳时,诸将纷争珠宝,各得其所,萧何却视山川图本为贵,独自收之。数月来,读山川图本,受益匪浅。大军扎营,萧何读书,忽有侍卫入报:"丞相,有故人求见。"

萧何没太理会,眼睛盯着图本,道:"何谓故人?让他进来。"

一青年身着布衣,健步入帐,叫道:"丞相,韩信拜见。"

萧何抬头看,果然是韩信。急忙丢下图本,起身拉住韩信双手,惊喜道:"韩信壮士,真的是你?我一直担心,怕你来不成了。来了就好,来了就好哇。"

"我来汉军,只因丞相,但望有口饭吃。"

"汉王求贤若渴,凭壮士才能,必有大用,岂是吃饭?坐,请坐。"

韩信坐定,问道:"韩信弃楚从汉,丞相不会骂我'不义'吧?"

"天下万物,从善如流。有识之士,弃暗投明,正是大义。楚军归汉者,何止足下一人?汉王招贤纳士,众望所归,岂有不义之理。"

萧何眉飞色舞,款待韩信。二人对饮,相谈甚欢。萧何道:"天下未定,正是英雄用武之时。咸阳酒馆,壮士指点时局,寥寥数语,切中要害。今日,愿听足下用兵之道,何如?"

谈兵论战,韩信兴致飞扬,直言道:"用兵之道在于奇,用谋之道在于诈,用将之道在于信,用间之道在于亲。兵不以多胜少,不以强胜弱,不以优胜劣。"

韩信出语惊奇,惊动萧何,急道:"说说道理。"

韩信如得知音,滔滔不绝:"用兵之法不在形,而在于神。善用兵者,必谋其神,制其气。兵有有形之兵,亦有无形之兵。庸将眼中只见有形之兵,战则不利;良将胸藏无形之兵,战则必胜。善战者,山川河流,沟渠草木,地理气象,皆化为兵。有气之兵,谓之阳,战则必勇,可以一当十;无气之兵,谓之阴,战则必怯,十不当一。统有气之师,用无形之兵,战则必胜。可以少胜多,以弱胜强,以劣胜优……"

韩信备述用兵之道,萧何大喜,赞道:"见识独到,常人不及。先生有大将之才,我必向汉王荐之。"

萧何说着,把韩信引到桌前,指道:"此为诸侯山川图本,河流关隘,一应在上。足下喜欢,可拿去看。"

韩信略看图本,惊喜道:"丞相至宝,在下求之不得。"

由此,韩信废寝忘食,苦读山川图本,默记在胸。

刘邦受项羽挟制,委曲求全。尤其被项羽挖走张良,如失一臂,路上闷闷不乐。当晚,萧何入帐,看刘邦苦闷,问道:"主公,还为子房伤心否?"

刘邦恨道:"项羽小儿,夺我张良,如断我臂,岂不伤心?"

萧何笑道:"项羽挖走张良,却送来一将才。此人胜过子房。"

刘邦惊问:"来者何人,敢比子房?"

"韩信。"

"哪个韩信?"

"出人胯下的淮阴韩信。"

刘邦大失所望,泄气道:"一个懦夫,有何本事?"

萧何辩道:"韩信出人胯下,恰如主公鸿门屈尊,非大志大勇者,难受此辱。主公不了解韩信,此人见解独到,精通兵法,善于韬略,有将帅之才。"

刘邦哂然:"将帅之才,项羽为何不用?"

"项羽不用,资与主公,此为天意。主公可用之为将,必有惊人之举。"

刘邦摇头,问道:"韩信在楚军身居何职?"

"执戟郎中。"

刘邦想了想:"看你举荐,用做连敖吧。"

萧何争辩道:"小小礼官,必不能满足韩信。若如此,主公将与韩信失之交臂。"

"不必争了,拜将事关重大,看看再说吧?"

韩信身为连敖,在萧何帐前听用。行军途中,张成到韩信身边询问:"听说,汉王封你为连敖,是啥官?"

韩信淡然道:"掌管礼制的露水小官。"

"掌管礼制,这有何用?萧何不是说,让你带兵打仗吗?"

"也许,丞相有难处吧。"

"依我看,是汉王不信任你。"

韩信略略点头。

汉军向南郑进发,过子午谷,又上栈道。褒斜栈道,悬在峭壁间。下看江水滔滔,上观不见日月。一匹马刚上栈道,踏空木板,撞断木栏,摔下悬崖,粉身碎骨。走上栈道的士兵,战战兢兢,不敢迈步,扑地爬行,胆子小的竟哭叫起来。夏侯婴在队伍中高叫:"靠壁行走,不得下看,靠壁行走……"

栈道面前,有些将士后悔了:是到无人国吗,怎么回家啊?将士畏惧栈道,更怕回不了家乡。有人遁匿山林,趁机开小差。

天黑以后,韩信过栈道。夏侯婴令道:"烧绝栈道。"

将领怕听错,追问道:"夏侯将军,是烧毁栈道吗?"

"烧毁!"

士兵怕断了归路,不愿干,将领却逼得紧,只好把干柴堆放在栈道上,燃起大火。

将士看栈道火起,自度再无回归之日,竟哭起来。汉军前行,离家乡愈加遥远,思乡情与日增长,有的竟公然叫着回家。军心浮动,踟蹰不前。士兵趁着夜色,聚在一起,议论不休。

夜半,士兵集聚,朝故乡祭拜。开始十几人,后来几十人,再后来跪地一片,磕头不止。有人结伴,三五成群,趁着夜色,悄悄逃走。第二天,军中传唱起思乡小调。小调勾引起思乡情绪,迅速蔓延,士气日渐颓丧。为振作士气,军中发出号令:开小差者斩,传唱小调者斩!

将领骑马往复宣叫:"不准传唱,传唱小调者斩首……"

军令之下,小调停了,随之而来的是沉寂。平时讲故事,开玩笑的场面没了,士兵无精打采,仿佛丢了灵魂。好多士兵,不吃饭,躲在暗处,偷偷流泪,韩信却一如既往。宿营之际,选个清静地方,认真阅读山川图本,直至天色暗淡。回帐路上,忽听僻静处有声响。韩信转过去看,十几人轻声传唱:

怨彼大山,举目慌慌;
恨此深谷,俯首张张;
日出复落,我心惶惶;
大军远去,家何茫茫?

韩信突然到跟前,低声喝道:"不要命了?依法当斩。"

众人恐惧,正欲离开,巡营将士赶到。校尉喝道:"军中有令,传唱小调者斩!尔等违反军令?抓起来!"

巡营士兵不分青红皂白,连同韩信十四人,一条长绳,捆在一起。夏侯婴赶来,校尉报告:"将军,将士巡营,逮捕传唱小调者,如何处治?"

"依军法处之!"

校尉回身:"众罪徒听着,违反军令者,斩!"

说话间,三颗人头落地。韩信怒目,大叫一声:"不准杀人!"

校尉到韩信面前,举火把察看,斥道:"违犯军规,咎由自取,何故乱叫?"

韩信毅然道:"我是军前连敖,见夏侯将军。"

"小小连敖,也配见将军?杀!"

"夏侯婴!"韩信望空一声吼叫,惊飞夜鸟。

夏侯婴听到叫声,问道:"何人叫我?"

"韩信!"

夏侯婴听萧何谈过韩信,但未见其人,近前问道:"你身为军官,带头违反军规,有何话可说?"

韩信义正辞严,质问道:"汉王不想得天下吗,为何斩杀壮士?"

夏侯婴奇其言,举火看韩信,斥道:"谁说汉王不想得天下?整肃军纪,正为大业。"

"南辕北辙。此破坏大业也。"

夏侯婴愈加奇之,问道:"何以见得?"

韩信理直气壮:"治军先治气。气,军之魂也。将士思乡,正合汉王东征之意。为将者,因势利导,是为正道。将军不能提振士气,反而滥杀无辜,此非破坏大业,何为?"

夏侯婴被问得哑口无言,暗道:"难怪丞相说,韩信有三军之才。"遂令道:"松绑。"

韩信数语,救下十人。夏侯婴看了一眼韩信:"到我帐里说话。"

韩信与夏侯婴入帐,萧何正在帐内。萧何知韩信遇险,抱歉道:"是我关照不周,足下受惊了。"

夏侯婴道:"连敖语出不凡,令我感动。今有丞相在,一则赔过,再则请壮士言志。"

韩信想了想,慷慨陈词:"韩信刚直,恕我直言。依愚之见,治军如治水。堵塞水路,必酿大祸,疏浚为佳,可变害为利,治军亦如此。严刑酷法,动辄杀人,势如堵水,必坏大事。知兵善用者,必因其势而利导之,方可化害为利。眼下,汉军有两种选择:一是耕作汉中,开发巴蜀,不失王侯之位;再则走出大山,先取关中,再霸天下,成就大业。不知汉王志向如何?"

夏侯婴点头,萧何问道:"依足下之见,汉王意欲如何?"

韩信道:"丞相乃汉王心腹,何必问我?"

萧何无语,夏侯婴追问:"只想听连敖高见。"

韩信道:"在下与汉王在鸿门见过一面,知其志向远大。我想,汉王不会坐守巴蜀,老死汉中。"

夏侯婴惊道:"壮士果然名不虚传,身为连敖,屈才了。"

韩信诚然道:"在下追随丞相,来汉军绝非为了连敖。"

萧何愧道:"萧何无能,有失前言,这次,我和夏侯将军一同举荐,满足壮士大志。"

第二天,萧何与夏侯婴拜见刘邦。萧何开宗明义:"我与夏侯将军拜见主公,是为韩信而来。臣多与韩信交谈,见他语出惊人,知其才能。韩信胸有大志,腹藏良谋,将才难得,天助汉军也。请主公明察,拜信为将。"

刘邦不语,转身看夏侯婴。夏侯婴道:"韩信确有其才,主公可放心使用。"

刘邦想了一下,辩道:"韩信巧言令色,骗了你们。善言者必拙事,纸上谈兵而已。"

萧何辩道:"主公差矣。韩信绝非巧言令色之徒,更非纸上谈兵之辈。每次议论,寥寥数语,切中要害,如雷贯耳。"

"不是纸上谈兵,尔等见过他打仗吗?再说,他真若神奇,项羽早已起用。"

夏侯婴辩道:"丞相所言,绝无夸张。主公可亲自见韩信,必识锋芒。"

刘邦想了一下:"有二位举荐,做治粟都尉,如何?"

萧何再辩:"韩信之志,在于治军,应拜为将军。"

刘邦道:"将军权重,不可草率。都尉,已是要职,若不是二位共同举荐,寡人不会破格起用楚官的。"

萧何力争:"主公,如若治理汉中,开发巴蜀,韩信可以不用;若走出大山,争霸天下,韩信必用。"

刘邦断然拒绝:"丞相,不要争执了。行军路上,不是谈兵论将的时候,有话到汉中再说。"

刘邦态度坚决,萧何、夏侯婴只好作罢。韩信虽然未得将军之职,但杀人现象没了。路上,夏侯婴打马驰来,到韩信身边下马,兴奋道:"恭喜了,我的连敖。"

韩信惊问:"夏侯将军,喜从何来?"

"汉王决定,起用你做治粟都尉。"

韩信大失所望,淡淡地问道:"叫我做粮官儿?"

"怎么了,不高兴?"

"主公看将军和丞相的面子,封我做粮官,不是真心的吧?"

"都尉不低了,仅次于将军。有人一辈子熬不到这个位置呢。"

"韩信只想带兵打仗,粮官只怕做不好,丢你们的面子。不过,我会认真做的,只当感谢你们了。"

"这就对了。现在,军中只剩三天粮食,做不好,要受军法的。"

韩信叹道:"在下只一个脑袋,输不起啊。不过,将军得帮我。"

"不就是人手嘛!军中将士,随你选用。"

"不要很多,十名足矣。"

夏侯婴惊问道:"十人,不是开玩笑吧?"

"我哪敢用得太多啊?与我同案的十名壮士,给我使用吧。"

"军中无戏言,出了差错,谁都保不了你。"

"夏侯将军,三天前我不管,第四天保证大军用粮。无粮拿我是问,可以吧?"

"韩都尉缺少人手,只管说,本将当全力支持。"

"谢将军好意。"

当晚,韩信召见同难壮士。众人见韩信,一齐跪地:"谢将军救命之恩。"

韩信惊讶,忙去搀扶:"不要这样,找你们是征粮的。快起来。"

"愿随将军,肝脑涂地,再所不辞。"

他们说话时,张成入帐。众人围坐,韩信道,"汉王叫我做粮官,这差事不轻松啊。现在,军中只剩三日粮食,我算了一下,三天后,大军到南郑了。你们先去南郑征粮,汉军到时,务必保证大军用粮。将受命,即军法,各位务要小心从事。"

张成急问:"我们几个人,如何征粮?"

韩信看着张成:"征粮一事,由你负责。携带汉王公文,速去南郑找郡守县令,由他们征收,你们只做督粮官。懂吗?"

张成笑道:"叫我们做督粮官啊。有汉王文书就好。到南郑,我们分头行动,把汉中官员都发动起来。"

"这就对了。到汉中后,广发告示:借粮一石,秋后还一石一斗。百姓趋利,必然踊跃。夏粮就要收获了,推陈出新,何乐不为?"

韩信稳坐军中,三言两语把征粮大事安排妥当,夏侯婴却心存疑虑。第二天看韩信毫无动静,不安地问道:"韩都尉,征粮之事可记在心上?"

韩信不慌不忙:"夏侯将军,你我有约,三天后的粮食由我管,眼下还轮不到我呢。"

夏侯婴急道:"三天后,粮食能从天而降?"

韩信拉夏侯婴入帐,邀他吃酒:"将军大恩,理应重谢,可我实在寒酸,拿不出东西谢你。"

夏侯婴忧心忡忡:"无须言谢,将军认真征粮,就算谢我了。"

韩信看夏侯将军还不放心,笑道:"谢当谢,征粮则征粮,各不耽误。不瞒将军,征粮队伍昨晚就出发了。"

"征粮的队伍出发了,我怎么不知道啊?"

韩信端来薄酒,从容道:"想知道吗,听我慢慢讲来……"

项羽没在乎韩信的去留,钟离昧追杀韩信,还没回营项羽就离开了咸阳。楚军浩浩荡荡,回师彭城,一路风光。项羽到彭城屁股尚未坐稳,齐将田荣造反,并吞三齐,独自为大。

项羽分封,把齐地裂分为临淄、胶东、济北三王,而实力最强者田荣,因不听项梁合兵伐秦之策,致使项梁兵败身死而无王位。田荣造反,直接挑战了霸王的尊严。项羽大骂数回,决定率大军伐齐,山东又乱。齐国尚未平定,梁地彭越自立梁王,再扯义旗。项羽应接不暇,调动诸侯平叛。诸侯却各自为政,保存实力,借故推托。

刘邦不与人争斗,率大军抵达南郑。夏侯婴关心粮草,急忙到城中查看。街上粮食堆积如山,这才放心,确信韩信的才能。

汉中郡府临时改作汉王府,大军稍定,刘邦聚众议事,大会群臣。汉王首座,樊哙、夏侯婴、曹参、周勃、灌婴、纪信、丁复等数十将领分列两边。刘邦慷慨陈辞:"各位爱将,不惧山高水险,随寡人来汉中,忠勇可靠,必不相忘。一路走来,胆怯者逃之甚众,此不为怪。瞎糠瘪稗,自然淘汰。大浪淘沙,留下的都是金子。刘邦称王,众将必迁,听我册封:萧何任汉丞相,掌管政务;周勃迁太尉;樊哙迁上将军;夏侯婴迁中路将军;曹参迁右路将军;纪信迁左路将军;灌婴迁游击将军……"

刘邦宣布册封令,萧何一一记录,众将无不欣然。

汉王册封十八位将军,唯独韩信没有名分。萧何知汉王对韩信有疑,自己又失信于他,非常不安。册封完毕,刘邦大宴群臣,亲自把酒为众将祝贺。场内喜气洋洋,一片赞许,宴会至晚方散。

韩信说说笑笑,把征粮大事做得妥当。军中、郡县、百姓各方,顺畅无阻,只盼萧何佳音。街上,淅淅沥沥,下着小雨。室内,韩信绘制山川图本,十分专注。突然,张成冒雨闯入,到韩信身边低声道:"大哥,汉王册封将军,十几人呢,只无大哥,不知何故?"

韩信脸色陡变,问道:"此事当真?"

"城里都传开了,还能有假?"

"丞相骗我?"韩信自言自语,"不,汉王有疑。汉王无心,岂能用我?"

"韩信时乖运舛,项王不用,汉王见疑,大志难伸。"韩信推开图本,怅然若失。徘徊半晌,来到桌前,慢慢包好山川图本。

张成知韩信心情不好,没敢多问。时至傍晚,天色放晴,韩信却依然心情沉重,自语道:"当初在鸿门,我与汉王对立,如今不能加封,也是天意。"

"大哥,我找丞相,问个明白。"

"别难为丞相了。汉军人才济济,不是韩信久居之地。"

"大哥,还想回楚军?"

韩信摇头,沉思着走到桌前,拿起布包:"这是丞相的东西,替我还给他。"

"现在就去吗?"

韩信点了点头:"去时,不要责备丞相。"

张成提起布包,愤然道:"见了丞相,自有道理。"

张成走后,韩信独自在室内徘徊,面壁叹道:"韩信自出淮阴,只想做番事业,唯钟离将军看重,可惜相处甚短。项王门第取人,屡谏不用;刘邦疑神疑鬼,毫无诚意。楚汉皆不见用,韩信再往何处?天意,天意啊……"

韩信叹罢,不觉潸然泪下。踱步桌前,执笔醮墨,在壁上疾书:

乔林巍巍,鸷隼南飞;
虽有佳木,无枝可依。

书罢弃笔,毅然出门。

张成见萧何,愤愤地把包裹呈上:"丞相,韩都尉奉还。"

萧何接过布包,问道:"韩信为何不来?"

张成气道:"韩信来,怕丞相没有颜面。"

"此话怎讲?"

张成愤然道:"韩信来汉营前,丞相言之凿凿,举荐他为将军。可是,汉王封了那么多将军,为何不见韩信见封?不封也罢,还用治粟都尉骗他,成何道理?"

萧何愕然:"因……因此不来,是吗?"

"这还不够吗?"

萧何抚摸包裹,想着看着,突然叫道:"不好。快,给我备马。"

萧何说完,丢下张成,牵马急出。

街上,萧何打马如飞,闲散居民,全都远远避开。萧何到韩信住所,迅速下马,叫道:"韩信,韩都尉!"

萧何边叫边进屋,却不见韩信的身影。寻视屋内,见壁上题诗,他突然叫道:"误我大事矣!"

萧何问侍卫,方知韩信骑马出东门而去。

萧何翻身上马,急出东门,打马疾去。

夏侯婴巡营至东门,校尉报告:"丞相策马,急出东门。"

夏侯婴大惊,喝道:"为何不拦住他?"

"丞相在上,不敢拦截。"

夏侯婴打马出东门,追出三五里,不见萧何身影,自忖道:"丞相屡荐韩信,汉王不用,伤心而去。"之后,他打马回城,先到丞相府核实,后见刘邦,着急地说道:"主公,萧何跑了。"

"萧何跑了?你亲眼所见?"刘邦惊问。

"守城将士报告,萧何策马如飞,闯东门而去,将士没能拦住。我到丞相府查看,果然不见萧何……"

刘邦愣有半晌,突然骂道:"萧何,寡人待你不薄,为何背我而去?"

夏侯婴叹息:"自来汉中,逃亡将士甚多,谁能想到,丞相也弃大王而去啊。"

刘邦又自责道:"丞相力荐韩信,不为我用,伤他心了。韩信真的重要吗?"

夏侯婴愤然道:"人心叵测,萧何浅薄。"

刘邦伤心不已,叹道:"在蚀中,张良离我而去;到汉中,萧何又不辞而别。两人离去,失我左膀右臂。难到寡人福分浅薄,难成大业吗?"

刘邦说完,颓丧落座。这时,门外一声吼:"借我一支人马,追他回来。"

吼声未落,樊哙乘风而入。刘邦顿足起身,气愤地大骂:"走,走吧。大家散伙,都省心了。"

樊哙不顾刘邦的情绪,大叫道:"主公,借我一百轻骑,斩那厮首级回来。"

刘邦不理樊哙,自省道:"我与萧何沛县起兵,从未猜疑。今天弃我而去,寡人之过也。爹死娘出门,随他去吧。"

夏侯婴看汉王心情不好,给樊哙使了个眼色,两人一同退出。

雨过天晴,明月朗朗。官道两旁树影稀疏,溪水潺潺。萧何戴月策马,追赶十余里,不见韩信的身影。下马察看,路上马蹄新泥,认定韩信就在前面。重新上马,一路追赶,连声高呼:"韩将军——"

不知追出多远,忽见前方隐约有光亮。萧何寻光亮而来,近时知是樊村。光亮从一户农家发出,萧何牵马来到门外,忽见院内一匹白马。萧何惊喜:韩信的坐骑!

萧何叩响柴门,一只狗狂吠着冲出来,堵在门口。老者从上屋出门,喝退家犬,见萧何牵着高头大马,高兴道:"哎呀呀,我家福星高照,接连有贵客登门,请进,快请进。"

老者打开柴门,接过缰绳道:"刚才有位将军,因樊河水涨,滞留我家,先生也是过不去河吧?"

萧何施礼:"谢老伯热情。"

老者不问姓名,朝室内吆喝道:"多做些饭,又来了位客人。"

韩信得知萧何追来,出门迎接。两人相见,分外高兴。韩信道:"如此夜深,丞相缘何到此?"

萧何怪道:"还不为了你?害得我好苦啊。"

"没想到,丞相竟如此执着。惭愧,惭愧。"

"我不执着怎能行?失信朋友啊。"

两人说着话,进屋落座,萧何道:"傍晚,受张成指责,知道你有事。看墙上题诗,全明白了,所以,一路追来。如此急走,欲往何处啊?"

"随心所欲,云游天下,四海为家。"

"这不是你的性格。不辞而别,因为拜将之事吧?"

"丞相既然知道,何必多问。弃楚从汉,欲伸大志,可汉军人才济济,哪有我的位置啊。"

萧何认真道:"汉王册封十八位将军,尚未拜大将。跟我回去,举荐足下做大将军。"

韩信苦笑道:"丞相骗我。将军尚不可用,何谓大将军?在下出自楚军,汉王见疑,岂能用我?"

"何言见疑?汉王唯才是举,思贤若渴,不以出身论价,只缺少了解而已。"

韩信苦笑,默然不语。

萧何劝道:"天下大事,如君所言,关东果然再乱。齐将田荣造反,吞并三齐,项羽出兵伐齐。齐未定,梁又反。赵地陈馀与张耳反目,联合赵歇,攻打张耳。韩国更不安定,项羽胁迫韩王韩成至彭城,杀之,另用郑昌为韩王。韩民不满,再次生乱。时下,群雄逐鹿,用武之时。汉王大志,广纳人才。千军易得,一将难求,汉军必是你用武之地。"

韩信兴奋道:"在下早就说过,裂分天下,不乱才是怪事。"

萧何再劝道:"项羽沽名钓誉,失信诸侯。分封天下,多有不公。不但诸侯反叛,更甚者流放义帝,杀之于江上。大逆不道,人神共愤。天下大道,匡扶正义,将军岂能袖手旁观?走,跟我回南郑,共助汉王,成就大业。"

"先生美意,在下感受颇深,可是……"

韩信语出半句,笑而不语。

萧何又劝道:"汉王决心一统天下。凭将军之才,足以为将,统率三军,只在眼前,切莫犹豫。"

韩信为之所动,道:"成就大业,乃我平生之志也,只怕汉王不用,丞相岂不枉费心机?"

"汉王豁达,爱惜人才,以前不用,不等于现在不用。回南郑,直面汉王,陈述大志,必为之感动。倘若汉王真不见用,再走不迟。"

韩信终于点头:"丞相乘夜追来,恭敬不如从命。"

老者偷听多时,方知来者是大汉丞相,进屋磕头道:"樊村因贵人来,必名扬天下,老翁万幸。"

萧何急忙扶起老人,其老伴端来饭菜。谢过老人后,二人边吃边聊,直至天明。

汉王宫内,刘邦徘徊不定,一会儿骂道,"萧何,你家死人了,为何走得甚急?"一会儿又长叹,"萧何,寡人拜你为相,哪儿对不起你?"一会儿卧床,辗转反侧;一会儿起身踱步沉思,像驴拉磨一样转圈。如此再三,折腾到东方发白,才迷糊睡去。

太阳升至半空,门外忽然报告:"丞相回来了。"

刘邦一跃而起,惊问道:"丞相在哪儿?"

"门外等候。"

刘邦急忙出门,到门口又站住了,返回来稳稳坐定,慢声慢气道:"叫他进来。"

萧何入,施礼道:"臣萧何拜见主公。"

刘邦沉默了一会儿,拉长声音问道:"昨晚,为何逃走啊?"

萧何从容道:"臣没逃走,是追出走之人。"

刘邦突然起身,斥道:"自来汉中,出逃将士甚多,你不去追。今天,是否欺骗寡人啊?"

萧何辩道:"先前出逃的皆是平庸之辈,全军随处可以找出来。昨晚出走的是大将之才,天下难求。"

"谁有这样本事?"

"韩信。"

"又是韩信?"刘邦愤愤然,"他在楚军不过执戟,寡人用他做都尉,已经是破格任用了!"

萧何辩道:"韩信有大将之才,应统率三军。"

刘邦到萧何身边,指责道:"用他做大将,汉军无人吗?"

萧何毫无惧色,力辩道:"臣早就说过,主公留守汉中,治理巴蜀,此人可以不用;若争霸天下,成就大业,此人必用。臣无半点私心,请主公明察。"

刘邦低声问萧何:"韩信真有本事?"

"若无本事,臣不会再三举荐。"

刘邦沉思良久:"看丞相面子,拜为将军。"

萧何大声道:"主公,应拜大将军。韩信有统率三军之才,定鼎天下之能,切勿轻视。"

刘邦不语。

萧何复劝道:"主公可召见韩信,共论天下,必然耳目一新。拜韩信为大将,不是萧何的面子,是主公大业。"

刘邦想了一下,突然叫道:"见韩信!"

王宫内,刘邦上座,萧何侍立,韩信从容而入,见刘邦施礼道:"臣韩信,拜见汉王。"

刘邦看着韩信,沉稳道:"韩都尉,丞相多次举荐,不知你对时局有何高见?"

韩信从容道:"请问主公志向:欲留守汉中,治理巴蜀,还是北定三秦,争霸天下?"

"大丈夫当然立大志,成大业。岂能偏安一隅,无所作为?"

"再问主公,欲争天下,诸侯中谁强?"

"项羽。"

"主公以为,和项羽比,智强仁勇,谁胜?"

刘邦认真思忖,答道:"不如项羽。"

韩信直言道:"此言差矣。臣以为,主公远在项羽之上。"

"何以见得?"

"项羽刚愎自用,沽名钓誉,外强中干。以勇立威,以威欺信。自冠诸侯之长,实无长侯之能。"

刘邦惊奇:"详细讲来。"

韩信从容道:"项羽,一介武夫,难成大业。其人有虎狼之狠,又有妇人之仁。勇暴天下,所过屠城。坑降卒,烧秦宫,烹儒生,裂天下。其狠胜于豺狼,暴过于亡秦。然而,他内心软弱,不能决断,时而金刚怒目,时而泣如妇人。其人匹夫之勇,且又刚愎自用。崇尚力敌百人,却不思智服万众;喜欢单枪匹马,不知择兵用将;身临大事,毫无主见,排斥良言,一意孤行,朝令夕改,喜怒无常。部下不知所为,难服众人。其人不通治理，却又沽名钓誉。暴秦已灭，天下一统，本应铸万乘之尊，成一统大业，他却裂分天下，还政诸侯，凭喜好封赏，遍留隐患，美其名曰：守信诸侯。弃帝王之所，守四攻之地，又美名曰：衣锦还乡。羡慕虚荣，鼠目寸光，不足以成就大业！其人废义帝之约，失信天下，浅薄之至，令人发笑，却自以为是，自尊诸侯，岂能不为诸侯摒弃？"

刘邦听过，微微颔首，问道："就这些吗？"

韩信又道："主公志向远大，政通人和。选贤任能，何所不归；论功行赏，何所不服；亲历征伐，何所不破？主公广开言路，人尽其才，物尽其用，通于治理。入关约法三章，秦地大定。百姓箪食壶浆，欢迎仁者。所到之处，人心所向，天下风从影随。"

刘邦再问："既如此，可败项羽否？"

韩信陈词："常言道：'得民心者得天下。'主公不但得民心，军心，更有人和、地利。眼下山东作乱，正是用兵之机。主公可乘机走出深山，成就大业。项羽恃一身蛮勇，别无所长。一长一短，足以分辨天下。"

刘邦高兴："赐座。"

侍臣引韩信坐。萧何见刘邦面有悦色，一块石头落地。

刘邦认真地看着韩信，又问："汉军欲成就大业，如何用兵？"

韩信不慌不忙，从怀中取出图本。刘邦惊问："此为何物？"

韩信徐徐展开："此臣所绘诸侯坤舆全图。"

韩信说完，把图本挂在壁上。刘邦起身，近看图本，耳目一新。萧何惊奇，也近前观看。图中山川要塞，村庄河流，了然在目。萧何看着全图，惊讶不已，暗中叹道："项羽若得此图，汉王大业休矣。"

韩信面对图本，指点道："主公在汉中。这是雍王，这是塞王、翟王。这是韩国的阳翟，这是朝歌、洛阳，项羽在这里。这是燕国、齐国……"

韩信一一指点，刘邦喜不自禁。韩信介绍天下大势，指图讲道："主公欲霸天下，必取中原；欲取中原，必先取关中。欲取关中，可明修栈道，迷惑雍王，暗度故道，袭取陈仓。陈仓为汉军所得，则为立足之地，可轻取关中。"

刘邦点头，大悦："所言极是，接着讲。"

韩信在图上一一指点:"关中三王,实为秦贼。三将率三十万众出关,无一人生还。秦人恨三将,恨不得寝皮食肉,必不为之所用。主公以威武之师,伐狐疑之众,关中可传檄而定。关中乃帝王之所,有山河之固,此所谓不破之地。主公可定都关中,选用能将,东出函谷,争霸中原,诸侯必望风归顺。兼有田横叛楚,魏王有怨,陈馀不服,彭越造反,项羽首尾不顾,孤掌难鸣,必为主公所擒。若如此,天下可定,大业可成矣。"

刘邦大悦,拉住韩信的手:"足下所言极是!天下大势,了然在胸,勇冠三军,智夺天下,相见恨晚。寡人决定,拜足下为大将军,统领全军,北定三秦。"

韩信大喜,长跪施礼:"谢主公信任。"

萧何高兴,插言道:"拜韩信为大将,要庄重行事,筑拜将坛,与三军盟誓。主公选黄道吉日,斋戒五天,面对全军,亲自拜将。若草率行事,人无威名,将无归心,何以统率千军万马?"

刘邦高兴道:"丞相所言极是。有劳丞相,选择吉日,筑坛拜将。"

当日,汉王从樊哙部下拨五千人给萧何,筑拜将坛。萧何选中城南土丘,指导筑坛。将士劳作,日夜不息,惊动全军。

将士得知汉王拜大将军,不知所拜何人,互相猜测。猜来猜去,多指樊哙。樊哙以为鸿门救主,力挫项羽,亦觉功盖三军,不禁自喜,只是没有任何消息。一天,樊哙与萧何见面,拱手施礼,直率地问道:"丞相,汉王欲拜大将,三军知晓,但不知所拜何人?恳请丞相赐教。"

萧何看着樊哙,支支吾吾:"这个……这……"

樊哙急道:"丞相好不爽快,但请直言。"

"军机大事……必问汉王。老夫岂敢妄自猜度。"

樊哙直率地问道:"丞相,在下为大将,可否?"

萧何无法回答,支吾道:"将军英勇善战,忠勇可靠,值得信赖。"

樊哙笑道:"丞相看我是将军?"

"当然。将军英勇,汉军无人能比。鸿门宴前,威震三军,谁敢不服。"

"按丞相之意,大将军非在下莫属了?"

"这个……得问主公。拜大将之事由汉王做主,老夫岂敢胡猜?"

樊哙吼道:"支支吾吾,必有内情,待我问个明白。"

樊哙说完,风风火火地离去,街上,迎面走来曹参。将近,曹参道:"樊将军,主公拜大将,恭喜你。"

"恭喜我做甚?"

"将军英勇善战,勇冠三军,身为上将,大将军非你莫属。"

听曹参恭维,樊哙自己也有几分得意,又不敢确认,答道:"待我问过主公再说。"

刘邦独自在王宫面壁斋戒,闭门谢客。樊哙到汉王宫外,直奔宫门。两侍卫持剑拦住,庄严道:"樊将军,主公闭门斋戒,不得擅入。"

樊哙瞪圆双眼,吼道:"敢拦老子,不要命了? 汉王许我入朝不趋,佩剑上殿,你等鼠辈敢拦我?"

樊哙声如洪雷,双手一拨,两侍卫倒退数步。太仆赶来,拔剑在手,拦住樊哙。樊哙怒起,将要动武,刘邦在宫内叫道:"让樊将军进来。"

樊哙狠狠地看了一眼太仆,入室。刘邦面壁盘坐,庄严肃穆。樊哙见场面庄严,施礼道:"臣樊哙,拜见主公。"

许久,刘邦慢慢回身,问道:"樊将军擅闯王宫,是何道理?"

樊哙愧然,问道:"全军议论,主公将拜大将军,不知所拜何人?"

刘邦言语不高,慢条斯理:"为将者难,为大将者更难。身系将士性命,国家安危……"

樊哙不知所云,再问道:"主公,何人可当此任?"

"为大将者,必具五德,智强仁勇忠也。"

樊哙急问:"何谓智强仁勇忠?"

刘邦字句铿锵,答道:"智者,运筹帷幄,决胜千里;强者,雄视天下,把握万机;仁者,爱惜士卒,体恤万民;勇者,却敌千里,取敌上将;忠者,忠心不二,尽孝国家。为大将者,五德必具,方可服众人,成事业。"

"敢问主公,臣具几德?"

"将军忠勇可佳,值得信赖。"

樊哙惊道:"臣只具二德? 万军之中,谁具五德?"

"具五德者,唯有一人。"

"请问主公,不知何人?"

"拜将时,将军自然明了。"

樊哙不知所言,沉默不语。

刘邦愠道:"樊将军,寡人斋戒,闭门谢客,你却擅闯王宫,该当何罪?"

樊哙自知亏理,一时不敢回答。

汉王正言道:"将军有功,还望谦虚谨慎,戒骄戒躁,再立新功。"

樊哙无趣,突然道:"告辞!"

樊哙匆匆离去。刘邦看樊哙的背影,有不服之意,轻轻摇头。

吉日,拜将坛彩旗飞扬,庄重严肃。六六三十六级台阶,雄伟高大。坛中香炉,香火正旺。周围礼兵彩旗。东为青旗,礼兵青衣;西为白旗,礼兵白衣;南为赤旗,礼兵红衣;北为皂旗,礼兵黑衣。萧何早早登坛,立在香炉前,形如雕塑。坛下三军将士,整齐排列,肃穆庄严。吉时已到,萧何面对全军高声叫道:"敬请汉王与大将军登坛。"

刘邦与韩信同乘宝舆,已到坛侧,萧何一声礼令,刘邦牵手韩信,缓步登坛。将士看韩信白面书生,无人认识他,更不知其来历,军中顿时发出疑问:"此为何人?"

樊哙大失所望,原来是治粟都尉,不服气说道:"一个粮官,何才何能,敢为大将?"

夏侯婴看了一眼樊哙:"此人文韬武略,不可小觑。"

樊哙嚷道:"何以见得?"

夏侯婴解释道:"主公拜将,自有道理,切勿多言。"

樊哙不服,怒道:"他日,必与之决一高低。"

樊哙叫声越发高起来。夏侯婴拉扯他的衣角,樊哙仍愤愤不平。

刘邦、韩信,盛装登坛。刘邦戴王冠,着赤袍,腰佩斩蛇剑;韩信银盔银甲素袍,佩楚王剑。两人款款而上,至坛顶,二人候立,萧何上前大声叫道:"拜将开始。"

刘邦到香炉前,焚香,祭天拜地,然后大声道:"大将军韩信受拜。"

韩信上前,萧何叫道:"授大将军印。"

礼兵双手捧彩漆方盘,盘中红绸包裹将印,到汉王前。刘邦捧印祭天,然后收在胸前:"拜韩信为大将军,统领三军,有印为证。大将军受印。"

韩信跪拜刘邦,手举过顶,接受将印。

刘邦授尚方宝剑,大将军绶带,无不庄严。

授受仪式后,刘邦到坛前,面对全军高声道:"从即日起,三军之事,决于韩信,任免去留,生杀予夺,皆由大将军决断。望全军将士,恪尽职守,尽心听令;望大将军以苍生为重,尽心尽力,尽职尽忠,统率全军,北定三秦,东征诸侯,还我故乡,一统天下。"

全军将士情绪激昂,振臂高呼:"还我故乡,一统天下。"

欢呼声息落,韩信走到坛前,高声道:"本将军牢记主公重托,忠心不二,恪尽职守,竭平生之智,一统天下。望全军将士,团结一心,英勇奋战,建功立业!"

全军又一片欢呼:"英勇奋战,建功立业——"

拜将之后,汉王引韩信下坛,同乘宝舆,检阅三军。宝舆由太仆驾驭,在军中款款而行。宝舆所至,欢声雷动。韩信威风陡长,震撼全军。

这真是:

　　几经波折拜将台,汉中对策大业开。
　　权重不忘同车走,一统江山万古才。

拜将仪式尚未结束,樊哙先自离去。回到府中后,他脱去铠甲,怒道:"楚军执戟郎中,竟来统率汉军,岂有此理?"

樊哙愤愤不平,不理军务,一连数日在房中假睡。傍晚,夏侯婴入,责备道:"汉王检阅全军,将军为何不辞而别?事后更不该消极军务啊……"

樊哙声如洪钟,愤愤地说道:"韩信何才何能,敢做大将军?问问他，敢与我比高低吗？"

夏侯婴劝道："韩信才能，的确在你我之上，日久必见分晓。"

"见个分晓，我才能服他。"

"将军莫急，打几仗，看他的本事，是纸上谈兵，还是真才实学。"

"打仗？还不吓尿裤子。"

说话间，侍卫报道："大将军到。"

"大将军来，切勿失礼。"夏侯婴嘱咐樊哙道，然后出门迎接，施礼道，"不知大将军来，有失远迎。"

韩信还礼道："夏侯将军在此？"

两人入室，樊哙色愠，闷坐不语。韩信问道："樊将军为何不悦？"

樊哙直言不讳："足下做大将军，本将不服。"

韩信不急不躁："樊将军爽快。本将想问，缘何不服？"

樊哙突然起身，冲韩信问道："敢和我比试吗？"

韩信平静问道："比试什么，斗力还是斗智？"

"先斗力，再斗智。"

"本将依你。夏侯将军在此，正好评判。"

夏侯婴料定韩信不是樊哙的对手，急劝道："使不得，使不得。伤了大将军，如何向汉王交代。"

樊哙不依不饶，先自出门，挽起袖子叫道："来来来，咱比个高低。"

韩信出门，夏侯婴追出，一劝再劝，两人都不理睬。韩信看樊哙一身勇武，问道："如何斗？"

樊哙立在院子中央，答道："是你先依我，这次，我依你，也算公平。怎样斗，由你说。"

韩信在院中四下看一眼，到处是收获的麦秆。韩信指着麦秆道："樊将军，一捆麦秆重，还是一根重？"

"当然一捆重。"

"我选重的，轻的归你。"韩信说完，抓起一捆麦秆，迎风投到墙外。然后对樊哙道，"看你的。"

"这有何难？"樊哙说完，捡起一根麦秆向墙外投去。没想到，他投了三次,都被风吹回院子。

韩信看夏侯婴:"夏侯将军作证,樊将军输了。"

樊哙突然叫道:"不行,这里有诈。"

夏侯婴劝道:"樊将军,兵者,诡道也。这正是大将军为将之道,不要争了。"

樊哙不依不饶,指韩信道:"真刀真枪,敢比试吗?"

夏侯婴知道樊哙力可拔山,敢和项羽比高低。韩信以智见长,若打起来,定输不疑。韩信毫无惧色,问道:"斗枪还是斗剑?"

"斗剑。"

樊哙说完,拔出佩剑。韩信亮出楚王剑。霎时间,院内杀气顿起,一场恶斗即将开始。夏侯婴不能劝阻,替韩信担心,叫苦不迭。

第四章　定三秦　暗度陈仓

陈仓故道,山高万仞,苍鹰惧之;涧深百丈,蛟龙避之。张成受韩信密令,三天前来故道侦察。他和十位勇士扮樵夫,装药师,攀奇岩,行险路,探深涧,试残栈,一路察看。一行人冒险前行,不知走了多远,来到一处宽敞地,停下来,观看地形。远望群山,雄关漫道,沧海起伏。张成边看边记,勾画实况。

一个勇士担心道:"山高路险,大军如何通过?"

又一个勇士指道:"你看那处,雄关险要,一夫据守,万人莫开啊。"

张成道:"大将军自有办法,咱只管查好地形。记住,查明道路,画出图本;再到陈仓,查清雍军布防情况,回报大将军。"

"我们都记着呢。"

张成嘱咐道:"到陈仓,咱分头行动,不得暴露身份。悄悄地来,悄悄地做,再悄悄地走。大将军说,暗度陈仓,关键看咱们。"

"兄弟明白,一定给大将军长脸。"

大军未动,计策已出,韩信不动声色,巧施妙计。汉中樊哙,还在纠缠。院子里,樊哙、韩信各执利剑,摆开架势,将要决斗,恰好刘邦赶来。看樊哙一脸凶狠,他厉声斥道:"谁在此胡闹?"

樊哙见汉王来,有几分心虚。刘邦不满,双眼直逼樊哙,斥道:"真刀真枪又怎样?韩将军斩杀过秦将,你杀过吗?"

汉王一句训诫,樊哙泄气,主动收剑,却仍愤愤不平,斜睨韩信。

韩信也收起宝剑,拱手道:"樊将军,韩信有礼了。"

樊哙看韩信从容礼让,更加气愤,狠狠道:"便宜你了。"

刘邦看樊哙不服,怒发冲冠,直面训道:"大将军是我所拜。不服大将军即与寡人作对。"

说话时,一只黄犬从院内惊出,刘邦拔出斩蛇剑,随手掷去。黄犬应声倒毙。刘邦警示道:"敢有不服大将军者,犹如此狗。"

"看你打仗,再作分晓。"樊哙不敢再争,愤愤躲开。

韩信叫道:"樊将军,本将找你,实为军务。"

樊哙回身问道:"有何军务?"

"明日,你率两千军抢修蚀中栈道。"

樊哙惊问:"叫我修栈道?"

"记住,两千人马,大张旗鼓,把场面作大。遍插旌旗,多生烟火,伐木修桥,不可怠慢。"

樊哙愤然道:"刁难人。本将只会打仗。"

韩信严肃:"军令既出,不可违抗!"

樊哙看了一眼汉王,汉王的脸像块铁板,沉默片刻:"遵令。"

将士得知汉王立志东归故土,士气高涨。韩信利用东归士气,制定军规,奖励有功,开始练兵。普通将士看到晋升希望,积极性很高。南郑郊外,马步弩三军各自操练。山冈上,小河边,树林里,到处有喊杀声。韩信、刘邦每日巡营,鼓舞士气。刘邦感受到将士的备战热情,高兴道:"将士思乡,多有逃匿,寡人忧心忡忡。大将军却把思乡情绪,转变为杀敌立功的士气,佩服!"

韩信从容道:"治军先治气。士气低落,贪生怕死,战则必败;士气高涨,奋勇争先,战则必胜。"

"是啊,人活一口气,是志气。一个人没了志气,就是行尸走肉。治军,还是大将军啊。"

两人一路查看,忽听林中喝彩,走来看时,是弩将丁复表演百步穿杨之技。树枝上,挂块白布,布中央涂个碗口大的圆圈。百步之外,丁复力张强弓,连发三箭,箭箭精准,引得众将喝彩。刘邦问道:"弩将军如何啊?"

韩信赞道:"丁复将军两臂猿长,天赋弩将。"

"弓弩单独成军,是大将军独创,诸侯还未有过。"

"弩军威力强大,可远距离打击敌人。当敌人打不到我们时,就把他消灭了。"

刘邦连连点头:"征霸诸侯,完成大业,弩军必建奇功。"

两人到校场外,丁复上前施礼。韩信道:"丁将军神射,可比匈奴射雕者,但不知将士本领如何?"

丁复答道:"大将军说过,一人本领再大,不算本领。全军将士都有本领,才是本事。我只是示范,好戏在后面呢。"

刘邦笑道:"既然有好戏,让我们看看好吗?"

"谢主公,大将军。"

丁复答过,向林中招了招手,千名弓弩手跑步上广场。个个精神抖擞,手持弩机弓箭,列队待战。

丁复手指树林:"那就是我们的敌人,勇士们,消灭他们。"

丁复一声号令,千弩齐发。箭随风响,呜呜怪叫,声如鬼哭,让人不寒而栗。箭阵如云,遮蔽天日,疾风暴雨般落在树林里。树叶纷纷落地。汉王看过,平添几分恐惧,韩信频频点头。第一轮弩箭落下,丁复再发令,连打三次,再看树叶,已落去大半。

刘邦惊道:"如此威力,惊神泣鬼,谁人挡得?"

"汉军之威,威在弩军。一统大业,弩军必建奇功。"韩信问道,"将军旗下,有多少弩军?"

"五千。"

韩信摇头:"五千还不够,至少发展到一万。万弩齐发,那才叫惊天地,泣鬼神。"

丁复答道:"大将军,征召五百工匠,弯弓制箭,正做准备。"

"五百人不够,再增加人手,多做弩机。"韩信拿过一只弩机,认真看过,"可连发几弩?"

"两弩。"

"秦时有连发三弩的,可认真做一下。"

"鄙将有闻,但不知做法。遍寻汉中,寻到先秦老军,正请他帮忙呢。"

"好。"韩信高兴道,"连弩发射,可有效压制敌人,控制战场局面。善待老军,为我所用。"

"喏。"

韩信嘱咐道:"枪再长,不过丈余,箭再短,十丈有余。弩箭可延长将士的手臂,拉长枪杆,先发制人,克敌制胜。"

"听大将军令,建立强大弩军,让敌人闻风丧胆。"

刘邦信心满满:"我有弩军,何惧项羽小儿?"

二人看过,十分满意,又听骑兵那边,喝彩声迭起。刘邦远望一眼:"到那边看看。"

刘邦在汉中练兵,欲争天下,章邯据守关中,也十分小心。章邯本前秦宿将,受封雍王。项羽离开关中时,授意他提防刘邦。章邯感项羽之恩,十分认真。近闻,山东多处生乱,项羽应接不暇,章邯对汉军动向格外关注,好在未见刘邦有不轨行为,稍有宽心。不料,担心的事终于来了。这天早起,宦官近身,十分小心地报告:"蚀中守军,派来使者,有重要军情。"

听到军情,章邯格外警惕,斥道:"既有军情,何不早报?"

宦官自责道:"奴才该死,只怕打扰大王。"

"岂有此理?"

章邯斥退宦官,速到殿前见使者。军吏入报:"汉王起用韩信做大将军,日夜抢修栈道,欲兴兵伐雍。"

"汉军抢修栈道?"章邯疑问。

"是,大王。"

"多少人马?"

"山间遍插旌旗,炊烟四起,有数万人。"

"数万人?"章邯自语道,"修复栈道?给刘邦送葬吗?"

章邯踱步沉思,良久,令道:"令蚀中将士,把守关隘,严密监视,情况一日一报。"

"喏。"

军吏受令,施礼退出,内臣又报:汉王使者来见。章邯得意道:"寡人正欲探听虚实,来得正好,请。"

汉使入,先送礼物,再拜章邯。章邯得意,睨视汉使:"汉王送礼,有求寡人否?"

汉使道:"汉中财物匮乏,粮食短缺,汉王欲打通栈道,通商关中。"

章邯轻蔑一笑,问道:"你是说,汉军修复栈道,是为通商?"

"是,大王。汉主怕大王误解,特使下臣通报。"

"就这些吗?"

"再报大王:入夏以来,巴蜀大旱,粮食绝收,平民饿死者甚多。吾主欲借粮十万担,以赈灾民。"

汉使说完,呈上公文。章邯看过,自语道:"颗粒无收?"

汉使释疑:"汉中赤地千里,饥民四起,恳请大王相助,日后必当重谢。"

章邯称意,起身答道:"关中收成也不好啊。不过,寡人将尽力相助,筹粮十万担,待栈道修通,即请汉王来取。"

"谢大王。"

汉使退出,章平入见,问道:"汉使来何干?"

"通报抢修栈道,是为通商借粮。"

"恐怕有诈。"

章邯得意道:"寡人何尝不知,将计就计而已。"

章平谏道:"刘邦垂涎关中,谨防不测,可派得力兄弟,去汉中查实?"

章邯重重点头:"如此甚好。速派人去汉中,打探实情。还有,陈仓故道,多加提防,以备祸患。"

章平道:"陈仓故道,早已废弃,为防贼人出入,又派军士烧绝残道。如今,野山羊也无法通过。"

"用兵乃国家大事,不可大意。令陈仓守将杨涛,驻兵关隘,加强警戒。扼守东西两线,则关中无忧。"

"本将即刻督办。"

项羽伐齐,斩杀齐将田荣。回师不久,同族田横拥立田市为齐王再反,项羽复征田横。田横率众坚守临淄,和项羽死战,楚军一时难下,进退不得。一日,项羽与众人商议破齐之策,彭城使者来见,得知韩王辅臣张良逃匿。

项羽怒斥使臣:"此等小事,何须千里来报,追杀便是了。"

范增问道:"韩成何在?"

"韩成已被诛杀。"

范增轻轻点头,转身对项羽道:"张良潜逃,非同小可。此人胸有大智,藏腹良谋,若复归刘邦帐下,楚军则无宁日矣。"

项羽悟道:"张良潜逃,必归刘邦。通令沿途各国,严查速办。发现踪影,就地正法!"

项羽一道通令,韩魏赵雍等国,沿途布下天罗地网,画像缉拿。此时,刘邦尚在汉中,一无所知。

南郑大将军韩信密室,张成风尘仆仆。油灯下,掏出草图,铺在桌上,指指点点:"陈仓故道比褒斜栈道更难走。这是残破的栈道,这是悬桥,这是绝壁,这是深涧。这里的悬桥已被雍军损毁,这里的栈道烧绝。这是大散关,雄关险要,一夫当道,万夫莫开,最近又增加了守军。"

"关口有多少守军?"

"五百。"

韩信点了点头,又问道:"陈仓情况如何?"

"陈仓守军三千人,守将杨涛虽是酒色之徒,但能征善战。两军前,赤膊上阵,不惧生死。"

韩信想了想:"暗度陈仓,斗智不斗勇,关键在大散关。不但要破关,更要诡秘,知道吗?"

"如何破关?"

"你带十位勇士足矣。"

"就我们几个?"

"人多易生变,反而难攻。"

韩信说完,附耳低语,密授计策。张成连连点头:"如此甚好。"

张成受令,悄然离去,韩信召夏侯婴。夏侯将军急来,韩信把故道图本给他看,令道:"选派五百精壮将士,秘密出故道,抢通险隘。"

夏侯婴惊问道:"大将军欲出故道,袭取陈仓?"

"此事甚密,不得张扬。"

夏侯婴领命而去,韩信召曹参,令道:"曹将军,拨五百壮士,徒步过峨眉岭,大张旗鼓,进取关中。场面做大,摆出强攻态势。"

"五百人,岂能管用?"

韩信不予理睬,令道:"再派得力弟兄,化装成雍军,到废丘散布谣言,把进攻消息透露给章邯。"

"这是为何?"

"将军只管依计行事,不得有误。"

曹参离去,韩信召见樊哙。樊哙来见,首先报怨道:"大将军只会捉弄人,使我修复栈道。天气酷热,蚊虫叮咬,将士三月没能睡觉。"

韩信看着樊哙,赞道:"樊将军粗中有细,做得很好,算你首功。"

"这算啥功?栈道不知猴年马月才能修通。"

"樊将军报怨没能打仗,现在有仗给你打。"

"打谁?"

"将军只管听令。"

樊哙仍有不服,讥讽道:"只怕大将军不会指挥。"

韩信严肃道:"将军听令便是,贻误战机,军法从事。"

八月吉日,汉军在拜将坛誓师。全军将士,精神抖擞,旌旗猎猎,韩信宣布:征伐关中,平定诸侯,还我故乡。

将士无不振奋,呼声雷动:"还我故乡!"

誓师之后,韩信率三万将士,浩浩荡荡向褒斜栈道进发。樊哙军令在身,鼓励将士:"大将军有令,进取关中,勇战者奖,怯懦者罚。加速前进。"

夏侯婴、曹参、周勃、灌婴、纪信、丁复等将领，各自统军，一路呼叫："杀出栈道，活捉章邯。"

将士人心振奋，士气高涨。

大军急行一天，天色将晚，安营扎寨。混乱中，有人趁机逃进山林。有人报告此事，韩信装聋作哑，不闻不问。

三天后，大军逼近褒斜栈道，韩信连夜召众将议事。将军大帐，韩信表情严肃，大将军印摆在案前。众将看过，觉得气氛不对，不敢说话。韩信一言不语，有意增加紧张气氛。许久，他慢慢起身，表情凝重，坚定道："各路将领听令：大军原路返回。"

众将哗然。樊哙起身问道："大将军，拿将士开玩笑吗？"

韩信不予理睬，故意把大将军印摆正位置，樊哙不敢再言。帐内沉静，韩信令道："从现在起，队伍中不得走漏一人。各军注意，部辖曲，曲辖官，官辖卒，卒辖什，什辖伍，逐级严管。走漏一人，军法从事。"

"诺。"

韩信逐一看过，果断出令："向陈仓故道，出发！"

陈仓故道，静悄悄，飞禽走兽，自由自在。大散关口，地势险要。一排石屋，当关而立。五百将士，扼守要冲。雄关险道，凉风习习，将士无聊：划拳，饮酒，玩方格，摆石子。校尉高平与三个兵头在屋内喝酒，个个醉眼惺忪，兴致正好。四人行着酒令，往复高叫：棒子、老虎、小鸡、虫子。四物相克，逐一淘汰，胜者饮酒。不知叫了多久，兵头胜出，取罐饮酒。倒了许久，没有一滴酒出来。兵头把罐子推在一边，怨道："算我命苦。"

高平骂道："妈的，几天了，酒还没来？"

一人道："大哥，粮食也不多了。"

"催，再不送粮，老子就下山了。"

另一个道："这鬼地方，能有汉军？"

"就算有汉军，妈的，能飞过来吗？"

将领没有酒喝，就怨气骂人，关前士兵玩方格，摆石子。几个人玩腻了，推开石子，伸着懒腰，寂寞难挨，朝着大山呼叫："有——人——吗——"

呼叫声在山间回响,声音未落,果然冒出几个人来。看装束是采药的。士兵数着,三个。其中一个高声问道:"哎,干啥的?"

"采药的。"山上人远远回答道。

守军为了解闷,叫道:"过来,过来……"

不多时,十几个人围到关前,不断有人叫着:"过来,过来。"

采药人正是张成,他使了个眼色,和另两人一同下山来到关前。士兵放下梯子,三个人登上关口。士兵像看新鲜一样围过来,一边问,一边乱翻。张成半推半就,变戏法一般,好药材一样一样掏出来,都是奇珍。最后,他故意露出老灵芝。士兵争着要看,张成把灵芝紧紧捂在怀里,叫道:"军爷,这是绝壁采的,差点丢了性命……"

士兵争着,叫着,高平闻声出来,喝问道:"啥事?"

"长官。采药的。"

"谁让他们上来的?"

士兵讨好道:"千年灵芝,孝敬长官的。"

张成分辩道:"军爷欺骗我们,还要赶路呢。"

张成说着要走,高平听说老灵芝,兴致很浓地走来,远远叫道:"让我看看。"

张成故作恐惧状,护着灵芝,急着要走。士卒拦住张成,抢得灵芝,交给长官。高平仔细观看,爱不释手,赞道:"奇货,奇货,至少有百年了。"

士兵献媚道:"这东西泡酒,壮阳补肾,好着呢……"

高平嗅了嗅:"有酒味?"

士兵搜查,几个人身上都有酒囊。张成护着酒囊:"这,我们驱寒用的,晚上山风,不能没酒。"

高平得意,把灵芝揣在怀里:"住在关上,晚上就没风了。"

高平说着,把酒囊抢在手里,向房中走去。张成跟在身后,半真半假,叫苦不迭。士兵看得眼馋,跟到门前。高平回身指了指张成的兄弟:"你两个留下,叫弟兄们也尝尝酒味。"

张成一边叫苦,一边随高平入室。

废丘雍王府,章平急见章邯:"主公,峨眉岭发现汉军。"

"峨眉岭有汉军?原来如此。"章邯重重地点头,悟出抢修栈道的道理。

章平悟道:"修复栈道,早知有诈。"

"有多少人?"

"其势汹汹,来头不小,将士多有死伤。"

章邯得意道:"明修栈道,暗度峨眉岭,雕虫小技。"

章平急道:"下峨眉岭,无险可守,把汉军堵在大山里,困死。"

"调集大军,严加布防,不让汉军出山。"

章邯自以为识破了韩信诡计,没把陈仓放在心上。夜半,大散关校尉兵头,无不酩酊大醉,死猪一样酣睡。张成看了一眼,轻轻一笑,出门到关前,关门已被兄弟控制。张成面对山间,亮了三次火光。不多时,灌婴率两千汉军悄悄杀来,破关如履平地。

汉军智取大散关,陈仓守军一无所知。守将杨涛闲得无事,召歌妓陪酒。歌妓调笑杨涛:"看你眼神,就知道是个高手。"

"眼神怎的?"

"色迷迷的,让女人心动。"

杨涛笑道:"搞女人是男人的本事,再说,正事也没少做。北狄是我平定的,西羌是我安抚的,闲得无聊,男欢女乐,有啥不好?"

歌妓问道:"昨天,你的人马出城,干啥去了?"

"大王说,汉军进攻峨眉岭,调去打仗了。"

"陈仓如果来汉军,那该怎么办?"

"来汉军?除非长翅膀飞过来,放心陪我玩吧。"

杨涛说完,把歌妓揽在怀里。两人刚刚入情,侍卫在门外叫道:"散关使者来见。"

杨涛莫明其妙地骂了一句,把歌妓推在一边:"叫他进来。"

使者入,施礼:"报将军,山关平安,故道无事。"

杨涛看了一眼使者,不认识,问道:"为何来迟?"

"报将军,前使骑马摔伤,小的临时调用。道路不熟,因而迟到。"

"看你脸面生疏,从军几载了?"

"正好三载。"

"家住哪里?"

"雍城。"

杨涛顿了一会儿,突然问道:"李乐可在山上?"

"报告将军,长官高平,坚守山关,忠于职守。山上粮食短缺,请将军调用。李乐,小的不知。"

"我弄错了。"杨涛释然,挥挥手,"粮草明天运到。"

"是,将军。"

韩信人不知,鬼不觉地夺得大散关,当晚悄悄逼近陈仓。刘邦亲征,与韩信同行。路上,他担心地问道:"首战关中,非同小可,大将军可有把握?"

韩信自信道:"章邯主力,集在东线。陈仓空虚,可一鼓而破。我军已巧取散关,陈仓已是囊中之物。"

"寡人担心攻城不下,旷日久战,于汉军不利。"

"主公,我三天前已使人潜入陈仓,若得西门,汉军可鱼贯而入。"

刘邦高兴道:"如此甚好。"

深夜,陈仓外树林中,韩信调用众将:"樊将军主攻西门。若西门有火光,明灭三下,是内应信号,将军可大胆杀入。进城后,穷追猛打,活捉杨涛,天亮前结束战斗。曹参、夏侯婴二将,各带五千人马,备攻东、南二门。樊将军得手,二将可弃陈仓,袭取虢县、雍城。记住,假扮雍军,依计而行,巧取二城,避免强攻。其他各将听候调用,以应不测。"

刘邦鼓励道:"袭取陈仓,寡人为众将庆功。"

众将离去,大网悄悄张开,陈仓尚在梦中。

秋天的后半夜,很凉,守城雍军早早躲进房里,城头空无一人。暗处,闪出十几个黑影。这些人各持短刀匕首,跃短墙,走小巷,猫一样,悄悄摸到西门。守军在房内酣睡太平觉。一人摸到房外,静听片刻,一摆手,数人跟进,围住房子。一个用匕首轻轻拨开门闩,然后鱼贯而入。不多时,城头亮起火光。

樊哙率军潜伏在城外,看见光亮,轻声令道:"上。"

一声令下,将士幽灵一样,悄无声息地拥到西门外,城门果然洞开。樊哙厉声令道:"杀进城去,活捉杨涛!"

五千将士,蜂拥而入。顿时,城内杀声四起,陈仓城为之震动。

温馨之夜,杨涛拥抱歌妓睡得正香,喊杀声突然袭来,惊碎了他的美梦。一开始,他以为身在梦中,静神细听,方知是真。杨涛惊起,来不及披甲,提短剑出门。侍卫急来,杨涛惊问:"何以大乱?"

侍卫惊慌欲哭:"汉军,杀进城了。"

"胡说,汉军从天上掉下来的?"

"将军,汉军杀入西门,南门也丢失……"

侍卫牵马来,急叫:"将军,快上马,走北门。"

"奶奶的。"

杨涛狠狠地骂了一声,翻身上马,朝北门逃去。他刚到街心,一将横枪立马,拦住他们去路,远远喝道:"杨涛匹夫,还不下马投降!"

火光中,樊哙乘怒杀来。杨涛魂不附体,失声叫道:"各位勇士,与汉贼拼命!"

侍卫蜂拥而上,共战樊哙。混战中,杨涛拐进小巷,向北门逃去,刚上正街,又遇灌婴。灌婴纵马逼近,喝问道:"尔是何人?"

杨涛诈道:"在下小校,愿降汉军。"

"杨涛何在?"

"向东门逃去。"

灌婴丢下杨涛,向东门杀来。杨涛乘机逃出北门。

樊哙怒战侍卫,铁枪下,侍卫纷纷倒毙,脱手再找杨涛,已无他的踪影。樊哙打马向北门追来,正遇灌婴,大声问道:"见杨涛否?"

"只见校尉,骑青马向北门逃去,不见杨涛。"

"那就是杨涛匹夫。"

灌婴懊悔不已,大叫:"杨涛骗我。"

二将打马追出北门,城外一片漆黑,杨涛毫无踪影。

天微亮,刘邦、韩信进城,汉军押解俘虏从身边走出。刘邦高兴道:

"大将军明修栈道,暗度陈仓,夺得城池,汉军有立足之地矣。"

韩信道:"杨涛虽有小计,但麻痹轻敌,必败无疑。关中虽大,皆狐疑之师。主公恩威并重,不劳大军征伐,必传檄而定。"

"大将军用兵有道,料敌如神,汉军之福也。"

街上,灌婴押送战马朝城外走,见刘邦、韩信施礼道:"主公、大将军,从县衙得知,西去百余里有关山草原,那是秦人军马场,在下请求关山征马。"

刘邦高兴道:"有了战马,汉军必如虎添翼。"

韩信道:"关山草肥水美,秦军良马多产于此。你带向导,与傅宽同去,征用战马,组建铁骑。八百里秦川,任将军驰骋。"

灌婴高兴道:"大将军,陈仓司马官,愿为向导。"

"强龙不压地头蛇,有他配合,必征得良马。"

灌婴挥手告别,樊哙迎面走来,见韩信单膝跪地,施礼道:"樊哙佩服大将军。"

韩信急忙扶起:"樊将军心胸坦荡,勇冠三军,亦为韩信佩服。"

樊哙起身:"只杀得不过瘾。"

刘邦指责道:"樊将军就爱打打杀杀。轻取巧夺,才是大将之术。"

樊哙羞惭:"愿听大将军调用。"

韩信道:"樊将军首战陈仓,军功第一。"

"可惜,杨涛在我面前逃脱。"

"逃走也好,给章邯报个丧信,也好用兵。"

刘邦急问:"攻打章邯?"

"不急。章邯丢了陈仓,会亲自送上门来。半路击之,必获全胜。"

樊哙请战:"伏击章邯,本将愿为先锋。"

刘邦目示韩信。韩信道:"伏击章邯,本将已有安排,樊将军另有重用。"

樊哙不争,拱手而去。刘邦到县衙外,一将报告:"陈仓县令县尉皆已归案,押在县衙,请主公处治。"

刘邦高兴,与韩信一同走进县衙。

县衙拴马桩上，绑着二人，刘邦问道："你们是本县父母官？"

县令恐惧不已："在下从未做过伤天害理之事。"

刘邦笑道："你是说你是个好人？"

"大王不信，可问县民。"

刘邦下令道："解开绳索。"

县令和县尉惶恐不安，不敢多问，垂手候立。刘邦问道："愿意归汉吗？"

县令喜道："早知汉军'约法三章'，小的佩服。大王如若不弃，在下愿效犬马之劳。"

刘邦笑道："既然相信寡人，那你们就官复原职。"

县令和县尉跪地磕头："谨听大王敕令。"

刘邦令道："出榜安民，四门张贴。招收旧部，小心从政，不得三心二意。"

县令感激涕零："在下身遇明主，三生有幸，定当尽心尽力！"

陈仓是座古城，韩信在县衙感慨颇多，自语道："秦人凭山河一隅，并吞六国，此为祥地。"

刘邦高兴道："汉军亦借秦人遗风，一统天下。"

"主公宽厚，将士神勇，何患不成秦人之功？"

二人踌躇满志，说话时，周勃入请示如何处置俘虏。刘邦目示韩信，韩信从容道："兵法云：'善用兵者，取用敌国。车杂而乘之，卒善而养之。'汉军不能学项羽。"

"大将军的意思，不杀他们？"

韩信肯定道："不但不杀，还要善待他们。告诉雍兵，愿随汉军建功立业者，一同打天下。不愿意的，放走。"

周勃受令而出，使者入报："夏侯婴、曹参二将，巧取虢县、雍城。"

刘邦高兴地跳了起来："一个早晨，连取三县，大将军用兵如神啊。"

韩信面对使者："传我将令：夏侯婴、曹参二将，整肃人马，准备再战。雍城东行五十里有墟丘，那里林木茂盛，乃用兵之所。章邯西救陈仓，必经此地，设伏击之。"

章邯身居废丘,专注褒中,调防峨眉岭,忽报杨涛来见。章邯暗吃一惊,自语道:"杨涛在陈仓,来废丘干什么?"

不多时,杨涛衣着不整,满脸恐惧,战战兢兢,入见章邯。章邯急忙问道:"何故如此狼狈?"

杨涛突然跪地,大哭道:"主公,臣罪该万死,汉军已袭取陈仓。"

章邯大叫:"陈仓丢了?"

杨涛颤抖,俯身再拜:"汉军来势汹汹,乘夜袭之,臣虽死战,无奈汉军势众,将士殉国……"

章邯大怒,斥道:"将士殉国,你为何逃脱?"

杨涛颤抖:"罪臣斩杀汉贼数十众,方得逃脱。"

章邯吼道:"你不是说陈仓故道鸟也飞不过去吗?你不是说汉军想过故道,至少三年吗?你不是说陈仓故道,一夫当关,万夫莫开吗?说,么汉军怎过来的?"

杨涛无言以对,叩头不止。

章邯痛心不已,长叹道:"韩信骗我。陈仓丢失,后果不堪设想。汉军沿渭水而下,关中再无宁日矣。"

杨涛献勇道:"主公,臣愿借一万人马,拼死收复陈仓。"

"既能收复陈仓,为何逃命至此?可恨我有眼无珠,错用鼠辈,坏了大事。"

章邯骂过,冲门外叫道:"来人!"

杨涛大惊:"主公,主公饶命……"

武士入内,章邯令道:"斩杨涛示众。"

"主公,陈仓丢失,不能怪我一人,是你调走守军啊……"

章邯益怒:"斩!"

杨涛被押出,无人敢谏。时间不长,一颗滴血的人头呈在章邯面前。章邯余怒未息,快马又报:"虢县、雍城丢失。"

章邯大叫一声,呆坐在地,良久,哀声令道:"速调章平,出师陈仓,斩杀汉贼,复我城池。"

汉军大胜,全军庆贺,韩信一连忙了数日。油灯下,连发布告,疾书道:

关中诸王,各郡县:

　　适在秦时,义帝有约,先入关破秦者为王。汉王率先破秦,理应称王关中。然项羽背信弃义,枉自加封,祸乱天下。关中三将,实为秦贼,罪恶昭彰,万劫不复。汉王兴正义之师,复取关中。旌麾所指,天下归顺。本将军晓示天下:檄文所至,归顺汉军者,既往不咎;敢有反抗,杀无赦!

书罢,令人抄写,遍发关中。

韩信又忙了一个整夜,天亮时,将欲休息,侍卫官入报:"灌婴、傅宽征马回来,正在城外。"

韩信喜出望外,出城查看。一群战马,膘肥体壮,嘶鸣不已,充满生机。二将见韩信来,傅宽上前报告:"大将军,此去关山,征得战马八百余匹,请大将军调用。"

韩信令道:"挑选好马,配给都尉以上将领,余者组建骑兵。"

"遵令。"

灌婴上前:"本将为大将军选得汗血宝马,请过目。"

韩信上前观看,宝马通体雪白,无一根杂毛,皮下暗红,似血液流动。大白马见韩信来,啸啸嘶鸣。韩信仔细观察,马体清瘦,四腿修长,性情刚烈。比普通马长出半头,高出一鞍,是纯种大宛马。

韩信被宝马迷住了,接过缰绳。不承想,大白马人立长嘶,威风八面。灌婴上前,想帮韩信降服大白马,韩信不允。待它四蹄落地,他抓住马鞍,翻身上马。大白马又抖威风。韩信抓紧缰绳,胯下用力,狠抽两鞭。大白马长嘶一声,迎着朝阳,向旷野奔去。

韩信骑着大白马,在秋后的田野上飞奔。天高地阔,任马驰骋,一路风采。待兴致将尽,他勒紧缰绳,又加两鞭,大白马返身回城。往返三十余里,一炷香尚未烧完。

韩信下马,对它赞不绝口:"好马,好马呀。日行千里,叫它'千里雪'吧。"

函谷关前,城门悬挂张良大幅画像,画像前数人观看。官军如临大敌,往来行人,盘查甚严。远处,一老者带妇人慢慢走来。妇人头系白绫,身披麻布,臂间挎个荆条篮子。两人将近关门,士兵拦住,喝问道:"哪儿去?"

老者上前,微笑道:"军爷,辛苦了。小民家住关内,小女男人刚刚过世。老朽陪贱女圆坟回来,还请军爷行个方便。"

老者说完,鞠躬施礼。

士兵看了一眼妇人,问道:"篮子里是啥?"

老者忙上前解释道:"贱女胎生聋哑。篮子里是祭祀用品。"

老者说着,主动掀去蒙布,士兵看过,又抬头看妇人,嘟囔道:"看你白白净净的,倒有几分姿色。"

士兵说完,伸手摸妇人的脸蛋儿。妇人呜呜地叫,忙躲在老者身后。老者护着,一再地说好话。士兵狠狠地骂了一句,手指画像吆喝道:"看见张良,马上报告。"

老者谦恭道:"是,是是……"

老者千恩万谢,顺利通关。到僻静处,妇人向老者施礼:"谢老伯救我,日后必有报答。"

老者道:"老夫早已认出你就是城头画像之人,因而帮你。"

张良大惊:"在下千难万险,死里逃生,多有好人相助。愿先生留下姓名。"

"老夫餐风饮露,云游天下,幸得与壮士相遇。在此告辞,还望保重。"老者说完,飘然而去。张良鞠躬,深深施礼。

夏侯婴、曹参二将,遵照大将军命令,在墟丘设伏。为重创章邯,韩信调来丁复助战。墟丘地处渭河北岸,大丘上下,古木参天,一条官道穿林而过。三将各自设伏,弩军在前。汉军张开罗网,苦等两天两夜,不见章邯的身影。

时间漫长,将士久等烦躁,几位将领也怀疑章邯能否真来,来了能否会打墟丘经过。太阳偏西时,将士烦躁不安,这时,忽有探马报告:"二十里外,烟尘大起。"

几位将领登高远望,斜阳下,隐隐可见雍军旗号。曹参高兴道:"大将军用兵,果然如神。"

雍军以章平为先锋,章邯为主将,率四万人马,长驱直入,欲收复失地。章邯没把汉军放在眼里,更没想到汉军会半路设伏。傍晚时分,大军临近墟丘。此时,将士人困马乏,欲在林中安营扎寨。谁知刚进树林,一片怪声,箭如飞雨,劈头盖脸地落下来。雍军大惊,倒毙者不计其数。伤者惊者,四散逃命,队伍大乱。丁复大叫一声,率弩军追杀。夏侯婴、曹参率步兵,各自杀出,把雍军截成数段。雍军虽众,却无人抵抗,只顾抱头鼠窜。

章平在队伍前,拼死杀出,率数百余人,逃往好畤。章邯在队伍中,得知被汉军伏击,一开始并未惧怕,想组织大军复斗,可惜无人听令。章邯力斩数人,无法扭转颓势。看汉军临近,他方觉不妙,再想杀出,已为乱军所困。夏侯婴率轻骑快马,杀入阵中,四处寻找章邯。情急之下,章邯杀开一条血路,率数十人,逃往废丘。

刘邦知韩信再胜,大悦,移师雍城,对韩信大加赞许。说话间,使者报告:"眉县、武功、美阳等十余县,皆不战而降,愿归附汉军。"

刘邦手捧降书,逐一看过,喜不自禁,叫道:"若如此,关中指日可定矣。"

韩信谏道:"归汉之心,行云流水,顺我者昌,逆我者亡。主公应率大军,迅速东进,进逼咸阳,威慑关中。"

刘邦听其言,召集诸将。韩信令道:"樊哙将军,率三千人马收复陇西各县;周勃将军,率三千人马收复高奴、云中诸县;曹参将军,率三千人马收复北地、好畤及周围县邑;灌婴将军率轻骑居中调度,以备不测;其余将士随主公东进咸阳。各路将领,务要遍发檄文,布施汉威,招降旧吏,为我所用。"

众将各率人马,分头而去。刘邦、韩信率大军沿渭水向东进发。得胜之师,声势浩大。韩信骑千里雪,春风得意。过蟠河时,想起司马爷爷讲的姜太公的故事,便问身边校尉。校尉告之:"太公祠就在附近。"

韩信大喜,倾心参拜。韩信弃马步行,在校尉的引导下,溯蟠河而上。两岸青黄,天高气爽,气候宜人。校尉是当地人,一路指点:"蟠河乃渭水支脉。当年,姜太公在蟠河临潭垂钓,竟钓来周文王。智者遇明主,遂成大业。后人为纪念太公恩德,在潭边建有太公祠,一时祭拜者众。后来天下大乱,人们顾不上,太公祠年久失修,都垮掉了。"

韩信喜道:"太公乃神人也,久久有所心动。有幸路过此地,宜拜访太公。"

两人一路说得开心,不知不觉,来到一个幽静处。校尉指道:"这就是姜太公垂钓处。宽敞处原有太公祠,已经毁坏。崖下有深潭,当年姜太公在此垂钓。"

韩信亲临深潭,肃然起敬。看四周幽静,充满玄机。山光秋色,美丽如画。山间林木茂盛,河水从林中流出,注入深潭。潭边石岩,潭水绕岩而去。石岩一侧,是块房子大的巨石。巨石上两个石窠。蟠河,石岩,巨石,深潭,相应依存。潭水清冽,清幽神秘。

校尉手指石窠道:"太公钓鱼时,双脚稳如泰山,蹋石成窠。先贤七旬有余,在此蹲守三年,才等来周文王。"

韩信像自言自语,又像回答校尉的讲述:"了不起啊。成大业者,必有大志。耐住寂寞,持之以恒,方有功德。"

韩信站在巨石上,面对深潭,默默祷告:"先贤凭山河一隅,助大周一统天下。晚辈愿效前贤,为大汉一统,成就先辈功业!"

校尉看韩信态度虔诚,未敢打扰。

韩信伫立,祷告祭拜,深深鞠躬。这时,水面骤起一片涟漪,掠过潭面,向东而去。韩信大喜:"圣地果然灵验?"

韩信在潭边伫立良久,别时默许道:"后生若有先贤之功,一统山河,必为太公复建祠堂,永享世人香火。"

刘邦用韩信计,暗度陈仓,复取关中,项羽却困在齐国,一筹莫展。攻城不下,项羽日益烦躁。偏偏火上浇油,信使又来,递上帛书。项羽看罢,气得暴跳如雷。碎撕帛书,顿足大骂:"刘邦老儿,我誓杀汝!"

范增看出端倪,急上前问道:"何事恨甚?"

项羽手指关中:"刘邦老儿,叛逆天下。"

范增捡起残书,看之略知大意,不禁大惊:"刘邦用韩信计,袭入关中了?"

项羽深深恨道:"只恨鸿门,心慈手软。"

范增怅然:"诸侯皆不可虑,唯忧刘邦。汉军复取关中,天下难测矣。"

"项羽本无贪心,征得天下,与诸侯共有,为何都不满足?齐人造反,彭越造反,赵歇、陈馀造反,刘邦封有王位,为何也反?"项羽历数诸侯,大惑不解。

范增劝道:"别人造反,想要王位;刘邦造反,是想要天下!"

项羽骂刘邦野心不死,又骂韩信卖主求荣,大闹半晌,复问应对之策。范增思忖道:"刘邦复入关中,并未尽有之,将军可修书雍王,封他为关中王,联合司马欣、董翳,共拒汉军。章邯若拒守一月,主公可复入关中,斩杀刘邦。"

项羽懊悔不已,叫道:"恨不用亚父计,留做今日祸。待寡人平定齐国,挥师入关,马踏刘邦大营。"

项羽痛恨不已,却受累齐国,一时难以脱身,刘邦却如鱼得水,畅行关中。韩信率大军到咸阳,古都风采早已不再。半城废墟,一宫蒿草,野兔竟在王宫出没。刘邦气愤地说道:"可惜秦宫,让项羽小儿给糟蹋了。"

韩信观看良久,谏道:"咸阳败地,突显败象,不可久居。"

刘邦正徘徊之际,快马飞报:"塞王司马欣降汉。"

刘邦看过降文,喜不自禁。韩信高兴道:"天助主公。"

刘邦问道:"大将军何意?"

韩信喜道:"司马欣降汉,主公可建都栎阳。栎阳地处关中腹地,有渭水滋养。当年秦献公曾在此地建都,有帝王之气。"

刘邦大悦,即令道:"弃败地,去栎阳,乘古人遗风,兴汉室家业。"

韩信遂令三军,兵发栎阳。

路上,又有快马飞报:"北地、云中、郑县、下邽、怀德、重泉诸县送来降书,归附汉王。"

刘邦身居马背,逐一看过,大喜道:"从善如流,天下归心,正如大将军所言,传檄而定矣。"

韩信赞道:"主公德威并用,天下莫敢不服。"

刘邦看身边使臣,令道:"传寡人令,丞相萧何,速来栎阳。立法度,备耕织,稳定关中。"

刘邦马蹄轻快,率大军兵临栎阳,降将司马欣出城迎接。刘邦稍加赞许,入住王宫。塞王旧部,逐一任用,各得其所。

刘邦不知疲倦,翻遍降书,关中郡县大多归附,唯不闻雍、翟二王消息。刘邦不满,问道:"章邯、董翳为何不归?"

韩信道:"翟王人远地偏,往来需要时日。"

刘邦威严道:"章邯呢?"

"章邯斩杀汉信使,死守废丘,有不归之意。"

刘邦恨道:"章邯,寡人誓杀汝。"

说话间,内使入报:"翟王董翳派使者送降书到。"

刘邦大悦,笑道:"董翳归顺,三王归其二。平定章邯,还请大将军用心。"

章邯受书项羽,加封关中王,不胜欢喜,但此时已孤掌难鸣。关中军民大多归降,唯有章邯,坚守废丘,期盼项羽来,誓死不与汉军合作。夏侯婴、周勃二将合兵一处,攻打废丘,无奈墙高城厚,池水宽深,连日攻城,皆无功而退。韩信得知,率轻骑亲来废丘查看。路上,信使再传捷报:"曹参率军攻取好畤,斩杀守将章平,收复周边郡县。"韩信令曹参回师南下,会攻废丘。使者依令而去。

韩信到废丘城外,绕城观看,汉军死伤甚众,废丘城岿然不动,便下令停止攻城。韩信伫马南门外,高叫道:"秦贼章邯,苟全自己,出卖父老,致使三十万冤魂漂落他乡,关中父老岂能饶你?如今杀我信使,逆天而动,驱赶将士守城,贪图功利,已是罪上加罪。倘若幡然醒悟,归顺汉军,饶你不死,胆敢顽抗,城破时将你碎尸万段。"

章邯亲临城头,指骂韩信:"竖子韩信,背主求荣,祸乱天下,侵夺他人封地,待项王归来,荡平汉贼,让你在军前再出胯下。"

章邯软硬不吃,韩信望着高墙也无计可施。转眼间,夕阳西下,只好离去。晚上,韩信无心吃饭,与夏侯婴来渭水河边解闷。见渭水汤汤,昼夜不息,想起智伯水淹晋城灭国的故事,忽然大叫道:"破城之法有了!"

夏侯婴急问:"大将军有何良策?"

"看这渭水,可抵我十万大军。"韩信高兴道,"白天我绕城三周,仔细查看过了,废丘地势低洼,下行五里有土丘。若依土丘筑坝,可水灌废丘。"

"水灌废丘,奇了。"

韩信遂令道:"夏侯将军,选一万将士筑坝,引渭水倒灌废丘。"

汉军连夜行动,筑土坝,决渭水,第二天一早,废丘城外一片汪洋。章邯登城看罢,大惊失色。

渭水滔滔不绝,没用半月,废丘已是半城洪水,远处河水还不断涌来。将士居民无处藏身,争相到城头避水,乱成一团。章邯看大势已去,率军乘夜从北门突围,又中周勃埋伏。章邯奋力死战,无奈坐骑被乱军砍伤马腿,先自倒地。章邯失去战马,虎落平川。周勃杀来,章邯想起项梁之祸,弃长枪,持短剑大叫道:"哪知水能灭国啊!"然后自杀身亡。

废丘城破,关中平定,刘邦大悦,重申"约法三章",整肃军纪。内民一片欢呼,拥戴汉王。

天下初定,汉王宫戒备森严,出入车马,盘查甚严。一天,王宫外来了一乞丐,蓬头垢面,衣衫褴褛,徘徊不去。侍卫怕有刺客,上前盘查。乞丐装聋作哑,不肯离去。太仆赶来,想起刺客豫让的故事,持刀捉拿乞丐。乞丐大叫:"我要见汉王。"

太仆将欲杀之,恰好汉王车马经过,刘邦喝道:"且慢。"

乞丐盯着宝舆,连声高叫:"我要见汉王,汉王——"

刘邦停下车马,远远问道:"尔是何人?"

乞丐惊呼:"我是张良啊。"

"张良?"

刘邦大惊,下车到近前细看,疑问道:"你是张良?"

"主公,我真是张良啊。"

刘邦熟悉其声,仔细辩认,方识张良,惊喜道:"耳听有先生之音,察看却无先生之形。分手半年,为何如此模样?"

"项羽追杀,臣只好自污形秽,男扮女装。始得混过重重关口,九死一生,重见主公。"张良说过,失声痛哭。

刘邦拉住张良的手,喜道:"当初,栈道一别,你说过,会回来的。如今你真的回来了?"

张良抹去泪水,泣道:"大难不死,托主公之福。"

"请,到宫里说话。"

刘邦弃车马,携手张良,一同进宫,边走边说:"听说韩成被杀,寡人一直为你担心。回来好,回来就好哇。昨天张耳来投,我还念着你呢。"

"是赵王张耳吗?"

"正是。代王赵歇夺其国,追杀甚紧。大难来投,天助寡人也。"

张良断然道:"主公雄视天下,必霸诸侯。"

刘邦高兴道:"寡人治军有韩信,用谋有先生,治理有萧何,何患天下不定!"

众侍卫看汉王对乞丐如此热情,面面相觑,惊讶不已。

韩信水淹废丘,平定关中,回师栎阳,知萧何到,急来拜见。韩信一身戎装,骑千里雪到丞相府外,萧何出门迎接。两人见面,喜不自胜。入室坐定,萧何赞道:"大将军汉中对策,奇计百出,如期平定关中,可喜可贺。"

韩信高兴道:"若无丞相再三举荐,韩信岂能建功立业。请受韩信一拜。"

韩信起身施礼,萧何急止之:"大将军脱颖而出,尘璧复光,汉家之幸。不过两月,尽收关中,让老夫刮目相看。"

"丞相生死举荐,韩信敢不用心?"

"将军明修栈道,暗度陈仓,兵家绝唱,必为后世叹服。"

"是章邯愚钝,让我得手。"

萧何道:"将军何必过谦。章邯乃先秦宿将,有百战之威,更有百胜之名。谁想到,在将军面前,他竟如小丑。"

"托汉王洪福,始有今日。"

萧何赞道:"汉王知人善任,天高地厚啊。"

韩信慨叹道:"丞相所言极是。汉王破格拜将,亘古未见。拜将后众将不服,又力排众议。主公之恩,没齿难忘。"

"将军之言,发自肺腑,让老夫感动。"

"拜将坛上,本将与三军盟誓:忠心不二,一统天下。韩信必诺前言,不忘初心,完成大业。"

萧何欣悦:"大将军表里如一,老夫不会看走眼的。"

两人畅所欲言,酒逢知己。将相合欢,至晚方散。

刘邦复得关中,大喜过望。华灯初上,与张良共饮。刘邦道:"关中平定,有人劝说,要我称帝。以帝王之威,号令天下,先生以为如何?"

张良惊问:"何人出此计策?"

刘邦直言道:"郦食其先生。"

张良谨慎地问道:"主公以为如何?"

"寡人拿不准主意,故来问你。"

"恕我直言,主公称帝必危。"

刘邦惊问:"何以见得?"

张良道:"主公称帝,不但项羽不允,诸侯也不服气,关中必成众矢之的。诸侯群起而攻之,主公大业休矣。"

刘邦惊出半身冷汗,半响道:"若无先生,郦生误我。"

张良道:"腐儒之学,乱世不用。郦生之说,不合时宜,但说辩之能,尚可一用。"

刘邦领许。

张良看刘邦有称帝之心,劝道:"主公有帝王之志,宜缓图之。眼下只建汉家社稷,与诸侯并肩。待天下平定,称帝则水到渠成。"

刘邦关切地问道:"汉家社稷,如何建立?"

"主公可选良辰吉日,率百官祭祀宗庙,废除秦制,立汉家社稷。"

"立汉社稷,还请先生谋划。"

"此事有丞相足矣。"

刘邦再问:"汉中对策,韩信要我平定关中,再伐诸侯,不知可否?"

"此为大志,主公必行之。"

刘邦大喜,执手张良,喜道:"先生之言,重于金玉。"

汉二年(前205)二月吉日,风和日丽,艳阳高照。全城喜庆,张灯结彩,刘邦与群臣齐聚郊外宗庙,确立汉社稷。

祭典仪式由萧何主持,富丽堂皇,庄严肃穆。祭典结束,刘邦大宴群臣。文武三百余人齐聚王宫,刘邦首座,萧何、韩信、张良次之。刘邦慷慨陈辞:"当初,天下豪杰,并起山东,共诛暴秦。义帝有约,先入关破秦者为王。寡人赖众将士之力,率先灭秦,理应为王。然而,项羽依仗兵威,背逆天理,贬有功,封亲信,致使人神共怨。如今,大军复取关中,上合天意,下顺民心。今日宴群臣,赏有功,承天意。"

"拥戴汉王!"众将欢呼。

汉王加封,字字千钧:"大将军韩信,治军有方,用兵如神。暗度陈仓,平定三秦,当推首功。赐千金,缎千匹,食邑淮阴。"

众将鼓掌。韩信不胜感动,起身施礼:"臣韩信,愿借主公神威,庶竭驽钝,一霸诸侯,定鼎天下。"

汉王激情,继续加封:"樊哙赐将军金印,食邑杜县;曹参赐将军金印,食邑宁秦;夏侯婴赐将军金印,食邑郑县;周勃赐将军印,食邑怀德;灌婴赐将军印,食邑汝阴;郦商赐将军印,食邑武城;傅宽赐将军印,食邑雕阴……"

汉王一一加封,掌声雷动。受封将领,跪拜汉王。

汉王继续加封,丁复、高邑、陈武等三十人迁任将军。杨武、杨喜、陈贺、张成、吕马童、季必、丁礼、王周、王翳、秦同等三百人迁都尉。

众将感激涕零,三拜谢恩。

项羽得知刘邦独霸关中,怒不可遏,决定亲自讨伐。帐中急召诸侯,连发三道公文,联合用兵,共伐关中。吉日选定,项羽集二十万诸侯大军,向关中进发,要马踢汉营,斩杀刘邦。刘邦知项羽来伐,灞上恐惧,复现眼前,不禁失色:"关中虽固,何拒虎狼之师啊?"

第五章　收汉军　虎踞荥阳

刘邦得知项羽率大军向关中杀来,大惊,急召众将商议对策。

刘邦恐惧项羽,缘自鸿门。当初,若无项伯周旋,纵有十颗人头也没了,此时,余悸犹在。众将听说项羽杀来,愤愤不平,樊哙挺身而出,怒道:"主公莫忧,樊哙愿为先锋,斩杀项羽。当初在鸿门,只差一剑,否则,就没有今天的麻烦了。"

夏侯婴道:"主公且莫担心,今天的关中,不是当年。项羽敢来,叫他有来无回。"

周勃赞道:"夏侯将军言之有理,现在的关中,不再看别人眼色了。大军扼守函谷关,避其锋芒,待诸侯军士气衰落,粮草用尽,再乘机杀出,必大获全胜。"

众将议论纷纷,战计百出,韩信却一言不发。张良数目韩信,韩信只装作看不见。百论之后,刘邦问道:"大将军有何良策?"

韩信不慌不忙,若无其事地说道:"兵法云:'上兵伐谋,其次伐交,其次伐兵,其下攻城。'依我看,无须兴师动众,更不必刀兵相见,即可使项羽退兵。"

刘邦奇之,问道:"大将军详细讲来。"

韩信道:"依臣之见,项羽率诸侯军,讨伐关中,不足虑也,项羽号称二十万大军,不过夸张之势。天下大势,已不在楚,诸侯虽聚,聚而不凝,必散。项羽封王,随心所欲,反目者甚多。彭越实力在握,而无王位,致使其反。代王赵歇,不满项羽加封,侵夺张耳王位,自立赵王,必不为所用;魏王魏豹,虽然封王,而未尽得其地,实际上只为西魏王,心存不满,亦不会听令项羽。殷王司马卬、河南王申阳,既有投汉之心,亦有靠楚之意。大王恩威并重,二王必不敢轻举妄动。燕王臧荼、九江王英布、长沙王吴芮等,天远地偏,尚不足虑。主公若派游说之士,出使诸国,晓明利害,诸侯必自保其身。唯韩王郑昌,破格加封,感恩项羽。郑昌身为韩王,实为韩贼。项羽杀韩成,立郑昌,蒙蔽韩民,主公若揭露项羽的罪恶,唤醒韩民,可里应外合,直捣韩国。灭韩国,斩郑昌,震慑诸侯,狐疑之辈,会更加小心。项羽伐齐,半年有余,齐人深恨之。敌之敌,我之友也。主公再使说辩之士出使齐国,项羽真敢出兵,趁机袭扰彭城,项羽必不敢远行,此为伐交之策也。"

刘邦大悦,赞道:"大将军指点江山,如在掌中,寡人必用之。"

张良听后,暗中点头。众将无不为之折服。

第二天,刘邦遣派十余路使臣,出使各国,瓦解诸侯。

项羽招募诸侯,再无一呼百应之威,来者寥寥无几,多有托辞。项羽心急,欲独战汉军。于是,他放弃临淄,率大军向关中进发。兵至梁地,忽报田横发兵彭城。项羽甚忧之,徘徊半月,复回师伐齐。

楚军不能西进,韩信却兴师讨罪。韩信暗派细作,潜入阳翟,揭露项羽杀韩成、用郑昌真相,韩民无不愤怒。郑昌恐惧,为封口实,逮捕韩民甚多,引发阳翟骚乱。韩信看准时机,亲率大军,乘夜袭之,斩杀郑昌,收复韩国。诸侯闻之,无不震惊。

汉二年(前205)三月,刘邦欲伐诸侯,召韩信问道:"大将军汉中对策,无不成真,寡人甚慰。如今,关中稳固,汉军日强,正是出关用兵之际,大将军有何良策?"

韩信从容道:"自古用兵,师出有名。项羽诛杀义帝,恶名也。主公可以讨逆之名,诛伐项羽。若如此,可感召诸侯,联合兴兵,项羽必孤掌难鸣,为主公所擒也。"

刘邦大悦,执手韩信道:"依计而行。"

于是,韩信修书数封,遍发诸侯,张项羽之恶,兴正义之师,威压诸侯。魏、殷、燕、赵虽有顾虑,但无理由反驳,更无实力对抗,虽各怀异心,表面亦为应承。

汉二年(前205)三月,刘邦率大军出关,兴师讨逆。汉军以韩信为大将军,以樊哙、曹参、夏侯婴、周勃、灌婴、丁复、郦商为各路先锋,以高邑、陈武、杨武、杨喜、陈贺、吕马童、季必、丁礼、王周、王翳、秦同等为副将,出关东征。十几万大军,声势浩大,席卷而来。先入魏地,魏王魏豹出国门相迎,归顺汉王。殷王司马印左顾右盼,思虑再三,亦打开城门,归附汉王。燕王臧荼闻之,亲率王师,归附汉军,讨伐大逆。汉军一路壮大,得诸侯军四十余万。一天,刘邦率大军兵临洛阳。河南王申阳看汉军势大,欣然归附,率百官出廓十里相迎。

刘邦骑枣红骏马,春风得意,恃势力强大,自生骄色。回身对韩信道:"汉军行云流水,行收诸侯,天助寡人也。如今,大军四十余万,项羽有何惧哉?"

韩信道:"关东诸侯,楚军最强。项羽不除,天下难定。消灭项羽,必有恶战。"

刘邦不以为然,问道:"汉中对策,大将军蔑视项羽,寡人佩服,如今怎又小心了?"

"项羽的确不足惧,他既无用人之才,又无驭将之能,唯一所有,一身勇力。但有范增,足智多谋;三万铁骑,天下无双;更有八千子弟,英勇善战,不可轻视。"

刘邦大笑道:"我数十万大军,投鞭断流,呵气成云。一人一口唾沫,也把项羽淹死,何惧他那区区三万铁骑啊?"

韩信又谏道:"胜负并非比人数众寡,常言道:'一夫拼命,十人畏恐。'作战要凭勇气。"

刘邦信心十足:"大将军,我敢打赌,不出一月,彭城必破,项羽必擒。"

说话间,申阳率文武官员,徒步到来,见汉王,俯身叩头道:"河南王申阳,及全城百姓,恭迎大王。"

众官员亦跪地叩头。刘邦看罢,愈加得意,先仰头大笑,后下马还礼。众官起身,申阳陪刘邦徒步进城。

洛阳百姓,塞满街道,箪食壶浆,迎接汉王。刘邦风度翩翩,与众将步入洛阳宫。洛阳古都,人杰地灵,三老豪杰,贤人名士,皆来拜见。刘邦谈笑风生,一一相见,拜为上座。

申阳首先赞道:"汉王率大军亲躬洛阳,天下归顺,万民之福也。"

官员同声赞颂:"主公德威,天高地厚。"

武官起身赞道:"大王日理万机,众将鞍马劳顿,洛阳军民,同祝主公万福,众将康宁。"

文官又赞道:"大王洪福,天降甘霖,洛阳军民,尽受恩泽。"

申阳道:"天下归心,共尊一主。诸侯罢战,化干戈为玉帛,天下万民,共享盛世,皆大王之恩德也。"

众官员应和:"愿听令大王!"

申阳高声道:"在此喜庆之际,全城军民,愿为大王及众将士接风洗尘,大宴洛阳宫。"

众官员齐声喝彩,这时,名儒董公起身。董公八旬有余,一身儒雅,德高望重。再拜汉王:"为将士接风洗尘,老朽敢不赞同?但难得与大王相见,老朽有一言,不知当讲否?"

申阳以目止之,董公视而不见。官员心急,又不敢上前劝阻。刘邦不喜欢儒生,当初,他曾用儒冠当尿罐用,以辱儒生,此时却显得宽容大度,谦恭俭让,面对众人,还礼道:"足下德高望重,儒教百里,有话只管讲来。"

董公话未出口,手先颤抖,少顷,对刘邦道:"当初,天下叛秦,共推义帝为尊。暴秦灭亡后,义帝理应为诸侯之长。项羽小儿,废尊自立,背信弃义,放逐义帝。更可恶者,杀害义帝于江上。如此独夫,天下诸侯,必共诛之,共讨之。"

董公说话时,声泪俱下,义愤填膺。陈辞滥调,申阳及诸将皆厌之。刘邦却愈加恭敬,起身挽扶董公,愤然道:"寡人兴师,即为天下大义。此事如若为真,项羽小儿,死有余辜!"

董公痛心疾首,哭道:"千真万确。老夫若有半句假话,天诛之,地灭之。"

刘邦沉默良久,突然号啕大哭:"义帝啊,公率山东义士,反抗暴秦,诛伐无道,是为大义。如今暴秦已灭,大业已成,理应主政天下,共立江山社稷。项羽小儿却失信于诸侯,逆天而动,做此大恶。"

众将见汉王恸哭,平添七分义愤。申阳首先附和,愤然道:"项羽罪恶滔天,令人不忍;诸侯蒙屈受辱,日月不明。"

刘邦继续声讨:"项羽大恶,罪不容诛;项羽大过,天地难容。不灭项羽,天地不明。不报义帝之仇,天下岂有豪杰?"

刘邦义愤填膺,激怒众将,齐声道:

"诛杀项羽,伸张正义。"

"为义帝报仇雪耻。"

刘邦看众将情绪高涨,又哭诉道:"义帝乃天下之尊,死得冤枉,死得悲惨。过去,诸侯辞世,尚有葬礼,义帝悄然而去,诸侯何以安心?本王提议,为义帝发丧,以谢天下,以安民心,以慰义帝之灵。"

申阳赞成,振臂高呼:"为义帝发丧。"

众将附和:"悼念义帝,诛杀项羽!"

刘邦遂与诸侯议定:公祭义帝。一时间,洛阳城一片肃穆。城门挽幛、白花,大街小巷,垂麻、挂白,全城军民穿白戴孝。

王宫正门,挽幛白花。王宫内设灵堂,安放义帝灵位。宫前广场,挽幛高挂,刘邦身穿孝服,腰系麻绳,袒露左臂,亲自为义帝守灵。诸侯百官,轮番为义帝吊唁。

公祭三天,全军为义帝举行送葬仪式。刘邦手捧义帝灵位,走向宗庙。前有旗幡引导,后有鼓乐护送。诸侯,将领,官员,三老,豪杰,以及洛阳百姓,个个神色肃穆,表情悲痛。送葬路上,前呼后拥,洛阳城水泄不通。

郊外宗庙,刘邦安放好义帝灵位,然后手捧祭文,高声朗读:

适在秦时,百姓有倒悬之苦,旦夕之灾。义帝拯救天下,率山东豪杰叛秦,救万民于水火。义帝之功,与天地共存,和日月同辉;义帝之德,与圣人同尊,万世永垂。独夫项羽,背信弃义,依仗兵威,欺凌诸侯,窃义帝之尊,淫威天下。更有甚者,逐放义帝,杀害江中,筑天下之大逆。义帝不幸,天地落泪,是可忍,孰不可忍。项羽之罪,罪该万死;项羽之恶,恶大至极。项羽不诛,天理难容,日月不明。天下诸侯,匡扶正义,共诛项羽,以谢天下,以慰亡灵。

呜呼——哀哉——

刘邦声泪俱下,慷慨陈辞,把祭文读得义愤冲天。韩信观之,深深感叹:"真乃帝王之术也!"

公祭将士深受感动,义愤填膺,振臂高呼:"诛杀项羽,以谢天下——"

军民喊声雷动,洛阳城为之瓦动。

当晚,韩信兴奋不已,见汉王道:"主公祭义帝,神来之笔,天威神助,士气高涨,可对项羽用兵矣。"

刘邦亦颇为得意,问道:"将军以为如何对楚用兵?"

"出兵齐国。"韩信成竹在胸,不假思索地答道,"楚军在齐,旷日持久,必有疲惫,若与田横内外夹击,必大破楚军,斩杀项羽。"

"解齐之围,岂不失信诸侯?"刘邦疑问道。

"助齐是表,灭楚为里,岂是失信诸侯?"

刘邦沉思半晌,摇头道:"项羽在齐,彭城空虚,正好乘虚击之。彭城失陷,楚军动摇,将不战而胜。"

韩信摇头道:"兵法云:'伐兵为上,攻城次之,此用兵之道也。'项羽称霸,赖其兵威,而非彭城。楚军灭,彭城将不攻自破。"

两人争执,刘邦不悦,对韩信道:"寡人与诸侯约,兴兵伐楚,并非救齐。不取彭城,有负诸侯之约。"

韩信再谏:"主公,兵法云……"

刘邦不满,止道:"大将军张口兵法,闭口兵法,难道兵法要你救齐吗?兵法有云:'避实击虚。'为何不讲?"

韩信看刘邦面带愠色,想了一下,又辩道:"臣用兵法之神,而非用兵法之形。楚军乃楚之根基,消灭楚军,上上之策也。大军若取彭城,项羽必将死战,反而于诸侯不利。"

韩信固执己见,让刘邦恼火,他暗想:"功高盖主,尾大不掉。桀骜不驯,岂是道理?"刘邦把不满情绪深深压在心里,沉默许久,平静地说道:"伐齐之事,明日再议。"

两人因用兵方向不同,不欢而散。当晚,刘邦思绪万千,辗转反侧。韩信打仗思维缜密,但疏于人情世故。对刘邦的不满,并未在意,第二天,再见刘邦,坚持出兵齐国,消灭楚军,刘邦大失所望。韩信刚要讲道理,刘邦愠道:"公祭义帝,寡人已向诸侯承诺。出尔反尔,岂不失信天下?"

韩信看刘邦面有愠色,一时无语。

刘邦沉思良久,决断道:"大将军以为攻彭城不妥,可留守洛阳。诸侯军五十余万,攻打彭城,足矣。"

韩信不敢再谏,答道:"韩信遵令,臣尚有一言。"

刘邦不耐烦,说道:"讲。"

"若攻彭城,必防项羽回击。主公可在萧县一带设防,防止楚军突袭诸侯。"

此时,刘邦排斥韩信,没有好气,怨道:"军中战将千员,寡人自有安排。"

韩信见刘邦有怨,不再多言。

汉二年(前205)四月初,刘邦率诸侯五十六万大军,向彭城进发。大军绵延百余里,旌旗如云,声势浩大。夏侯婴随刘邦并辔而行,刘邦得意道:"当初,项羽依仗兵威,欺侮诸侯。新丰鸿门,委曲求全,始有今日。攻取彭城,可尽雪寡人之耻。"

夏侯婴不知刘邦心思,直言道:"汉军发展迅速,正中汉中对策,可谓一论而定天下也。"

刘邦不满,批评道:"韩信打仗还行,但也不能过于褒奖。年轻人,掌声多了会翘尾巴。这次出征,就不服寡人了。"

"怎讲?"

刘邦冷冷道:"年轻人,夸夸其谈,张口兵法,闭口还是兵法,却不知为政之道。寡人与诸侯有约,岂能言而无信?"

夏侯婴听得一塌糊涂,但他相信,主公是对的,附和道:"失信诸侯,必失天下。"

还是夏侯婴的话听着舒服,刘邦问道:"滕公以为洛阳如何处置啊?"

夏侯婴想了一下,答道:"灭殷,废王设郡,洛阳亦可效之。"

刘邦高兴道:"正合寡人之意。废掉河南王,设河内郡,将军以为如何?"

夏侯婴赞同:"主公英明。诸侯王多了,肯定麻烦。"

"寡人也这样想啊。"

诸侯大军一路东进,来到下邑。夏侯婴看这里山峦起伏,地势险要,对刘邦道:"此地险要,可留一支人马驻守?"

刘邦驻马看过,答应道:"五十多万大军,攻城足矣。传令吕泽将军,率两万人马,驻守下邑。"

大战之际,身为大将军的韩信却留守洛阳,怏怏不乐,但想汉王恩德,也没计较。几天来,与丁复巡查县邑,方圆百余里,城镇河流,山川地理,查了个清楚。巡查路上,韩信骑千里雪,与丁复并辔徐行。丁复问道:"最近,大将军少言寡语,好像有心事?"

韩信沉默不语。

丁复又问道:"大将军汉中对策,无不成真。楚军将破,天下一统,只在眼前。"

韩信摇头道:"没那么容易。天下一统,必有恶战。本将担心,万一失手,有功亏一篑之危啊。"

"担心项羽吗?"

"我早就说过,天下诸侯,皆不足虑,唯有项羽。"

"诸侯军五十余万,攻打彭城,何虑之有?"

韩信心事重重,答道:"彭城好攻,项羽难收哇。善用兵者,伐兵为上,攻城次之,弃兵攻城,此一忧也。诸侯军五十余万,数量虽多,但纪律松弛。散沙之师,犹如林中之鸟,凑在一起,热热闹闹,风雨袭来,必各自东西,此二忧也。诸侯归附,声势浩大,主公骄色,此三忧也。有此三忧,此去彭城,不敢掉以轻心。"

丁复惊问道:"大将军为何不劝说主公?"

韩信长叹一声:"若不是因为劝说,岂能留守洛阳?"

"原来如此。"丁复点头,方释疑惑。

韩信严肃道:"丁将军小心用事,留意彭城,以防不测。"

韩信视丁复为知己,畅所欲言,一路前行,回到洛阳。城内安定,市井繁荣,二人下马,徐徐前行。

街上,一道士斜插在韩信前面,相距十余步,同行二三里。道士清瘦,身着长袍,手执旗幡,不喧不叫。韩信想起咸阳偶遇萧何一事,紧走几步,主动问道:"先生风度不凡,不即不离,可有话说?"

道士认真地看着韩信,问道:"将军可是一城之主?"

韩信暗惊,问道:"何以见得?"

"满城百姓,唯将军可以主宰。"

韩信笑道:"恭维人者,必有所求,可惜先生弄错了。一城之主,鄙人实不敢当。"

道士神神秘秘,低声道:"看将军面相,不仅有一城之德,更有一国之尊。"

韩信看了一眼道士,斥道:"巧言令色,恭维他人,讨厌。"

丁复烦道:"拍马屁,拍在马腿上了。想要钱,给几个便是了。"

丁复说完,从侍卫身上取出一把铜钱,塞在道士怀中。道士拒收,连声道:"几个臭钱,收买贫道,你们弄错了。"

侍卫上前,不由分说,催赶道士。道士远去,回头高声嚷道:"将军必有用我之时。"

道士边走边把铜钱散在路上。韩信数目道士,奇之。

彭城守将项声,项羽同族兄弟。当年与项羽一同习武,练得一身本事。项羽出征齐国,留项声守城。他以为天下无事,每日习武练剑。一天,项声在府中习武,忽有急报:"汉王刘邦,率五十余万大军,向彭城杀来。"

项声怒斥道："胡说八道。"

探马急道："诸侯军距彭城不足百里,小的无半点虚言。"

项声正狐疑间,又有探马连报,方信以为真。项声吃惊不小,下意识地坐在石磴上,问道："五十多万,没搞错吧?"

探马急得哭出声来："诸侯军声势浩大,势如潮水,席卷而来。"

项声如梦初醒,突然叫道："报告项王,快报告项王啊!"

使者退出,项声尖叫："骑快马,昼夜兼程!"

晴天霹雳,汉军袭来像一声炸雷,在彭城传开。军民人心惶惶,不知去留。锣声满城响起,动人心魄。军官高叫："全城军民,无论男女老幼,登城守御,违令怯战者,斩!"

项声手持短剑,立在城头,指挥将士守城。彭城守军不过万人,集合军民,最多不过两万,对抗五十余万大军,无异于以卵击石。守城将士恐慌,议论纷纷：

"五十多万,一人一泡尿,也淹死咱们啊。"

"快些走吧,刘邦进城,咱们都没命了。"

"鼠辈,安敢乱我军心?"项声赶来大骂,手起剑落,斩杀一人,然后巡城大叫,"诸侯军虽多,不足为虑,乌合之众,难成大事。项王杀来,必马踏诸侯。尔等小心守城,贪生怕死者,格杀勿论。"

诸侯军真的来了。未见人影,先有尘烟。滚滚战尘,冲天而起,遮蔽天日,形同怪兽,直杀彭城。诸侯军离城尚远,城南民兵先自骚动。项声率侍卫到城南斩杀多人,刚刚止住,城北民兵又逃。守军动摇,混在民众里争相逃跑。项声左呼右叫,不能控制局面,眼见军民散去,长叹道："项声无能,愧对项王!"

项声叹过,欲举剑自刎。将士拦住,劝道："留有青山在,不怕没柴烧。都城丢了,还能夺回来。"

项声不语,在将士的簇拥下,随溃军逃出城外。

诸侯大军,不战而胜,杀入彭城,刘邦大喜过望。诸侯军各自为政,不受约束,争先进城。刘邦报复项羽,放纵将士,胡作非为,将士喜不自胜。唯有王营,汉军把守甚严,不得诸侯军进入。秦宫美女、天下珍宝,多为项羽掠夺,藏匿于此。当晚,汉王大宴诸侯。灯火初上,明如白昼。美酒佳肴,山珍海味,应有尽有。酒过三巡,刘邦起身敬酒:"大军攻取彭城,楚军恐惧,不出十日,项羽小儿必俯首归顺。今晚为众将庆功,算是小宴,待项羽归附,本王设千人大宴,以谢诸侯。"

众将附和:"汉王洪福。"

宴上觥筹交错,喝声不止。宴外琴弦悠扬,钟鼓铿锵。酒至半酣,刘邦大叫道:"上美菜。"

话音落下,一群美女,翩跹而入。美女个个腰肢纤细,光彩照人,众将心花怒放。刘邦起座道:"美女出自秦宫,训练有素,今日赏与众将,只管品尝。"

一声吆喝,众将如虎似狼,席前一片惊叫……

韩信知汉王攻取彭城,关切地问道:"何人驻防萧县?"

使者报告:"司马卬的殷军。"

"萧县乃彭城门户,殷军岂能担此重任?"韩信焦虑,又问道,"主公何在?"

"与诸侯在王宫饮酒高会,终日不绝。"

"樊哙、曹参、周勃、夏侯婴诸将何在?"

"皆在楚王宫欢乐。"

韩信大叫一声:"大业休矣!"

丁复急问:"何以见得?"

"主公取彭城,误以为大业完成,殊不知虎狼之师,只在身后。诸侯军纪松懈,无心作战,必败无疑。"

"如何是好?"

"丁复将军,速使人去彭城,告知主公防范项羽。"韩信拿出图本,速画攻守要图,对丁复道,"此图乃彭城用兵要略,速交主公,按图布防。务使樊哙、夏侯二将主战项羽,曹参、周勃配合。诸侯军退出城外,以备不测。彭城情况,一日三报。"

使者携图,风火而去。韩信徘徊数步,突然叫道:"丁将军,使人速回关中,告之丞相,募兵备战,坚守函谷关。其余将士与我东进,接应汉王。"

项羽痛恨刘邦,几度欲出征关中,只因诸侯三心二意,口是心非,更恨田横在后,担心彭城,不敢远征。后听说刘邦出关,诸侯归附,气得要死,就在项羽急得发疯时,彭城使者忽至,入帐急报:"刘邦率诸侯军,攻占彭城……"

项羽大惊,抓起使者,吼道:"胡说!"

使者恐惧,战栗不止:"小、小的,没有胡说。"

项羽厉声训问:"刘邦老儿不在洛阳吗?"

"在……在彭城。占据王宫,饮酒高会……"

"呀!鸿门一跪,误我天下!"项羽大叫一声,随手把使者甩出丈余,恨道,"刘邦老儿,吾誓杀汝!"

项羽怒发冲冠,吼道:"召项庄、英布、钟离昧。"

不多时,几位将领入帐。项羽愤恨不已:"刘邦老儿,取我彭城,此恨必报。尔等各带一万铁骑,随我杀回彭城,活捉刘邦老儿,剥他的皮,吃他的肉!"

"遵令!"

三将离去,速点人马。项羽亲自率铁骑,向彭城杀来。三万铁骑,惊涛骇浪,所过之地,万物荡然不存。

早起,驻守萧县的殷军懒散闲游,将无警备,兵无战心。校尉怨言:"为何不让殷军进城?"

"咱们是谁?咱们是后娘养的。"将领怨气冲天。

"妈的。"校尉狠狠地骂了一句,"他们在城里享受,叫咱们遮风挡雨。"

士兵也不满,几个人凑在一起,骂道:"妈的,攻取彭城,只望摸摸美女,可是,连美女的影子也没看到。"

又有人骂道:"美女都分给汉军了,哪有咱们的份?"

将领走来,拱火道:"刘邦没杀咱们,就算便宜了,还想美女?"

士兵火气烧起来:"让汉军打仗,咱们回家种地,姥姥的……"

殷军怨声载道,大骂不止,忽然,远处传来骇叫声:"楚军杀来了——"

这一声,形同鬼叫。将士大惊,回首望去,黑烟滚滚,形如恶魔;马蹄啸啸,惊魂动魄。殷军恐惧,未见人影,先自狂奔,一路骇叫:"楚军杀来了——"

消息像风一样,迅速传播,殷军无人作战,先自溃散,势如洪水溃坝,狂泄不止。

转眼间,项庄率铁骑冲破殷军大营。铁流滚滚,席卷而下。楚军不问青红皂白,见人就杀,是营就烧,来不及逃命的,皆死于马蹄下。铁骑过后,尸骸、鲜血、烂衣、兵器、硝烟、破旗,一塌糊涂,狼藉满目……

诸侯军皆无战心,恐慌情绪像疾风吹开,未见楚骑,先自逃散,一路惊呼骇叫:"楚军来了,楚军杀来了……"

诸侯军溃败胜于潮水,大营山崩地裂。五十六万大军,一泄千里,不可阻挡。项羽端坐乌骓,戟指彭城,吼道:"活捉刘邦老儿,封侯!"

楚军风卷残云,马踏连营,一路狂奔。彭城早已大乱。樊哙得知楚军杀来,急到刘邦门外,用力砸门,叫道:"主公,快,快起来,楚军杀来了,快随我出城!"

深宫中,刘邦懒睡,毫不知晓,听樊哙惊呼,推开美姬,慌作一团。樊哙闯进王宫,大叫道:"主公,快随我走。"

刘邦大惊,胡乱披袍,跣足出门。太仆牵马来,急呼:"楚军杀入西门,速走东门。"

侍卫拥来,乱叫:"项羽杀入城中,快走——"

刘邦魂不附体,惊慌中,上马出宫。太仆大叫:"保护主公,和项羽拼命!"

樊哙和侍卫等几十人,护送刘邦来到街上。不远处,项羽杀来。项羽看见刘邦,骑红马,披红袍,大叫一声:"刘邦老儿,拿命来!"

项羽一声怒吼,执戟纵马杀来。刘邦腿软,几欲坠马,失声大叫:"樊将军,快快救我!"

樊哙大叫:"主公快走,我等与之拼命。"

樊哙率侍卫数十人拦住项羽,奋勇厮杀。项羽应战,在街心杀作一团。项羽气极,转眼间七八个侍卫倒下,楚军越来越多。樊哙等看汉王逃脱,不敢恋战,趁机逃脱。项羽又杀数十人,拨开一条血路,再找刘邦,不见踪影。

项羽纵马向东门杀来,见汉军大旗,横扫溃军,杀至旗下,仍不见刘邦。项羽愤怒,单手执戟,喝问旗将:"刘邦安在?"

旗将惊惧,支支吾吾,随手乱指:"出、出东门……"

项羽手下无情,把旗将挑在半空摔死,撕碎大旗,杀出东门,大叫道:"穿红袍,骑红马者,乃刘邦老儿——"

刘邦逃出东门,回头寻找将士,身边乱成一团。慌乱中,随溃军向东逃来,一路狂奔,到泗水边。河水大涨,溃军无法过河。忽闻楚军杀来,万军争渡,互相践踏,淹死者不计其数。刘邦见泗水不能渡,转身向南逃,路上遇到太仆,刘邦大喜。太仆叫道:"主公,随我走,樊将军在前面。"

刘邦纵马在前,太仆断后,一同向南逃来。路上正遇樊哙,叫道:"主公,那边是濉水。"

乱军挡路,项羽出东门不见刘邦,寻找间,项悍赶来。项羽急问:"可见红袍?"

项悍向南一指:"刚刚过去。"

项羽恨道:"那便是刘邦老儿!"

项悍大叫一声,率军向南杀来。项羽戟指濉水,叫道:"斩杀刘邦——"

一声吼叫,两千铁骑,从风而来。

刘邦十几人,慌不择路,只顾逃命。太仆见楚军杀来,急叫道:"主公,脱掉红袍。"

刘邦顿悟,解开红袍,掷于地上。太仆又叫:"换掉红马。"

刘邦换得一匹白马,逃向濉水。

韩信率五千将士东出洛阳,行至半晌,哨马飞报:"项羽率三万铁骑杀回彭城,诸侯军大败。"

韩信惊问:"主公安在?"

"彭城乱作一团,不知主公消息。"

韩信长叹一声:"主公危矣!"

丁复惊问:"如何是好?"

"加速前进,接应主公。"

韩信驱动大军,一路前进,到达荥阳,溃散的轻骑已逃到城外。报知:"诸侯军溃败如水,楚军尾随杀来。"

韩信急问:"可有主公消息?"

"不见主公。"

韩信训道:"主公不在,为何逃得甚急?"

轻骑见韩信震怒,又掉转马头。丁复急问:"我等怎么办?"

"兵驻荥阳,接应汉军。"

丁复回身传令:"停止前进,兵驻荥阳。"

韩信令将士在城东遍插汉旗,埋锅造饭,迎接溃军。安排妥当,与丁复到城东查看。

一行十几人,打马二十余里,有片柳树林。树林绵延十余里,枝繁叶茂,一条官道从林中穿过。走在林中,阴翳避日,凉爽宜人。韩信突然驻马,赞道:"好一片树林。"

丁复悟道:"将军想打伏击?"

韩信高兴道:"如此好林,不为我用,岂不白生?"

"数千人马,无险可守,何以取胜?"

"好戏就在眼前,何谓无险?丁将军,胜负看你本事了。把弓弩手都拉出来。"

"好办法。"丁复赞道。

韩信指道:"楚军势胜,必然轻敌。将军率弓弩手埋伏在树冠上,居高临下,管叫楚军鬼哭狼嗥。"

丁复又担心:"部下只有千弩,只怕兵力不足。"

"千弩足矣。楚军长途奔袭,前锋不会太多。"韩信信心十足,"另有四千将士,埋伏在树林深入,待弓弩手打击以后,步兵围而击之。我在城外招纳散军,以备不测。"

丁复大喜:"听令。"

刘邦与樊哙等一路狂逃。路上,尸横遍野,刀枪狼藉,惨不忍睹。此时,西北乌云,雷声滚滚,天昏地暗,又添几分恐怖。众人逃到濉水,这里更惨。将士恐惧,争先渡河,相互拉扯,淹死者甚众。尸塞河道,濉水为之溢流。

刘邦见状,惊恐万分。樊哙叫道:"主公,快向北走。"

众人保护刘邦,向西北逃去,不多久,项羽率军杀至濉水。岸边乱成一团,项羽寻红袍不见,四处张望,发现红马。项羽纵马上前,拦住红马,却是小校。项羽执戟喝问:"披红袍者何在?"

小校魂不附体,胡乱一指:"在那边。"

小校本不知刘邦去向,谁知却指对了方向。项羽随手刺杀小校,指着西北喝道:"刘邦老儿,就在前方,追!"

项羽撇开溃军,向西北追来,行数里,果然有数十人奔逃,却不见红袍。项羽问道:"有红袍否?"

项悍起身,站在马背上观望,摇头道:"不见红袍。"

此时,溃军遍地,项羽怕追错方向,对项悍道:"率轻骑追上去查看。"

项悍率轻骑追去,项羽拨转马头,另寻红袍。轻骑越追越近,恰在这时,闪电从天而降,惊雷在大地炸响。不多时,狂风突起,大雨倾盆,十步之外,不辨人马。

雷雨中,刘邦见楚军追来,急得迈不开步子。狂风暴雨,马不能行,只好弃马。此时,人困马乏,无力前行。刘邦坐在泥水中,仰天长叹:"天不助我,功败垂成,岂不可惜!"

太仆赶来,抹一把雨水,拖起刘邦,冒雨前行。

项悍同样艰难,风雨中驻马观看,确信没有红袍,率军离去。

刘邦躲过一劫,在众将的护卫下,连夜逃往夏邑。吕泽接纳溃军,护送他们向关中退去,刘邦总算逃过此劫。

彭城大败,联盟瓦解,诸侯各自溃散归国,汉军向关中退却。荥阳内外,已成汉军立足之地,第二天,韩信收聚散兵两万余人,将午,刘邦逃到荥阳。一同归来的还有樊哙、曹参、灌婴、周勃、夏侯婴、吕泽、纪信等诸将。

韩信出城迎接,与刘邦相见。刘邦强压惊色,问道:"楚军杀来,为之奈何?"

韩信胸有成竹:"兵来将挡,水来土掩。骄兵远来,恰好击之。"

刘邦心有余悸:"弹丸之地,怎敌得虎狼之师?"

韩信指道:"荥阳乃天下要冲,左有黄河,右有群山,荥阳虎踞其中,虎狼之师又奈我何?主公只管坐守城池,有我韩信,确保荥阳安稳如山。"

刘邦半信半疑:"重整旗鼓,只看大将军了。"

韩信召诸将议事,部署伏击楚军。众将激愤,决心痛击楚军,保卫荥阳。

当日过午,项庄率三千轻骑,尾随杀来。距柳树林十余里,楚骑发现红袍,报告项庄:"二里外,有披红袍,骑红马者,沿官道仓皇逃命。"

项庄大喜,问道:"可有旗帜?"

"没有。"

"多少人马?"

"百余骑。"

项庄断然道:"披红袍,骑红马者,必是刘邦。活捉老儿,封侯!"

项庄一声令下,纵马在前,时间不长,果然有红袍、红马。项庄得意道:"一路追来,斩杀汉军无数,只不见老儿踪影。苍天有眼,苍天有眼啊。"

项庄回望将士,大声叫道:"项王有令:斩杀刘邦者,赐千金,封万户侯。勇士们,建功立业,只在眼前,追——"

数千铁骑,纵马如风,铁蹄雷动。楚军距刘邦越来越近,喊杀声只在身后,震耳欲聋。

汉军骑兵,簇拥红袍,沿大路逃进树林,惊动一群乌鸦,惊叫着冲天飞去。项庄紧随其后,赶到林外,树林幽深寂静,将要前进,一将驻马谏道:"将军,此林深广,小心埋伏。"

项庄手指乌鸦:"飞鸟告之,此为空林。若有伏兵,乌鸦早已惊飞。放心追杀,勿失良机。"

楚骑毫不怀疑,跟随项庄,追入树林。林中果然空旷平静,汉骑只有一二里远,仍在狂逃。

一开始,树林稀疏,再向前走,树木渐密。此时,丁复率弓弩手已在树冠潜伏一夜有余,连乌鸦也不知有大军埋伏。丁复看楚骑杀进树林,暗喜,并未发令。

项庄军立功心切,只顾追赶,没人注意树冠。丁复见楚骑入林,恰到时机,瞄准一将,大叫一声:"着!"

一声弦响,楚将应声落马。紧接着,箭如飞雨,从天而降。楚军只在脚下,相距不足数丈,箭箭毙命,楚骑顿时大乱。

项庄在前,左臂先中一箭。再向前追,披红袍者拨转马头,枪指项庄,大笑道:"项庄匹夫,认得我樊哙吗?"

项庄大惊,壮胆叫道:"只恨鸿门没能杀你。"

提到鸿门,樊哙大怒,吼道:"匹夫,自来送死。"

项庄气急,挺枪刺樊哙。樊哙接枪,二人搏斗三五个回合,各自摔下马,又徒步搏杀。项庄有伤,斗不过十合,剑法紊乱。樊哙乘机猛攻,刺中一剑。项庄受伤,身靠大树,挺身再战。

樊哙凶狠,连出数剑,项庄大叫数声而死。

林中早已大乱,汉军弓弩,箭无虚发。楚军在树下,皆成靶子,白白送死。鬼哭狼嗥,威风扫地。

冲在前面的想逃出树林,没走多远,皆落陷坑。后面的想退出,路口却被路障封死。楚军无处藏身,皆躲在马腹下。战马受惊,四处乱窜,踩踏而死者无数。弩战尚未结束,曹参、周勃、灌婴、夏侯婴,各率一千军包抄杀来。汉军手持短刀,肆意砍杀。楚军四处奔突,竟无一人逃脱。

楚军铁骑在前,项羽率大军在后,一心想追杀刘邦,收复关中。行军路上,探马飞报:"项庄率三千铁骑,在荥阳遭汉军伏击,情况不明。"

项羽大惊:"刘邦溃不成军,岂能伏击?"

"韩信力拒荥阳。"

项羽惊道:"韩信力拒荥阳?"

项羽正在担心,又一骑飞报:"轻骑遭汉军伏击,三千人马,无一人逃脱,项庄殉国。"

项羽听罢,大骂道:"逆贼韩信,寡人誓杀汝。"

范增急上前谏道:"大军停止前进,查明情况再战。"

项羽怒气如山,远望荥阳,恨道:"扎营!"

柳林大捷,极大地鼓舞了汉军士气。韩信凯旋,刘邦出城迎接,当众赞道:"大将军用兵,真如神也。昨天,楚军张牙舞爪,像条龙,今遇大将军,一败涂地,是条虫。"

韩信坦然道:"楚军自有长处,亦有短处。长处像龙,短处是虫。汉军避其长而击短,焉能不现原形?"

刘邦大喜过望,嚷道:"寡人设宴,为众将庆功。"

韩信谏道:"主公,庆功尚早。柳林大捷,只是小胜。项羽脾气暴躁,吃不得败仗,必卷土重来。眼下,应在京邑、索亭一线设防,待打完这一仗,庆功不迟。"

"好,依大将军。"

韩信信心十足,召集众将,再次备战。

天色将晚,楚军距荥阳五十里扎寨。项羽暴跳如雷,恨不得一拳把刘邦砸扁。当夜,与钟离眜、项悍、范增、武涉等商议进攻荥阳之策。范增道:"据探马报告,韩信拒守荥阳,收散兵四五万人。诸侯叛离,唯魏豹尚在军中。楚军十万精锐,足以开战。荥阳弹丸之地,无险可守,将士同心,可一鼓而破。若如此,刘邦可擒,韩信可斩。"

项羽问道:"请问亚父,如何用兵?"

范增道:"荥阳北临黄河,东有树林,唯南面开阔,不利埋伏。大军可在京邑、索亭一线发起攻击。"

钟离眜疑道:"京邑、索亭一线,多沟壑溪流,蒿草丛生,长驱直入,多有不便。"

范增道:"据探马报,有沟不深,有水不急,蒿草不在话下,大军过后,必成烂泥。楚军波次进攻,必取荥阳。"

项羽急道:"数万汉军,有何惧哉? 莫说小沟浅流,即使高山大川,也夷为平地。明日三更造饭,五更出发,午时在荥阳用餐。"

第二天,项羽率大军进攻荥阳。日上三竿,到达京邑、索亭一线。变换队形,组成方队,前后波次推进。楚军声势浩大,刀枪如林,所过丘壑,蒿草踏成烂泥。大军如潮,排山倒海,气冲斗牛。土丘,沟壑,溪水如履平地。荥阳将近,不见一兵一卒。蒿草中夏虫鼓噪,响声连成一片。楚军气势如虹,荥阳志在必得。哪知一声鼓响,蒿草中冒出许多人来。一阵怪叫声,箭如飞雨,遮蔽日光,呼啸而下。楚军大骇,死伤无数,队形大乱。鼓声接连响起,山崩地裂,箭如骤雨,一波接连一波,劈头盖脸打下来。

早在前一天晚上,韩信把五千弩军埋伏在蒿草中,汉军竟无人知晓。弩军多用连弩,箭不间歇,楚军遭迎头痛击,无力还手,纷纷败退。弩军跳出蒿草沟壑,一路追射,越战越勇。箭雨尚未停歇,樊哙、灌婴、周勃、夏侯婴,各率五千人马,四面杀来。声势浩大,杀声震天,楚军大败。汉军追杀三十余里,大获全胜。

项羽连败两阵,冷静下来。收拾残军,退守百里,再想破敌之策。范增早知韩信不俗,速取关中,已让他刮目相看。连败楚军于荥阳,更让他吃惊,再不敢轻易出计。项羽问计范增,范增沉默良久,摇头不止:"韩信用兵,神出鬼没,让老夫叹服。"

项羽后悔,叹道:"可惜,韩信!"

范增怨道:"当初,老夫劝主公起用韩信,竟失之交臂,天意否,人祸否?"

项羽悔之莫及,思想再三,叫道:"韩信若归楚,寡人亦拜大将军。"

范增轻轻一笑:"诸侯阵前,岂有假设啊?"

项羽急道:"亚父,就没办法了吗?"

范增起身,踱步数回,轻声道:"老父拙计,但不知能否管用?"

"亚父请讲。"

范增停下,若有所思道:"急功近利,莫过于夜战。将军乘夜袭击索亭大营,或有一胜。索亭乃荥阳门户,索亭破,荥阳不保。"

项羽用范增计,亲率精兵夜袭索亭大营。谁知韩信早有准备,留下空营。楚军杀入营中,以为得手,竟遭埋伏。项羽连败三阵,不敢再战,问计范增。

范增亦不敢再战,只好从长计议,对项羽道:"韩信,汉军之主也,宜釜底抽薪,先收复韩信。他身在汉军,家属却在楚地。可逮捕韩信家属,囚在军前,要挟韩信归楚。"

项羽高兴,赞道:"妙计。"

范增踱步沉思:"老夫还有一计,可瓦解刘邦。眼下,诸侯叛汉,唯魏豹跟随。诸侯中魏豹最重,魏国与关中隔河相望,若使人出使魏豹,晓以利害得失。迫魏豹归楚,可统魏军,威胁关中。刘邦恐关中有失,必然回师,荥阳则不战而胜。那时,主公正面进攻,魏豹袭其后,可一举平定汉军。"

项羽大悦:"此计甚妙,但不知何人使魏豹?"

"武涉。"范增不假思索,直言道,"武涉与魏豹交情甚厚,出使必成。"

项羽大喜:"亚父之计,寡人分头用之。"

韩信虎踞荥阳,连胜楚军,士气大振,又有萧何从关中漕运粮草、刀枪、弩箭、新兵,实力大增。刘邦集十万大军,镇守荥阳,项羽无力撼动,两军形成对峙局面。一天,韩信见刘邦,二人落座,韩信道:"臣有一心事,特来拜见主公。"

刘邦热情有加,欣然道:"大将军有事只管讲,何必客气。"

韩信谢道:"楚军连吃败仗,必恨韩信。臣家室尚在淮阴,恐怕项羽加害,日夜挂念。"

"速差人接到军中。"刘邦爽然道,"项羽小儿惯用损招,夫人、吕太公皆被楚军所捉,正与寡人讨价呢。多亏夏侯将军死拼相救,两个儿女得救,否则,不知项羽小儿出何花招。"

汉王理解,韩信心安。韩信谢过,起身将去,刘邦长声叹息:"大好局面,说变就变了。汉军盛时,诸侯捧你;汉军势颓,诸侯叛离。只有魏王,还算忠诚。"

韩信伤心道:"司马欣、董翳降楚,不足为怪,信誓旦旦的申阳、司马卬也公开叛汉。天下逐利,人心莫测啊。"

刘邦恨道:"燕王臧荼也没了消息,赵王赵歇、常山王陈馀、齐王田市,都自顾自去了。"

韩信劝道:"诸侯之约,朝盟暮解,不足为奇。待汉军势大,诸侯还会归附。"

刘邦感叹道:"有大将军,汉军必能东山再起。"

韩信见汉王待己如贵宾,颇为感动,告别汉王,即派高邑带着信物暗使淮阴。韩信亲自送到河边,几番叮嘱,乘船告别。

六月天气,酷热难耐。蝉鸣树巅,震人耳骨。魏豹光着双脚,宽衣而卧,翻来覆去,烦躁不安,忽然起身,对门外吆喝道:"把该死的蝉赶走。"

将军蔡寅入,看魏豹脸色不好,问道:"近来主公情绪烦躁,可有心事?"

蔡寅是魏豹心腹,无话不说,魏豹直言道:"荥阳岂是我久居之地?每熬一日,都让我身心憔悴。"

"主公想回魏国?"

"眼下,诸侯复国,寡人岂甘心寄人篱下?"

蔡寅低声道:"臣有一计,可使主公安然复归。"

魏豹急问:"将军有何良策?"

蔡寅将要说出,侍卫入报:"有一道士,在门外徘徊多时,赶他走,他偏要见主公。"

魏豹朝外看,不见其人,只闻其声:"知人生死,断人吉凶,爻——卦——"

魏豹没好气道:"赶走!"

侍卫急道:"在下催赶多次,道士说不见主公,坚决不走。"

蔡寅思忖道:"何方道士?来者必有缘故。"

魏豹急躁,嚷道:"都来烦寡人,赶走,快赶走!"

蔡寅谏道:"道人既能断人吉凶,知人生死,何不请进来一叙?"

魏豹是个没主意的人,听蔡寅劝说,转身对侍卫道:"请他进来。"

少顷,道士入。来者仙风道骨,银须白发,超凡脱俗。道士不紧不慢,把旗幡倚在门边,问道:"将军可有求于贫道?"

蔡寅狠狠地看了他一眼,问道:"先生真有本事,必重重赏你;若巧舌如簧,胡说八道,小心掌嘴。"

道士瞄着魏豹,微微笑道:"我为大王,冒死而来,若无本事,岂敢闯龙潭虎穴?"

魏豹惊道:"先生认识寡人?"

道士微笑,脱去伪装。蔡寅惊叫:"武涉先生?"

魏豹大惊:"好大胆子,敢闯荥阳?"

武涉摆手,轻声止道:"隔墙有耳。"

魏豹低声问道:"先生此来,有何见教?"

武涉目视蔡寅,魏豹笑道:"寡人心腹,蔡寅将军,但说无妨。"

武涉直视魏豹:"将军印堂发暗,心浮气躁,将有大祸。"

魏豹不悦:"好不知趣,见面就谈灾论祸,不怕我绑你去见刘邦吗?"

武涉低声道:"在下为将军而来,缘何绑我去见刘邦?"

"先生切勿故弄玄虚,但请直言。"

"将军大祸,只在眼前。祸至而人不觉,何谓聪明?"

魏豹急道:"此话怎讲?"

武涉庄严肃道:"天下大势,了然在目。刘邦行将就木,必为楚军所擒。将军却坚守绝路,岂能无祸?项王灭秦,诸侯共得天下,此为大义。然而,刘邦为一己之私,祸乱再起。侵夺诸侯,天怨人怒。项王率三万铁骑,乘怒杀来,势如排山倒海。汉军溃败,诸侯争先恐后,从楚如流,却有一人,执迷不悟,独守僵尸,岂不哀乎?"

魏豹问道:"先生说我?"

武涉点头道:"荥阳孤城难守,指日可破,刘邦败局已定,天下必重新归楚。将军试想,城破之时,项王能饶叛逆之徒否?"

"依先生看，寡人如何是好？"

武涉从容道："将军之祸，祸起从汉；将军之福，福出弃汉。将军应当机立断，弃汉自立，方可化祸为福。"

"可是……"

"怎么着？舍不得刘邦？"武涉看着魏豹，"刘邦居心叵测，轻慢无礼，骂诸侯如骂小儿。大丈夫生世几何，安能屈居人下？"

魏豹沉思良久，问道："先生此来，可有良策？"

武涉坦诚道："项王为人磊落，攻伐自如，世间无双，视诸侯如兄弟，得地分之，有利共享。将军若弃暗投明，可与项王携手图汉。魏国隔黄河而望关中，将军若率一旅之师，陈兵河口，进可取关中，退可断汉军归路，刘邦则死无葬身之地矣。大功之日，将军可王关中。"

魏豹暗喜："此话当真？"

武涉从怀中掏出帛书，对魏豹道："项王亲笔书信，以资为证。"

魏豹大喜，接过帛书仔细观看，欣喜道："谢先生赐教。"

"千古功业，在将军一决。"

魏豹起身，徘徊数步，双手握拳，断言道："我意已决，听令项王，先生勿虑。"

武涉大喜，赞道："大丈夫理应如此。"

魏豹转身对蔡寅道，"杀鸡，与先生歃血为誓。"

淮阴河阳是个僻静的小村庄。月娥听司马先生劝说，放弃无欺酒垆，同父母回到乡下，生活无忧，只牵挂韩信。儿子狗剩一天天地长大，给家里带来许多生气，也冲淡了月娥的思夫情绪。一天中午，月娥一家人吃饭，狗剩歪着头问道："妈妈，父亲咋还不回来？"

月娥笑道："快了。父亲回来，看你长这么高，一定不认识了。"

"那我认识父亲吗？"

田伯父吆喝道："吃饭，别问这问那的。吃饭时不准说话。"

狗剩不服："不让我说话，那你为什么说呢？"

"小兔崽子，敢和我顶嘴？"

"我不是兔崽子,我是妈妈生的。"

月娥解围道:"狗剩,不说话。吃完饭,叫外公讲故事。"

狗剩歪头问道:"外公,给我讲吗?"

"讲。给你讲过的故事,都记住了?"

"记住了。"

"记住就好。外公有一马车故事,到晚上,慢慢给你讲。"

"讲爸爸打仗的故事。"

"不讲打仗。打仗就杀人,不好听。"

提到打仗,月娥长叹一声:"大秦灭了,为什么还打仗?"

田伯父明白事理:"两条黄狗争天下,不打怎么行?"

一家人说着话,忽听院外有人指道:"就这里,住在这里。"

田伯父一惊,说道:"前几天,王妈妈说过,有人找韩信,要咱们留心。他们来做什么?"

田伯母担心道:"这几天我的眼睛老跳,不是好事。"

月娥向外看去,见一个陌生人引路,身后是一队军人。个个手执兵器,来势汹汹。校尉提刀在前,大声叫道:"把房子围起来。"

月娥大惊:"不好,官军来抓人了。"

田伯父警惕道:"别动,我出去看看。"

田伯父说完,出门迎接军士。田伯母不放心,也跟了出来。院子里,田伯父拦住校尉,问道:"有啥事?为何擅闯民宅?"

校尉看了一眼田伯父:"韩信造反,尔等皆为反属。项王有令,逮捕反属,把老家伙拿下。"

官兵上前,扭住田伯父。田伯父反抗:"这是田家,不是韩信,凭啥抓人?"

田伯母急忙跪地磕头,央求道:"行行好吧,我们是庄户人家,没有造反……"

校尉不予理睬,吼道:"抓捕田月娥。"

田伯父反抗,田伯母拦在路上。校尉叫道:"反抗者,格杀勿论,抓人。"

士兵冲过来,手起刀落,两个老人先后倒在血泊中。

月娥见父母倒下,大惊,冲出门大骂:"畜生,光天化日,怎敢杀人?"

校尉令道:"逮捕田月娥。"

士兵上前,捆绑月娥。月娥大骂:"遭雷劈的,杀我父母,不得好死……"

两个士兵在屋里搜寻一会儿,跑出来报告:"室内无人。"

校尉令道:"把房子烧掉。"

不多时,田家草房腾起烟火,月娥被楚军押走。街上,月娥高叫:"乡亲们,官军杀人放火,不得善报……"

乡邻看田家有难,大惊失色。月娥被官军押走,乡邻急来救火。

高邑受令,昼夜兼程,悄悄来到淮阴县城。找了三天,没有月娥消息。几经周折,才找到河阳村。高邑带两个助手从北口进村,敲响一家大门。好久,门开启一条缝,探出半个花白脑袋。高邑寻问月娥,老人像见到鬼一样,一言不语,惊恐地指着烟火。

高邑大惊,拔剑向烟火跑来。院子里,乡邻正在救火,两个老人已无声息,懊悔道:"晚来一步。"

屋里有孩子的哭声,不多时,乡邻在火中救出孩子。高邑急道:"是狗剩吗?"

"正是。""可怜的孩子。"

原来,月娥出门时,把狗剩藏在柜里,才躲过一劫。高邑让助手看着孩子,带一人向村外追去。路上,不见月娥身影,又怕狗剩有失,急忙回来。救起狗剩,告别乡亲,离开河阳村。

盛夏酷暑,火热难当。刘邦敞胸露腹,身边二女为之洗脚。魏豹小心翼翼入内,见刘邦施礼。刘邦使了个眼色,二女躬身退去。刘邦起身问道:"将军见寡人,可有事啊?"

魏豹再施礼,言未出,泪先流,泣道:"臣随主公出征,半年有余。臣别晋阳时,老母正患病。昨日,捎来口信:老母病重,大去之期不远矣。老母只想见臣一面,臣颇心切,彻夜难眠。恳请主公允臣探视。百年以后,臣无憾矣。"

魏豹说完,涕泪交流,甚是伤感。刘邦为之感动:"将军不但是忠臣,还是孝子。为母尽孝,人之常情,只望将军速去速归。荥阳事大,还赖将军相助。"

"追随汉军,臣之志也。主公大恩大德,魏豹没齿不忘。"

魏豹谢恩,离去。

魏豹走后,刘邦独自在室内徘徊。樊哙来见,刘邦问道:"魏豹称其老母病重,归魏探视,寡人答应,又不放心,将军以为如何?"

樊哙答道:"主公既然应允,怎好更改。出尔反尔,有伤诸侯感情。"

刘邦点头称是:"寡人也是此意。"

两人丢下魏豹,商议固守荥阳之事。半晌,韩信来,又问韩信。韩信断然道:"魏豹有诈。"

刘邦惊问:"何以见得?"

韩信道:"臣有诸侯家室详谱,魏豹父母早亡,绝无老母生病之说。魏豹诈归魏国,必别有企图。"

刘邦急道:"果真如此?"

韩信忧心忡忡:"魏豹此去,必不归矣。"

刘邦急道:"魏豹有变,非同小可。魏与关中一水相隔。他若叛我,必成大患。"

韩信急道:"留住魏豹,勿使归国。"

刘邦令道:"二位将军,擒拿魏豹,必要时当机立断。"

韩信看着樊哙道:"樊将军带人封锁河岸,勿使一人过河。"

韩信、樊哙离出,刘邦捶胸道:"魏豹误我。"

韩信带二侍卫,打马来魏豹住所。门前有侍卫坚守,韩信问道:"魏豹将军何在?"

侍卫答道:"不见将军出府。"

韩信暗喜,下马入府。临近阶前,老军相迎,韩信施礼道:"得知魏将军老母病重,韩信特来慰问。"

老军答道:"将军出门,不在府内。"

韩信暗惊,问道:"将军何往?"

"将军便衣简从,出后门,不像远行。"

韩信又问:"离去几时矣?"

"一个时辰。"

韩信拱手告别,出门急道:"魏豹出行,早有准备。反形毕露,速去河边。"

韩信打马追至黄河岸边。夕阳下,河水泛起层层金波,魏豹五六人乘船已至河心。韩信心生一计,牵马高声叫道:"魏将军慢走,汉王送来宝马,收下礼物再走。"

魏豹看韩信三人,毫无怀疑,应道:"谢主公厚恩。"

魏豹应答,拨船将回南岸。蔡寅谏道:"主公,韩信身藏杀气,一定有诈。回头必为韩信所擒。"

魏豹倒吸一口凉气:"将军言之有理。行大事,何顾小礼?"

韩信见魏豹生疑,又喊道:"魏将军,且莫见疑,收下礼物再走。"

蔡寅立在船头答道:"谢汉王厚恩,允我主回省老母,此礼甚好。后会有期。"

蔡寅说完,加速行船。这时,樊哙率百余骑赶到河边,眼睁睁地看着魏豹远去。韩信眺望北岸,自语道:"事由天定,人力难为。魏豹此去,必生大乱。"

果然如此,魏豹归国后,收集战船,封闭渡口,把守险关要隘,反叛刘邦。不多久,集十万大军,陈兵蒲坂,窥视关中。刘邦闻之,大惊失色,急召众将商议对策。

张良道:"魏豹心腹之患也。蒲坂与关中隔河相望,魏军一旦渡河,可直捣栎阳。若如此,汉军危矣。"

韩信道:"据细作报告,项羽用范增计,合纵魏豹,夹击汉军,事成后封他关中王。魏豹见利忘义,归附项羽,已成大患。"

刘邦急道:"平定魏豹,各位有良策?"

张良道:"魏豹既托名回省老母,主公可将计就计。派一能辩之士,出使魏国,以慰问老母为名,劝说魏豹,他或许回心转意。"

韩信道:"先生所言,可作缓兵之计。魏豹虽反,但一时难成大事。为保关中,主公必派精兵良将,临河拒之。"

刘邦沉思片刻:"文攻武备,此计甚好。出使魏国,何人愿为寡人分忧?"

"在下愿往。"众人看时,是郦生,年近五旬,身体清瘦,两目有神,是军中善辩之士。当初出使武关,说服守将,兵不血刃,入关破秦。这次主动请缨,刘邦为之大悦。

郦食其受汉王使令,带两名助手,乘小船,过黄河,踏上魏国地界。时值盛夏,草木葱茏,三人走在林间小路,行不多远,突然一声断喝:"捉拿奸细。"

话音未落,五六个魏兵从树丛中跳出来,将三人围住。侍卫拔出佩剑,欲与魏军拼命。郦食其先是一惊,很快镇静下来,拦住侍卫,面对魏军,从容道:"我等乃汉王使者,出使魏国,共修两家和好,绝无恶意。"

校尉喝道:"不识使者,来者必为奸细。抓起来!"

魏兵围过来,三人束手就擒。郦食其吼道:"老夫乃汉王使者,尔等岂敢无理?见魏王说话。"

魏军不理,把三个人捆得结结实实。一人问道:"如何处治?"

校尉厉声道:"杀掉!"

郦食其大惊,失声叫道:"不能杀。老夫是使者!"

校尉喝道:"魏王有话,不见汉使,杀掉奸细。"

军士持刀上前,郦食其顿足大叫:"杀我将铸大错……我要见魏王,混蛋……"

第六章　出奇兵　巧破魏豹

荥阳韩信居所,高邑风尘仆仆,带狗剩来见韩信。高邑指着韩信道:"叫父亲。"

狗剩躲在高邑身后,斜眼偷看。韩信上前,拉住小手:"叫父亲。"

狗剩挣脱,转到另一边,韩信伤感:父子不相认,谁之过也。

高邑备述淮阴寻亲情况,韩信得知岳父母双亡,月娥离散,不胜悲痛,自语道:"当初,淮阴从军,岳父坚决反对。谁知老人家因我身遭不测,我心何安啊。"

伤心之际,刘邦来访,韩信强压悲痛,迎接汉王。刘邦看见狗剩,得知他是韩信的儿子高兴道:"父子团圆,可喜可贺。"

韩信应承。刘邦转身抚摸狗剩:"几岁了?"

"七岁。"

"叫啥名字?"

"狗剩。"

"此名不雅。将来做了大将军,怎叫得出口。就叫'韩胜'吧。"

韩信高兴道:"'韩胜',即'汉胜',汉军一定大胜。谢主公赐名。"

"我家刘盈,也在军中,长韩胜一岁,他们有伙伴了。"

高邑知汉王来有事,对韩胜道:"走,找小伙伴去。"

高邑拉着韩胜离去,刘邦面色严肃道:"郦生出使魏国,过河即被魏军所擒。押见魏豹,百般劝说,魏豹不听,将他们驱逐出国。郦先生出使魏国失败。"

韩信道:"魏豹不杀郦生,即为成功。"

"何以见得?"

韩信道:"不杀郦生,说明魏豹还没和主公扯破脸。再说了,郦先生使魏,缓兵之计,汉军已赢得时间,是为成功。"

"是呀,魏豹觊觎关中,还需防范,几句口舌,难平魏豹野心。关中事关大局,让我寝食不安。镇守关中,设防黄河,不知谁能担此重任?"

韩信度其意,答道:"若无人选,信愿为主公分忧。"

刘邦大悦,拉住韩信双手:"寡人思之再三,镇守黄河,非能臣良将,忠臣死士不可。大将军请缨,寡人无忧矣。"

韩信道:"臣移师临晋,又担心荥阳。虎狼之师,门若悬剑。"

刘邦诚然道:"项羽虎视,荥阳岂敢轻视。将军镇守黄河,荥阳不能抽调一兵一卒。"

韩信轻轻摇头:"兵来将挡,水来土掩。无兵无卒,何以镇守?"

刘邦道:"将军可回关中,与丞相招募新兵。"

韩信惊问:"招募新兵?"

刘邦重重点头:"别无办法啊。"

韩信沉思,答道:"有劳丞相,臣愿尽力配合征兵,以巩固河防。"

刘邦甚慰,安抚道:"虽然无兵,军中将领,将军可以选用。"

"主公以为,孰与臣同往?"

刘邦想了一下:"曹参、灌婴如何?"

韩信点头道:"曹、灌二将与臣多有配合,主公英明。不过,臣还想求一将,不知可否?"

"将军只管说。"

"楼烦将丁复。"

刘邦思忖,笑道:"可以。其他将领,将军也可自选一些。"

韩信点头,又道:"镇守临晋,乃为守势。以攻为守,上上之策。臣以为,选择良机,进攻魏国。若得魏,不但能解关中之忧,更能扩大汉军实力。"

刘邦大悦:"大将军用兵,独立自主。凡对汉有利,尽可用之。"

韩信道:"魏豹既然不与汉军配合,就应尽快回关中布防,切不可拖延。"

刘邦起身,再执手韩信,语重心长地说道:"将军临危受命,责任重大,小心用兵,确保关中平安。"

韩信道:"眼下正值汛期,河水暴涨,魏豹不会有所作为。魏军危胁,必在冰封之后。臣兵据临晋,力争两月内解除后患。"

"寡人只待大将军喜讯。"

韩信果断道:"有主公威德,臣必生擒魏豹!"

七月骄阳,酷热难当。乡村古道,杂草侵袭。十个楚军押解田月娥向荥阳进发。校尉骑马在前,囚车在后,士兵押着囚车,缓缓步行。

时近中午,更加燥热。士兵脱下上衣,挑在枪上,遮着阳光,艰难前行。

一人骂道:"鬼天气,着火了。"

另一个人问道:"啥时到荥阳?"

士兵怨声,无人回答。一个瘦得像猴子的士兵,看月娥坐在车里,清闲自得,便无事生非,骂道:"妈的,你倒自在,让我们受苦。"

月娥被捆绑,抬头看了一眼瘦猴,没有理睬他。瘦猴怨道:"和你说话呢,哑巴了?"

月娥狠狠地看了一眼瘦猴:"看着好,那你进来?"

"妈的,敢和老子顶嘴?"

瘦猴气愤,持枪捅月娥。校尉骂道:"瞎了狗眼。论功请赏,全靠她呢。"

瘦猴不敢再动,也挑起上衣乘凉,怨道:"猴年马月,啥时押到!"

校尉也不计较,抬头看去,不远处一片树林,回身令道:"前边休息,在林中乘凉。"

士兵看见树林,争相赶路。不多时,来到树林边,争先恐后地钻进树荫。校尉下马,将马拴在树上,摘下佩剑,脱掉外衣,擦着汗水。突然,树上跳下一人,大吼一声:"留下月娥!"

话未落,剑先到,转眼间几个士兵倒地。瘦猴刚想抵抗,剑光闪过,猴头没了半边。校尉大惊,急忙找剑。剑没抓起来,一闪寒光,也倒在地上。侥幸不死的,屁滚尿流,撒腿逃走。

月娥睁开眼,惊叫一声:"司马爷爷!"

司马剑打开囚车,救出月娥,伤心道:"孩子,爷爷跟你多日了。"

月娥扑在司马剑怀里,失声痛哭:"爷爷……"

司马剑安抚月娥,沉痛道:"爷爷早不想杀人了,更不想杀楚人。可人事难测,谁能知道,楚军竟变成楚狗啊!孩子,你是无辜的……"

校尉没死,暗中睁开眼睛,抓起手边剑,瞄准司马剑,用力刺来。月娥看见,大叫一声:"爷爷,身后——"

司马剑毫无防备,没来得及回身,腰部中剑。他没惊慌,持剑凭感觉向后刺去。校尉再次中剑,口吐鲜血而死。月娥急忙上前,帮助司马剑。老人血流不止,体力不支,慢慢倒下。

伤口血如泉涌。月娥堵着伤口,哭着:"爷爷,你挺住啊……"

司马剑脸色蜡黄,非常疲惫:"孩子,爷爷从淮阴跟到这儿,再不能帮你了……"

月娥哭叫:"爷爷,我来帮你。"

月娥扯开衣襟,包扎伤口,司马剑轻轻摇头,不让月娥动手。有气无力地嘱咐道:"找韩信去吧……"

月娥痛哭,包扎伤口。司马剑看着月娥,脸上掠过一丝微笑,头一软,歪在月娥的怀中。

月娥大哭,撼天动地,司马剑双眼紧闭,再没睁开。烈日下,月娥草草地安葬了司马爷爷,祭拜告别。山高水远,旷野茫茫,月娥眼望苍天,不知路在何方。

汉二年(前205)八月,韩信与萧何在关中招募三万人马,号称十万,出征临晋。曹参、灌婴、丁复、高邑、吕马童、杨武、杨喜等各级将领,统辖所部,分列前行。汉军旌旗飘扬,联络百里,声势浩大。水军征用大小战船千只,出渭水,入黄河,逆流北上,誓师伐魏。

韩信骑千里雪,与曹参、灌婴、丁复等先行到临晋渡口。黄河正值汛期,水势浩大,浊浪排空,裹挟杂物,滚滚南去。对面蒲坂,魏军旗号,依稀可见,绵延数十里。韩信看着黄河,叹道:"好大的水啊。"

曹参叫道:"若是平地,纵马杀过去,先取柏直人头。"

韩信鞭指黄河,回头道:"临晋渡口,英雄用武之地。当年,秦穆公在此渡过黄河,一举破晋,威霸诸侯。汉军要学秦穆公,再创奇迹。"

灌婴知韩信用兵有道,信心十足,应道:"听大将军号令。"

韩信志在必得,与众将在河边往复查看,直至对岸火光亮起,才打马回城。

两天后,战船抵达临晋渡口,开始练兵。各船张扬旗帜,点燃灯火,联络数十里,有千帆竞发,一举破魏之势。

荥阳楚营,项羽、范增对饮。项羽高兴道:"亚父略施小计,魏豹归楚。魏军窥视关中,如一把尖刀,插在汉军后背,刘邦老儿坐不住了。"

"是啊,魏豹若如期进取关中,刘邦必死无葬身之地。"

项羽道:"据探马报告,刘邦派韩信陈兵临晋,以据魏军。亚父以为胜算几何?"

"韩信用兵不俗,可几万新兵,怎挡得魏豹十万大军?"

项羽得意道:"寡人与魏豹约定,待河面冰封,十万大军越过黄河,直扑关中,栎阳可一鼓而破。"

范增谏道:"魏豹归附,分兵刘邦,项王可乘机攻打荥阳。刘邦首尾不顾,何必等到冰封河面?"

"荥阳久攻不下,亚父可有妙计?"

范增道:"据我所知,荥阳外有敖仓,乃汉军屯粮之所。关中漕运物资,皆在此登岸。将军若夺得敖仓,犹如扼住荥阳咽喉。粮草断,荥阳将不攻自破矣。"

项羽大悦:"依亚父之计。"

临晋渡口,大张旗鼓,备战伐魏。韩信眼望战船,却心潮起伏。徘徊至夜半,不能回帐。张成来见,步入帐内。二人入密室,韩信低声道:"带你的兄弟,偷渡黄河,查清魏豹的行踪。"

"杀掉吗?"

韩信摇头道:"查清行踪即可。每日盯紧,且不可惊动,我自有妙用。"

"区区小事。"

"事关重大,且不可掉以轻心。"

"三日内,必有消息。"

张成走后,韩信独在帐中,仍不能入睡,低声吟诵:"不战而屈人之兵,善之善者也……"

星移斗转,天色将明,韩信伏案,在白绢上写道:

魏王阁下:

当今天下,汉楚相争,项羽必败。难得将军主动归汉,我主视为至诚。不料,阁下受人蛊惑,背离汉王,弃明投暗,令人心痛。阁下若幡然醒悟,必受汉王礼遇;倘一意孤行,必有亡国之祸。本将受命汉王,率十万大军,兵临临晋。一旦渡河,阁下死无葬身之地也。

书毕,派一只小船,送到蒲坂。

魏豹知韩信兵至临晋,亲自来蒲坂布防。查过河防,看过将士,回城与众将商议。魏豹首座,柏直、项佗、蔡寅、冯敬、孙遬、王襄等诸将分列而坐。众将刚刚坐定,使者送来书信。魏豹淡淡看过,给柏直传阅。众人看过,各有神色。有顷,魏豹问道:"诸位,是战是降?"

众将齐呼:"岂能不战而降?"

柏直起身:"汉军劝降,虚张声势,独自壮胆而矣。魏国将士,岂惧一片帛书乎?汉军渡河,痴心妄想。韩信真敢来,必葬身鱼腹。"

冯敬道:"据本将所知,韩信征用战船千只。若乘夜而渡,破魏亦在情理之中。昔日,秦穆公伐晋,已有先例,还是谨慎为好。"

柏直不服,再次起身:"将军勿忧。千只战船,难敌我十万神箭。大军严阵以待,万箭齐发,密不透风,即使蝗虫,也休想飞过河来。"

蔡寅置疑道:"韩信用兵,神鬼莫测。魏军驻守蒲坂,汉军若从他处渡河,蒲坂河防,岂不变成摆设?"

柏直信心十足:"汉军无论从哪儿渡河,必用船只。严密监视战船,汉军休想投机取巧。且百里之内,唯临晋可渡,将军勿虑。"

项佗起身:"韩信伐魏,虚张声势,实为以攻待守,诸将不必担心。当年,先辈吴起借黄河冰冻之机,西过黄河,直取临晋,却秦二百余里,遂得河西之地。不是项佗夸口,那时,我愿率两万人马,直捣栎阳。"

众将信心十足,争论一番。魏豹道:"寡人赞同项佗将军。只要坚持两月,冰封河面,过河将如履平地。十万大军,杀入关中,直捣栎阳。汉军首尾不顾,刘邦必为我所擒。项王许诺,斩杀刘邦,封我关中王。那时,论功行赏,诸将必加官晋爵。众将听令:柏直为河防大将军,项佗、冯敬为副将,镇守蒲坂;孙邀率五千军驻守东张;王襄率五千军驻防安邑,二将与蒲坂成犄角之势。汉军即使登岸,必陷我大军合围,势必尽歼。"

魏军士气高涨,异口同声:"听令主公!"

大战之际,韩信夜不能寐,再来河边巡视。千只战船,百里灯火,水面映成红色。将士积极备战,扎草人、练登岸、学划桨,无不有声有色。岸边杀声不断,气势如虹。灌婴看韩信来,上前陪同。两人在岸边徘徊,韩信赞道:"将军统兵有道,士气不错。"

灌婴信心十足:"只等大将军一声号令。"

韩信忧心忡忡:"一声号令?实难出口啊。"

"大将军缘何顾虑?"

"新募兵员,胜势则勇,颓势必怯。"

"魏军大多也是新兵啊?"

韩信不予争辩,问道:"将军可算过,凭河边战船,一次可渡过多少将士?"

灌婴想一下:"不过万人。"

"往返一次,要多少时间?"

"两个时辰。"

韩信道:"如此计算,三万人渡河,需一天时间。实际上,战船多是充数,能用的只占一半。又有河水湍急,魏军死守,如此渡河,岂不分批送死?你想,渡河令我敢下吗?"

灌婴悟道:"大将军想从别处渡河?"

韩信摇头,稳重地说道:"知兵之将,生民之主也。我岂敢用将士的性命冒险?回去睡觉,明天沿河岸看看再说。"

"是,大将军。"

第二天凌晨,韩信与曹参、灌婴及侍卫七八人,骑马沿黄河溯水北上。时而打马如飞,时而步履艰难。时过中午,韩信问道:"走多远了?"

灌婴回答:"有二百里吧。"

曹参道:"再向前走,就是夏阳了。"

"到夏阳休息。"

"是。"

众人应答,策马而去。

几匹马来到夏阳河岸,这里河面宽阔,水流平缓。对岸林木茂密,飞鸟起落。韩信伫马河边,叹道:"真乃渡河之地也。"

灌婴道:"可惜,没有渡船。"

曹参谏道:"调动临晋战船,不就有了?"

韩信笑道:"移动战船,至少三天。魏军发现,必先到此。"

曹参醒悟:"那就没办法吗?"

韩信看了一会儿河水,转身道:"走,到城里吃饭。"

韩信进城,口渴得厉害。路边有位老者,韩信上前施礼:"老人家,你好哇。"

老者应答:"你好,远道客商吧?"

"正是,正是。我们口渴得厉害,请老人家行个方便。"

老者乐善好施,爽快道:"出家在外不容易,莫说喝水,就是吃饭,老朽也愿为你们准备。"

"不了。喝过水,我们还要赶路呢。"

老人把韩信引到屋内,主动舀水。韩信喝过水,把木勺放在缸里。木勺在水中忽上忽下漂动,只不下沉。韩信眼睛一亮,发现水缸也是木制的,问道:"老人家,你的器物都是木制的?"

"是啊,我家的器物全是木制的。你看木缸、木瓮、木桶、木盆,连吃饭用的碗,也是木头做的。"

韩信若有所思:"木制的好啊,木制就不沉水了。"

"当然了,当地渔人都坐着木盆打鱼呢。"

韩信惊问:"坐木盆捕鱼?"

"是呀,如果不信,问我东邻,他就经常捕鱼。"老者说话十分认真。

韩信疑问道:"我们从河边来,怎么没看见啊?"

"现在不是捕鱼的时候。时值盛夏,洪水无常,上秋就有了。"

韩信认真地点了点头。

老者又介绍道:"夏阳生有暖木,质轻柔软,很适合做器物。这样的东西家家都有。常有远道客商来这里采购,听说,都卖到咸阳了。"

韩信暗自高兴:"很好,能卖我一件用吗?"

"可以,如果喜欢,送你一件也行。如果用得多,得到铺上买,那里多得是。"

韩信大喜:"老人家,我开个玩笑,怎能随便要您的东西呢。"

韩信喝过水,谢过老者,向城里走去。路上,灌婴轻声问道:"大将军,想用这些器物渡河吗?"

韩信低声道:"若把木缸、木瓮用木板拼接起来,不就是战船吗?"

曹参大悟,高兴道:"若如此,船不就有了?"

韩信摆手,轻声道:"到县衙去。城内及周边村落所有木器,全部征用。灌将军,你在此监制木缸船,明天派两千军士帮你,不得走漏半点消息。"

灌婴信心十足:"若有县吏配合,十天之内,保证大军渡河。"

韩信看着灌婴,叮嘱道:"渡河破魏,只看你了。"

夏阳之行,悄无声息,临晋渡口,仍大张旗鼓。将士备战近月,这天夜里,河面格外肃静。惊涛拍岸,秋虫唧唧,响彻耳边。凌晨大雾,十步之外,不辨人影。突然间,千万只战鼓在寂静中突然响起,像雷鸣,如山崩。接着号角连营,喊杀声覆盖水面。汉军千船竞渡,向对岸发起攻击。

夜色浓重,雾气迷茫,魏军被喊杀声惊醒,出营却什么也看不见。锣鼓声、号角声、喊杀声,在水面波涛汹涌般扑来,蒲坂为之颤动。魏军急守河防,点燃柴草,准备弓箭,誓与汉军厮杀。喊杀声越来越近,似乎看到了船影,项佗高叫:"放箭,快放箭!"

柏直不停地擦拭双眼,猫腰细看,只看不清楚。侧耳倾听,汉军将近。浓雾间隙,突然闪过汉军船影,同样呼叫:"放箭,快放箭——"

火光中,箭如飞雨。汉军船只,临近岸边,仓皇退回。两军闹腾至天色大亮,汉军退却,河面平静如初。

冯敬见汉军声势浩大,却无一船登岸,对柏直道:"汉军攻而不进,实为佯攻,其中必有阴谋。"

柏直道:"不出半月,汉军连攻三次,此瞒天过海之计也。告诫全军,切莫粗心大意,小心虚中有实。"

项佗道:"汉军攻而不破,实力不足,岂有阴谋?"

冯敬担心道:"韩信用兵,诡计多端,只怕从别处渡河。"

柏直胸有成竹:"临晋暗报,汉军别无行动。百里内无渡口,如何登岸?且船只稍动,我必知之。瞒天过海之计,瞒得了别人,瞒不住我柏直。"

冯敬忧虑道:"何不派人巡岸,汉军若在别处渡河,也好提前发现。"

柏直应道:"也好,派五百军士,沿河巡防,如有异常,及时报告。"

魏军加强河防,誓拒汉军于河西。韩信却明攻暗备,制定了中心开花之计策。两军对峙,将近两月,韩信看时机成熟,决定攻击。夜里,临晋大帐,韩信部署军务:"高邑将军,带三千人监守临晋,习练水军,把场面做大。白天多插旗帜,夜晚多生篝火,适时佯攻。"

高邑:"尊令。"

韩信又令道:"曹参、丁复、吕马童、杨武四将,各带三千军,自备三日粮草,夜行昼伏,潜入夏阳。不得暴露行踪,知否?"

"遵令。"

"各军当晚出发,严守军纪,不得走漏一兵一卒。违令者,斩!"

当夜,韩信率轻骑先到夏阳,灌婴迎接。韩信问道:"渡河之物可用否?"

灌婴答道:"木缸船准备完毕,皆在河边树林中。河道也派人查过,水情稳定,只等大军渡河。"

"对岸情况如何?"

"按将军吩咐,每天派人观察林中飞鸟,起落如常。为防万一,暗中派人潜入对岸侦察,确无情况。"

"城内外有无可疑人往来?"

"没有。本将昼夜巡哨,往来行人只可进,不能出。"

韩信点头满意。灌婴离去,张成来报:"魏王巡查防务,回住东张。"

韩信大喜:"天助我也。告之兄弟,魏豹行踪,一日三报,不得有失。"

张成点头,悄然离去。

傍晚,各路大军集结在夏阳,韩信召众将议事。曹参、灌婴、丁复、吕马童、杨武等分别坐定。韩信旁若无人,低眉沉思。身后楚王剑高悬,剑前香案。众将见大将军祭剑,不敢多语,静静等候。

良久,韩信像从梦中醒来,慢慢张开双眼,看过众将,稳重而坚定道:"大军伐魏,势在必得。深入虎穴,不占地利,亦无人和,以少击多,但求一胜。"

众将听着,个个严肃。韩信停下来,问道:"如何取胜?"

众将无法回答。停顿少时,韩信坚定道:"兵法云:'攻其必救,歼其救者。'"

众将肃然,更不敢多言。韩信突然起身:"何谓必救?魏王也。"

众将齐呼:"斩杀魏王。"

"不,是生擒!"韩信果断道,"魏豹现在东张,擒贼擒王。大军渡河,务必死战,生擒魏豹。伤害魏豹者,斩!"

众将肃然,异口同声:"生擒魏豹!"

韩信逐一看过众将,突然令道:"出发!"

夜色,一切都变得模糊,河面,水静静地流淌,悄无声息。夏阳河岸,木缸板船,悄悄下水。不多时,河面隐隐出现一串串黑影,向对岸移动。

一切悉如平常,毫无阻拦。

清晨,东张守军,十分懒散。两士兵早起,到营外撒尿,见一队人马,打着魏军旗号走来。两人议论:

"你看,是谁的人马?"

"谁的人马,肯定不是汉军。"

"汉军能到这儿吗? 就算身长翅膀,也飞不过来啊。"

"看服饰,没见过。"

"旗号见过吧……"

两人有事无事地闲聊着,人马将到营外。灌婴突然大叫:"杀进营去。"

将士齐声呼喊,"杀——"

杀声如潮,惊飞晨鸟,将士蜂拥而至,冲进魏营。汉军猛如虎,狠似狼,肆意砍杀。魏军大多正在睡觉,知汉军杀来,狼狈逃窜,无一人抵抗。灌婴夺取魏营时,曹参杀进东张,直扑将军府。韩信与丁复、吕马童等将在外围守御,防止魏豹逃走。韩信知曹参杀进东张,脱口道:"瓮中捉鳖,魏豹必擒。"

将军府,守将孙遫早起,正在院中晨练。忽听街上杀声四起,惊问道:"怎么回事?"

侍卫慌慌张张跑来:"将军,汉军杀入城中……"

孙遫大惊:"胡说八道,哪有汉军?"

"确是汉军,见人就杀,来势凶猛。首将曹参已杀到街前,将军快走。"

看街上将士慌乱逃窜,孙遫确信无疑,大叫道:"韩信用兵,真如神也。"

孙遫上马,前后掩护,逃出将军府。

街上大乱,魏军四处奔突,无人抵抗。孙遫逃到街上,正遇曹参。曹参提大刀拦住去路,喝问道:"魏豹安在?"

"我主已回晋阳。"

孙遫说完,挺枪迎战曹参。孙遫侍卫一拥而上,混战中,孙遫胆怯,寻机逃走。

曹参只想捉拿魏豹,放弃孙遬,杀进将军府。都尉迎来。曹参纵马拦住,喝问道:"魏豹何在?"

都尉惊慌,颤抖答道:"不、不、知道。"

曹参把大刀搭都尉颈上,吼道:"说!"

都尉双手抱头,颤抖不已:"昨晚,离开东张,听说回晋阳,但不知在哪儿。"

"此话当真?"

"不敢欺骗将军。魏王走时,在下随众将送至城北。"

曹参手起刀落,斩杀都尉,对身边喝道:"捉俘虏再问。"

灌婴袭得兵营,也杀入城中寻找魏豹,果然不见其身影。

二人合兵一处,赶到城外,恰好韩信迎来。灌婴上前:"报大将军,不见魏豹。"

"可惜了。魏豹临时变卦,昨晚抵达曲沃。灌将军,发兵曲沃,捉拿魏豹。"

灌婴受令,率轻骑乘风而去。韩信布防,令吕马童袭取安邑,曹参取晋阳,陈武守东张,阻击蒲坂,然后与丁复一同向曲沃杀来。

孙遬本想出北门逃脱,路遇曹参,慌乱中逃往东门。东门汉军刚刚杀来,孙遬突出重围逃往曲沃。韩信杀入魏境,曲沃毫不知晓。夜晚,魏豹沉迷歌舞,尽欢至深夜。太阳爬上窗口,魏豹懒懒地起床。蔡寅入见,问道:"主公,今天去上党吗?"

"不,回晋阳。"

蔡寅道:"蒲坂最新战报:汉军多次进攻,皆被柏直将军击退,我军无一伤亡。"

魏豹得意道:"撼天易,撼我河防难,再坚持一月,天下必有大变。"

两人正说着,内侍慌张入,跪地报道:"汉军渡、渡过黄河,占领东张。灌婴率一支人马向曲沃杀来。"

魏豹大惊:"韩信侵我东张?胡说!谎报军情,杀头。"

内侍哭道:"主公,孙遬将军在府外,可亲自去问。"

"韩信破我天险,飞过来的?"

魏豹怒吼,急召孙邀。孙邀狼狈不堪,入门跪拜谢罪。魏豹眼见为实,大惊失色,几欲晕倒。

孙邀哭道:"汉军天降,袭我东张,臣拼死杀出,主公速去。"

魏豹愣了半晌,长叹一声:"天哪,谁知韩信诡道,竟如入无人之境。快,调柏直来,剿灭汉军,保我天下。"

蔡寅脸色严肃,说道:"主公快走。我与孙将军誓死守城。"

侍卫急来,扶魏豹上马,带百余骑仓皇逃走。

蔡寅送走魏豹,对孙邀道:"将士一拼,死守曲沃,保主公远行。"

孙邀慷慨陈辞:"誓与韩信拼命!"

曲沃守军不足千人,蔡寅组织军民守城。县令亲自上街,击锣大叫:"曲沃军民,汉寇袭来,无论男女,登城守战。有怯战怕死者,格杀勿论……"

军民知汉军杀来,诸多义愤,各操守战之器,登上城头,严阵以待。

不多时,灌婴杀至曲沃,枪指古城,令道:"包围曲沃,不得跑了魏豹!"

汉军一片呼叫,包围城池。蔡寅怕庶民胆怯,巡城高喊道:"各位壮士,国君在城内。保卫国君,誓死守城,怯战者斩!"

军民听说魏王在城内,义愤填膺,同呼:"与汉军死战。"

孙邀在城头鼓舞士气:"汉寇袭远,无地立足,必败无疑。柏直将军率大军星夜杀来,共灭汉贼。"

汉军开始攻城,蔡寅亲临城头指挥,"弓弩手在前,居高临下,汉军多有死伤,一时难以靠近。灌婴气得呀呀大叫:"攻城!活捉魏豹,大功!"

晋阳古道,魏豹一行向都城逃去。路上,一骑飞驰而来。魏豹看来人慌张,先自心惊。骑将到魏王前,滚鞍落马:"报告主公,汉军向晋阳杀来。"

魏豹半张嘴巴,说不出话来,半晌问道:"多、多少汉军?"

"有数万之众。"

魏豹跌下马来,哭道:"我的家眷,我的家眷啊……"

侍卫官扶起魏豹,转身面向使者:"怎么没见过你?"

"事情紧急,受将军临时差遣,请主公快走。"

侍卫官拔出宝剑,厉声喝道:"你是奸细,谎报军情。"

"小的无半句假话,若有不实,愿以死明志。"

使者说完,拔剑欲自刎。魏豹止道:"都什么时候了,还疑神疑鬼的!"

使者急道:"请主公暂去上党,平定汉寇,再迎接主公。"

魏豹六神无主,急道:"去上党。"

惊慌之中,魏豹策马将行,回头对使者道:"快,召柏直将军,速救寡人。"

韩信追捕魏豹,来到曲沃,看灌婴攻城受阻,亲临城下劝降:"守将听着,魏豹出尔反尔,咎由自取。你等归顺汉军,本将既往不咎,胆敢反抗,格杀勿论。"

蔡寅登城大骂:"胯下辱儿,为何逼人太甚?听我劝告,退守河西,保你平安,否则,你必死无葬身之地。"

韩信看蔡寅守城,喝道:"蔡寅,你蛊惑魏豹,祸乱天下,罪该万死。倘若投降,饶你不死。负隅顽抗,我必杀你。"

蔡寅义愤填膺:"为国捐躯,死得其所。你敢近前,城下就是你葬身之地。"

韩信大怒:"攻城!"

汉军再次杀来,未到城前,城头箭如雨下,汉军多有伤亡。韩信令道:"丁复,压住城头。"

丁复大叫一声:"弓弩手,上。"

汉军弓弩,万箭齐发,威力强大。魏军虽在高处,不敢露头抵抗。汉军奋勇,杀至城下。韩信看到路边"曲沃"石碑,令道:"扳倒石碑,撞开城门。"

力士推倒石碑,绑在车上,推车撞向城门。一声闷响,城门被撞了个大洞。汉军蜂拥杀来,又遭到魏军的抵抗。

孙遫身先士卒,亲临城门厮杀。蔡寅令点燃柴草,从城头扔下,阻止后续汉军。

灌婴大骂:"蔡寅,我必杀你。"然后持长枪,徒步向前。不顾刀枪火海,挑开烈焰,突进城门。魏军后退,孙遫迎战。灌婴怒起,枪挑孙遫,突破南门。

众将士护卫蔡寅出逃。蔡寅大叫:"誓与曲沃共存亡。"

将士强拉硬拖,扶蔡寅上马,从北门逃走。

灌婴杀入城内,寻找魏豹,又不见其身影。审问俘虏,得知他已在攻城前逃走。只差一步,让魏豹逃脱,灌婴气得呀呀大叫。

韩信进城,知魏豹并未走远,令灌婴率轻骑追捕。灌婴回身对将士大叫一声,率百余骑追赶,韩信率大军随后杀来。

魏豹一行得知晋阳有汉军,便改道去上党,一路上惊慌失措,急行十余里,又见一骑飞驰而来。魏豹大惊,踟蹰不前。轻骑临近,下马跪报:"上党路上,发现汉军轻骑。"

侍卫官急问:"谁的旗号?"

"看旗号,是汉贼曹参。"

魏豹惊呼:"天下路广,为何只绝于我?"

身边将士指道:"垣曲只在附近,主公,可到垣曲暂避。"

"去垣曲。"魏豹心神大乱,转身向垣曲驰去。

其实,路上使者并非魏军,是张成的兄弟假扮的。情急之中,魏豹不辨真假,稀里糊涂中计。魏豹更没想到,指路垣曲的使臣正是张成。他和几个兄弟追踪魏豹,几次逃脱,焦急万分。怕魏豹逃往上党,一时难收,急中生智,冒充使臣,把魏豹骗到垣曲。张成看魏豹逃往垣曲,一块石头落地,一面监视,一面向韩信报告情况。

魏豹逃到垣曲,县令出城迎接,见魏王神色慌张,问道:"主公,缘何甚急?"

魏豹不语,慌忙入城。内臣问道:"城内守军几何?"

"五百人。"

魏豹回头惊问："五百人？"

内臣急道："汉军杀来，组织将士守城。"

县令大惊，疑问道："汉军从何杀来？"

内臣急道："国家有难，务要尽力守城。关闭城门，快关闭城门啊！"

县令不敢多问，关闭城门。军民知汉军杀来，无不惊慌。匆匆忙忙，跑来跑去，不置可否。将士登城，官吏吼叫："军民人等，无论男女老幼，守卫城池。"

魏豹没进县衙，直接登临城头，胆战心惊，探头观望。县令尾随而至，魏豹急问："城可守否？"

县令向城外看去，空无一人，献忠道："本县誓死守城。"

魏豹哀道："再派使者，十万火急，令柏直救我。"

灌婴率轻骑追捕魏豹，顺大路直扑晋阳。路上，得知魏豹逃往垣曲，大喜，遂令将士向垣曲杀来。路上与韩信、张成会合。灌婴急问："魏豹在垣曲否？"

张成答道："魏豹已是瓮中之鳖，插翅难飞矣。"

韩信、灌婴率三千人马，径直追到垣曲城外，包围城池。城头偃旗息鼓，一片寂静。韩信大叫道："魏豹，打开城门，保你性命。胆敢抵抗，城破之时，杀你鸡犬不留。"

城头仍不见人影。魏豹躲在城内，听得韩信呼叫，两股颤抖，不敢应对。县令慢慢探出头，汉军气势如虹，围城水泄不通，不禁大惊，又不自主地缩回头。

韩信怒喝道："魏豹匹夫，出来说话。"

魏豹面如土色，良久，探出半个脑袋，看见韩信，又急忙缩回。

韩信看见魏豹，暗喜，高声断喝："魏豹，弹丸土城，顽抗何益？开门纳降，保你性命！"

过了好一会儿，魏豹再次露出头，问道："将军，可保我全家否？"

"你若归顺汉军，可保全国。"

良久，城门打开一道缝。几个军士探了探头，然后把城门打开。灌婴大叫一声："进城！"

汉军突入垣曲,纪律严明,秋毫无犯,垣曲军民亦无反抗。灌婴押魏豹及众官员出城。魏豹羞羞怯怯,面见韩信,施礼道:"罪将悔不当初,自取其辱。"

韩信斥道:"反复无常,小人本性。罪不容诛,但本将有言在先,留你性命。"

魏豹俯首帖耳,唯唯诺诺:"谢将军恩德。"

韩信骂过,问道,"想与本将合作吗?"

"谨听大将军调用。"

"替我写几封书信。"

"所写何事?"

"招降旧部。命令蒲坂、晋阳、上党、安邑等地军民,停止抵抗,归顺汉军。"

魏豹只管听令,唯命是听。

蒲坂防线,大事不见,小事不断。临晋时时有进攻态势,但总没有攻击。守将柏直每日巡视河防,加强备战,却不知韩信已深入腹地,逮捕国君。这日,刚刚回帐,魏王信使汗马驰入。众将观之,无不惊讶。信使到柏直帐前弃马入帐,跪拜道:"汉军渡过黄河,入我腹地,主公被困,要将军驰援。"

柏直听罢,目瞪口呆,一屁股坐在几上。

冯敬入帐,看柏直吃惊不小,上前询问,使者复报:"韩信杀入魏国,连取数城!"

冯敬听罢,突然拔出佩剑,抓起信使,喝问道:"哪儿来的消息?"

信使大惊,颤声道:"主、主公亲口所授。"

"汉军入我腹地吗?"冯敬疑问。

使者细报:"汉军从天而降,先占东张,又破曲沃。主公连逃数城,祸福不知。"

"奸细!"冯敬把信使扯到柏直面前,喝道,"跪下!"

信使颤抖不止,柏直问道:"汉军从哪儿渡河?"

"小的不知。主公窘迫,将军速归……"

"胡说八道。"冯敬大骂,欲斩之。

疑惑间,汗马再来,见柏直大哭:"报,主公受困桓曲,危在旦夕,要将军驰援。"

柏直再惊。冯敬转身再审信使:"哪儿来的消息?"

"主公亲口敕令。"

"两人口出一词,分明是韩信计策。奸细!"

"小的不是奸细,还请将军用兵。"

冯敬再问:"汉军在哪儿渡河。"

"夏阳。"

柏直大叫:"韩信骗我。"

冯敬还在犹豫,信使再来,手持帛书,闯入帐中,跪拜柏直,大哭道:"主公为韩信所擒矣。"

柏直看罢帛书,认得魏王手迹,几欲倒地。冯敬再看,不敢判定,喝问道:"书信何来?"

"主公亲手所写。"

冯敬再怒:"分明是韩信的连环计,从实招来。"

"冯将军,书信无诈。"柏直先安抚冯敬,再问使者,"主公可好?"

"主公在押。韩信扬言:柏直不降,必杀主公。"

柏直仰天哀叫:"佯攻蒲坂,暗渡夏阳,咱们上当了!"

冯敬上前,对柏直道:"大军尚未开战,不能投降。"

柏直六神无主,想了一下:"召众将议事。"

不多时,项佗等十几位将领入帐。项佗难以置信,怒道:"临晋战船,一只未少,汉军何以渡河?"

项佗见信使,抓起来再问:"是真的吗?"

柏直心烦意乱,嚷道:"主公书信在此,还问啥真假?"

项佗放开信使。柏直心乱如麻,手举帛书:"主公亲笔书信,要大军降汉,否则,主公性命难保。诸将意下如何?"

冯敬道:"主公身陷汉营,不可急躁。大军在,韩信必不敢杀主公;大军降,主公性命难保。"

柏直问道:"何以见得?"

冯敬道:"韩信所忧者,乃我十万大军。大军降,韩信无忧,主公岂保性命?"

"将军意下如何?"

冯敬断言:"韩信入魏,关中必然空虚。将军与韩信周旋,我愿率一军,乘虚杀入关中。以其人之道,还治其人之身。"

项佗赞同,起身道:"杀入关中,项佗愿为先锋。"

柏直怒道:"若如此,岂不害了主公?"

冯敬义正辞严:"不,正是救主公之法。大军杀入关中,不但韩信回防,刘邦也乱阵脚。那时,魏楚联军,一鼓作气,必灭刘邦,斩杀韩信。降汉不但主公不保,我等亦将受擒。"

众将争论不止,信使又至,主公涕泪请降。柏直再看书信,大哭道:"主公受辱,臣之罪也,柏直无能。"

柏直哭过,令道:"回书主公,柏直遵令。"

冯敬不满,起身道:"愚忠误国! 天赐良机,安能自断前程?"

项佗急起:"将军,不可降汉。主公受擒,尚有十万将士,大事未定。与汉军决战,鹿死谁手,未可知也。"

柏直忌惮,怒道:"贪图一己之功,伤害主公性命,尔等意欲何为?"

冯敬被问得哑口无言,良久,又谏道:"将军,在下还有一计。"

"请讲。"

"大军北上诈降,与汉军相见时,突然杀出。斩韩信,救主公,此两全之策也。"

项佗大叫:"此计甚好。"

柏直摇头道:"不义之战,何谓好计? 且主公受制于韩信,岂能脱身。伤害主公,斩杀韩信何益?"

冯敬大怒:"我十万大军,安能俯首降汉?"

众将劝说,柏直坚决不肯,即令修书。项佗大怒,离席而去,冯敬追出帐外,密议道:"柏直强迫大军降汉,可将计就计。"

项佗急问:"将军有何良策?"

冯敬道:"将军早做准备,受降之际,突然杀出,取韩信首级。"

二人计议已定,瞒着柏直,决心作最后一战。

魏豹像个听话的孩子,按照韩信的指令,分别下发降书,然后,韩信押解魏豹,各地受降。数日,晋阳、上党、安邑皆送来降书,只无柏直消息。

曹参道:"柏直拥兵自重,恐别有企图。"

韩信道:"柏直愚忠,难出良策。副将冯敬,乃冯择之后,倒有几分方略,多加小心。"

说话间,柏直送来降书。韩信看过,递给曹参。曹参大喜。灌婴道:"柏直降书迟迟而来,怕无诚意。"

韩信笑道:"他无诚意,我有办法。"

诸城安抚已定,韩信率大军押解魏豹南下。汉军声势浩大,旌旗如云,战马啸啸,这天来到汾水。太阳初起,韩信把魏豹打进囚车,隔河与魏军相望。韩信令人把囚车推在阵前,以示魏军。囚车两侧有将士把守。汉军列阵河岸,严阵以待。金盾为墙,弓弩匿后,旌旗严整,杀气腾腾。韩信骑千里雪居中,曹参、灌婴、丁复、高邑、吕马童、杨武、杨喜、张成等众将,分别率军列阵两侧。河对岸,柏直与众将驻马在前。冯敬、项佗各有眼色。

对峙良久,魏豹面对魏军大叫道:"柏直将军,投降吧。天大罪过,寡人承担。汉军神威天助,抵抗无用,看在魏国苍生的分上,化干戈为玉帛……"

魏军看国王身陷囹圄,无不惊讶,士气顿挫。柏直听魏王呼叫,声音沙哑,精神颓丧,突然大哭:"主公,柏直之罪也……"

柏直哭过,弃枪下马,跪在魏豹面前,号啕大叫:"臣愿受万劫之罪,为主公分忧,呜呼……"

韩信纵马在前,对柏直道:"令魏军放下兵器,分批过河。"

柏直出令,冯敬大呼道:"魏国将士,我等岂能甘心降汉?听我将令,杀过河去。"

冯敬慷慨陈词,将士却无战心,跪地一片,面对国王磕头。

项佗鞭挞士卒,吼道:"冲过河去,斩杀韩信——"

项佗叫过,一马当先,冲进汾水。丁复悄悄取弓搭箭,韩信以目止之。

柏直见项佗大叫,杀过河来,断喝道:"反贼,此时不杀,尚待何时!"

话音未落,魏营飞出一支银箭,正中项佗颈部。项佗大叫,跌入水中。原来,冯敬与项佗商议假降时,已有心腹报告柏直,暗中伏下杀手。

项佗身死,冯敬大惊。看军无战心,孤掌难鸣,一声长啸:"魏国灭亡,岂非天哉!"欲举剑自刎。

冯敬素爱士卒,众人见将军欲自刎,上前齐心救下。

魏豹眼望将士,泪如雨下。

韩信不负前言,没杀魏豹,派高邑押送他去荥阳面见刘邦。柏直担心,随魏豹一同前往。

韩信收复众将,善而待之,同回晋阳宫,大宴魏将。两军将领一一相识,消解猜忌。韩信见冯敬,问道:"名将之后,早有所闻。"

冯敬伤心,愧道:"恨不军前死,留作今日羞。"

韩信笑道:"将军错了,厮杀并非军人本色,从汉从魏,无惭无愧,天下平定,乃军人职责。何羞之有?"

冯敬拱手道:"大将军用兵不俗,妙计百出,冯敬佩服。"

韩信拱手还礼,离开冯敬又见蔡寅。韩信问道:"再给将军机会,还能战吗?"

蔡寅道:"既然降汉,不言再战。出尔反尔,不是蔡寅为人。"

韩信坦然道:"将军忠勇,韩信佩服,但也有失误。当初,不该鼓动魏王背汉,否则,岂有今日?"

蔡寅羞愧,问道:"魏将大多在此,唯不见吾主,为何?"

韩信道:"将军不必担心,汉王想见他,已与柏直将军同使荥阳。"

蔡寅点头致谢。韩信逐一见过魏将,举杯道:"各位将领,天下大势,汉楚相争,去魏归汉,乃弃暗投明也,汉军大有用武之地。建功立业,一如既往。天下平定,万民安居,才是军人所求……"

魏将释疑,与汉将同欢,觥筹交错,不胜欢欣,至晚不散。

荥阳战场,楚汉相持,隔鸿沟对峙。汉阵中,刘邦居中,文有张良、陈平,武有樊哙、夏侯婴、周勃、纪信等将。楚军项羽居中,文有范增、武涉,武有钟离昧、司马龙苴、项悍、项声、周殷等众将。项羽纵马上前,戟指刘邦,骂道:"刘邦老儿,鸿门相会,寡人饶你不死,咸阳加封,待你不薄,为何反我?"

刘邦亦纵马向前,鞭指项羽,骂道:"项羽匹夫,义帝有约:先入关破秦者为王。你依仗兵势,淫威天下,裂封诸侯,不反何为?"

两人对骂数回,项羽对身后恨道:"押上来。"

二将牵吕雉、太公上,如牵家犬。吕雉乃刘邦夫人,太公为刘邦之父。项羽再骂刘邦:"老儿,认识二人否?你若息兵罢战,退守封地,寡人放归吕雉,否则,必烹杀太公。"

刘邦羞辱难当,痛恨不已,却面带微笑:"寡人与你结为兄弟,我翁即尔翁,尔欲烹我翁,分我一杯羹。"

"无耻之徒!"项羽大骂道,"天下厚颜,莫过刘邦。若不退守,必杀吕雉!"

两军士上前,持刀要杀吕雉。吕雉号叫:"夫君,救我,受不了了!"

刘邦上前,怒骂道:"独夫项羽,十恶不赦:矫用王命,枉杀宋义,此一恶也;暴戾天下,新安坑卒,此二恶也;所过屠城,火烧王宫,此三恶也;恣意妄为,裂分天下,此四恶也;大逆不道,弑杀义帝,此五恶也……"

刘邦数点项羽罪状,滔滔不绝。项羽气极,喝道:"弓箭。"

钟离昧早有准备,听项羽怒喝,振开双臂,拉开强弓,忽听弦响,一支银箭,掠空而过,直取刘邦咽喉。刘邦振振有词,义愤填膺,不知银箭飞来,正中前胸。刘邦大叫一声,俯身马背……

顿时,楚汉两军,飞箭如雨。

众将来救,刘邦捂住脚趾,诓骗道:"项羽匹夫,射中吾趾,日后必报此仇。"

众将护送刘邦回营,郎中入帐,卸去铠甲,为刘邦疗伤。取出箭镞,仔细察看,报道:"楚将钟离昧所为。"

刘邦盯着带血的箭镞,恨道:"钟离昧,我必杀你!"

项羽收兵回营,入帐未稳,范增急入,对项羽低声道:"韩信突破黄河,生擒魏豹,斩杀项佗,侵占魏国。"

项羽大惊:"此话当真?"

范增严肃道:"项佗的心腹逃到楚营,亲口对老夫所讲。"

项羽无奈坐下,恨道:"寡人必破荥阳,生擒刘邦。"

范增献计道:"敖仓几次攻打,未能得手,现在机会终于来了。"

"机会何来?"

范增道:"刘邦躲过了钟离将军的索命神箭,虽逃过一劫,但伤势严重,必影响士气。将军若乘夜袭之,敖仓可破矣。"

项羽恨道:"依亚父之计。"

刘邦身穿犀牛皮甲,皮甲虽然被射穿,但伤势并无大碍。他待在宫中养伤,愤恨不已。忽报魏国平定,魏豹及家眷押至门外。刘邦大喜,整理衣冠,叫道:"押魏豹。"

魏豹双手缚背,被押至刘邦面前,羞愧难当,见刘邦后涕流满面,跪地请罪:"死臣魏豹,悔不当初,误听楚人蛊惑,自作主张,罪该万死。"

刘邦骂道:"出尔反尔,无耻小人,还想做关中王?呸!大丈夫安能久居人下,狗屁!"

魏豹任凭刘邦辱骂,只是请罪:"臣不自量力,自取其辱。今日诚心归顺主公,再无二心。愿举魏国之地,十万之众,尽孝犬马之劳。念臣昔日从汉,请主公宽恕。"

刘邦骂过,又怒斥道:"寡人本想杀你,以儆效尤。看你从汉之功,先记下罪过。"

魏豹跪拜:"谢主公不杀之恩。"

魏豹退出,刘邦问道:"魏豹家眷现在何处?"

内臣告知:"在后殿。"

刘邦思忖:"听说傅氏美色绝伦,何不去看看。"于是由太仆引路,来后殿赏美。傅氏红衣单衫,光彩照人,刘邦心动。

太仆看出刘邦用意,将傅氏押到别室与刘邦相见,指道:"此乃我主汉王。"

傅氏欣然施礼道:"久闻大王,有幸相见。"

"真倾国倾城之色也。"刘邦大悦,急忙扶起傅氏,问道,"愿和寡人在一起否?"

傅氏答道:"大王不弃,愿意服侍左右。"

刘邦遂把傅氏收在身边。

韩信平定魏国,与众将巡游郡县,这天和灌婴回晋阳。进城不久,忽见一女子,以发掩面,跪在街心,拦住去路。韩信奇怪,下马近前,问其原由。女子低头,突然哭道:"大将军,救我哥哥。"

韩信问道:"你是何人?抬起头来。"

女子慢慢抬头,韩信为她撩开长发,突然露出一张媚脸,犹如红日,破雾而出。韩信大惊,叫道:"圆圆?"

赵圆又俯身磕头:"小女子与哥哥流落晋阳,不幸生病,无钱医治,危在旦夕。知将军在此,冒死求救。小女子愿当牛做马,报答将军。"

"此等小事,何须报答。"韩信看一眼灌婴,"拿钱,为其兄治病。"

赵圆激动万分:"谢将军大恩大德。"

赵圆去后,韩信数目相望,看赵圆貌似西施,不觉心动。灌婴问道:"大将军,认识此女子?"

韩信叹道:"说来话长。在楚军时,兵驻定陶,有过一面。谁知今日又在晋阳重逢。"

灌婴微微一笑:"奇缘啊。"

"看她怪可怜的。"韩信怜香惜玉,长叹一声,然后转身道,"不说了,回王府。"

魏王宫气势非凡,雕梁画柱,飞檐斗拱,精致气派。此时人去室空,不胜凄凉。韩信看着灌婴,感慨道:"兴也勃焉,亡也忽焉。世事成败,只在旦夕之间;人生贵贱,也在转眼一瞬。天下难测啊。"

灌婴也颇有感慨。后花园别有几分景色,池水、假山、游鱼,犹如图画。只是空自艳丽,无人欣赏。

魏王宫中,韩信偶得《太公兵法》,喜出望外,茶饭不思,昼夜研读。华灯初上,灌婴悄悄进来,看韩信喜形于色,近前道:"看大将军脸色,必有喜事。"

韩信手执兵法,道:"当初司马先生口授兵法,未见真迹。如今得之,岂能不喜欢?"

灌婴夺过兵书,置于桌上,笑道:"赵圆求见,候在门外,是否见她?"

韩信喜出望外:"快,让她进来。"

赵圆轻盈而入。韩信看时,怦然心动:头上倭堕髻,两耳明月珠,眼似秋波动,玉齿丹唇姝。他不觉惊叫:"真西施也!"

灌婴看韩信有意,悄悄退出。

赵圆落落大方,轻轻一蹲身,拜个大礼,甜甜道:"小女子感将军大恩,特来拜谢。"

韩信喜上眉梢,急道:"不必拘礼,坐下,快坐下。"

赵圆深深地看了一眼韩信:"将军定陶助妾,也算偶然;晋阳再遇,实为缘分。"

韩信真情道:"是啊,大千世界,我俩奇遇,缘分,缘分。"

赵圆媚眼温情:"谢将军帮助,若蒙不弃,愿为将军温茶暖床,尽报知遇之恩。"

赵圆说着,身子软软地靠近。韩信叱咤风云,在小女子面前却手足无措,急忙后退,正言道:"若有真情,必当正娶。"

赵圆跪谢:"妾愿服侍将军,直至海枯石烂。"

高邑出使荥阳,即将告辞。刘邦贪恋傅氏,数日闭门谢客。听说高邑要走,方知正事未议,急召张耳。张耳入见,刘邦推心置腹道:"高邑押送魏豹,带来帛书,韩信欲率得胜之师,破代伐赵,将军以为如何?"

当年,项羽封王,赵相国张耳封为常山王,实辖赵地,赵王赵歇却徙为代王。赵歇不满项羽,尤恨张耳,与陈馀共同起兵,夺取赵地,自立赵王,陈馀为代王。陈馀追杀张耳,差点丢了性命。因此,张耳与陈馀结下不共戴天之仇。张耳听说伐赵,大喜,赞道:"此计甚妙。主公虎踞荥阳,韩信另辟蹊径,得胜则天下有其二,何惧项羽不破。"

"本王也这样想。"刘邦若有所思,沉默良久,道,"韩信用兵不俗,连胜诸侯,名振天下。年轻人,功劳一多,容易骄傲。自统大军,权重倾国,只怕尾大不掉。"

张耳暗吃一惊,急问:"主公的意思是?"

"本王想听你的意见。"

张耳思考片刻,出计道:"可使人监军。"

"正合吾意。"刘邦成竹在胸,问道,"但不知可用何人?"

张耳一时无语,良久道:"必用心腹。"

刘邦重重点头:"寡人叫足下来,欲担此任,如何?"

张耳施礼,再拜:"谢主公信任。"

刘邦看着张耳,不慌不忙,坦诚道:"适在秦时,你我即为兄弟。国破来投,寡人说过:帮你复国。若破赵,尔为赵王,可否?"

张耳惊喜万分,跪地拜道:"主公大恩,天高地厚。臣肝脑涂地,绝无二心。"

刘邦淡然:"罢了。心腹之人,不用虚言。速做准备,与高邑一同回晋阳。"

张耳信誓旦旦:"臣定不辱使命!"

韩信欲纳妾的消息悄悄地传开了。赵圆哥哥赵方喜悦尤甚,仰望东方,面天而祭:"苍天有眼,我兄妹终有出头之日。"

赵方兴致勃勃,赵圆却心事重重。赵方道:"咱自小父母双亡,流浪四方,乞讨为食,见富贵如望日月。自定陶始,辗转千里,跟随大将军,不就为了今日吗?现在,富贵在即,为何不悦?"

赵圆起身道:"妹妹何尝不慕富贵,只是,栾说难以劝说。"

赵方恨道:"身靠大将军,还怕栾说不成?"

"栾说挡不住好事,可我们也要挡住他的嘴啊。他若胡说八道,韩信岂能容我?"

赵方狠狠地说:"妹妹放心,栾说我来对付,保证滴水不漏。"

赵圆惊问:"你想杀他?"

"我没说杀他,我也没说不杀他,事在人为。只要栾说让咱一马,少不了他的富贵。他若纠缠,哼!"

赵圆担心道:"哥哥好自为之,切不可动杀机。"

"好好好,我见机行事。"

原来,赵圆乃红尘歌女,艺名圆圆。出身低下,却仰望日月。定陶偶遇韩信,心生一念:投身将军,以求富贵。骗得栾说舍尽家财,为她赎身,经哥哥设计,辗转到洛阳,又追到晋阳。栾说得知赵圆要嫁人,岂能容她,找赵圆直言问道:"你要嫁人?"

赵圆看了一眼栾说,点了点头。

栾说失声叫道:"不!你是我的人。你说过,跟我一辈子的!"

赵圆木然道:"兄长相逼,妾身不由己。哥哥说,你所用钱财,加倍偿还。"

"我不要钱,我不能没有你!"

赵圆好言相劝:"栾说哥哥,全城都知道大将军拜堂成亲,若出差错,韩信岂能容我?妾真的是身不由己啊。"

栾说怒道:"你敢反悔,那些事我都说出去。"

赵圆泣道:"求求你,别缠我了。哥哥不会亏待你的。"

栾说看赵圆哀求,突然跪下,求道:"圆,我不能没有你。为了你,我倾其所有。答应我,离开晋阳,到个没人知道的地方,就咱俩,行吗?"

赵圆麻木地摇摇头:"不可能了。咱若私奔,大将军岂能容我。"

"我不怕。跟我走,现在就走。"

说完,他拉起赵圆想走。赵方入内,扯住栾说,狠狠一拳:"赖皮狗!妹妹是大将军的人,万尊之体。你敢胡来,就杀了你!"

栾说口鼻流血,叫道:"杀我吧。没了赵圆,你不杀我,我也得死。"

赵方又一拳:"笨蛋!有了钱,啥样女人没有?再敢纠缠,杀你全家。"

赵圆痛哭流涕,又求道:"栾说哥哥,你若真心爱我,就成全我吧。我不会忘记你的恩情,我如若好了,咱都会好的。"

栾说不语,任由口鼻流着鲜血,不反抗,也不求饶。他冰冷的脸上,两行泪水像小河一样流下来……

张成知韩信欲纳赵圆为妾,以为不妥。当晚,他特来见韩信,劝道:"大哥,赵圆身份不明,还请小心从事。"

韩信不以为然："定陶时曾见过此女，出身良家，兄弟勿虑。"

张成直言劝道："我观此女毫无羞怯，身心老成，像见过大世面。出身良家，怕是自圆其说。"

韩信略加思考，答道："一个弱女子，料无大碍。常年从军打仗，身心疲惫。赵圆以身相许，也合我意。"

韩信遂不听张成的劝说，决定纳妾。

金秋九月，吉日良辰，晋阳城张灯结彩，鼓乐喧天，王府大摆宴席，军民同欢，喜庆三日。这天晚上，韩信宴请都尉以上将领，肉山酒海，美味珍馐，应有尽有。酒至半酣，曹参高声问道："听说美妾貌若天仙，能否叫众将一观。"

韩信酒过数觞，情致正浓，听曹参要见美妾，喝道："叫赵圆。"

不多时，赵圆像一片彩云，翩然而至。众将看时，果然不俗。灌婴叫道："请美姬敬酒。"

赵圆也不推辞，带着诱惑男人的气息，逐一满酒。到曹参面前，先嫣然一笑。这一笑，引得曹参失态。双眼盯着美姬，酒满溢流，尚不知晓，引得众将哄堂大笑，曹参方醒，自责道："怪我，怪我……"

韩信乐道："众将开心就好。"

灌婴叫道："听说美姬歌舞俱佳，能否让众将一饱眼福。"

赵圆看着韩信。韩信道："请！"

音乐再起，赵圆翩跹起舞。唱道：

> 关关雎鸠，在河之洲。
> 窈窕淑女，君子好逑
> ……

赵圆边歌边舞，一曲《关雎》，折服众将。人人手举空杯，半张口舌，垂涎若滴。

歌罢，众将喧哗，吆喝、唏嘘声四起。曹参大叫道："大丈夫建功立业，有此美女足矣！"

韩信兴致勃勃,推开酒觞,与赵姬共舞,放歌唱道:

残荷闲落去,金菊盛开时。
愚王出宫阙,美姬入丹墀。

赵圆踏律起舞,随声附唱,场内一片欢腾……

张耳暗受使命,与高邑同来晋阳,韩信出城迎接。两人相见,韩信施礼道:"欢迎将军来。韩信在楚时,已闻将军大名。今日有幸相会,岂不让韩信敬慕。"

张耳赞道:"将军用兵,神鬼莫测,更让老夫佩服,此乃大汉之幸也。"

韩信自谦道:"路遇庸才,故使竖子成名,仅此而已。"

张耳赞道:"大将军不必过谦,身经数战,各有其妙,孙武不过如此吧?"

"不敢,不敢。将军过奖,使我无地自容矣。"

两人一路互捧,步入王宫,坐定,张耳郑重道:"大将军伐魏有功,汉王加封。"

韩信急忙跪地接封。张耳手捧帛书,铿锵读道:"大将军临危受命,平定魏国,记大功,迁左丞相。"

韩信获意外惊喜,不胜感激。

两人重新坐定后,张耳道:"大将军欲伐代击赵,主公甚慰。为完成大计,遣本将配合将军,您看妥否?"

韩信高兴道:"主公英明。将军久居赵代,必谙其事。将军助战,必破代取赵,大功必成。"

张耳又赞道:"将军大志,汉王之福,天下之幸。"

大计已定,韩信操练人马,准备月余,汉二年(前205)闰九月,韩信、张耳率八万大军,战将百员伐代。大军气势如虹,旗开得胜。一路破要隘,取代山,直捣阏与。代相国夏说凭借石头城坚固易守,欲与汉军对抗。韩信略施小计,巧破石头城,斩杀代相国夏说。

赵代本一家,代王陈馀得知相国被斩,封土覆灭,气得火冒三丈。急与赵王赵歇商议,欲绞杀汉军,复立代国。唇亡齿寒,赵歇赞同,遂以陈馀为主将,李左车为军师,率二十万大军,浩浩荡荡,向代国杀来。

韩信兵驻阏与,得知赵军杀来,急令灌婴率五千甲士,坚守石壶口,以拒赵军。赵歇知韩信有准备,兵驻井陉关,以守为攻,伺机破汉。

韩信伐赵,雄心勃勃。一天,他聚众将商议伐赵大计。张耳道:"赵歇出兵,欲收复代国,实为虚张声势。兵驻井陉,意在守赵。井陉口乃太行五陉之首,山关险要,一夫当关,万夫莫开。然而,赵军毫无斗志,不足为惧。"

韩信展开山川图册,问计诸将。突然,荥阳信使急入,跪拜韩信,呈上帛书。

韩信、张耳看过帛书,俱惊,不约而同地叫道:"主公危矣!"

第七章　背水战　井陉大捷

韩信、张耳正商议伐赵之际,汉使从荥阳突至:项羽用范增计,趁主公养伤之机,夜袭敖仓,切断汉军粮道,荥阳断粮三日,危在旦夕。众将知荥阳危急,无不大惊。

韩信面对众将,坐思良久,问道:"谁愿解荥阳之危?"

众将面面相觑,曹参挺身而起:"在下愿往。"

韩信看了一眼张耳。张耳道:"非熊罴猛将,难挡虎狼之师。曹将军堪当大任。"

韩信不语。

张耳问道:"大将军舍不得曹参?"

韩信仍然不语,沉默有顷,突然令道:"曹参将军,率五万人马,星夜兼程,水陆并进,驰援荥阳,复取敖仓。记住:用兵之道乃少用力战,多用计谋。"

曹参发誓道:"不辱使命,誓夺敖仓!"

韩信沉思,又道:"杨喜、杨武二将,与曹将军同往,自带三日干粮,振作士气,务求一战而胜。"

"喏!"

曹参雷厉风行,起身与众将告辞。

曹参走后,众将闷坐良久,韩信无可奈何,挥手散会。众将默然离去,伐赵大计搁浅。

赵国二十万大军,陈兵井陉口,凭险据守,高山大川,雄关当道,进可攻代,退可自守。陈馀复代心切,几次请缨,赵歇不允。忽闻韩信派大军回师荥阳,陈馀大喜,又见赵王,喜道:"据可靠消息,韩信回师荥阳,代国守军不足万人,此时出兵,不仅可收复代地,且可斩杀韩信,主公切莫丧失良机。"

赵歇用兵谨慎,请谋士李左车商议。陈馀怕李左车犹豫,先发制人道:"韩信兵发荥阳,固守不战,正是我用兵之机。区区万人,岂能阻我二十万大军?迟疑不决,丧失良机,代国不复,必为诸侯所笑。"

李左车不语,众将无言,赵王犹豫,陈馀心急,又起身道:"兵者,机也。务请主公一决。"

赵歇不紧不慢,目视李左车,问道:"依先生之见,可用兵否?"

李左车起身,慢慢道:"从数量上说,出兵取代,必胜;从地理上讲,应小心用兵。收复代地,必走石壶口,那是一夫当关,万夫莫开之所。赵军数量虽多,却难以施展。愚以为主动出击,不如以逸待劳。韩信率得胜之师,气势正盛,主动出击,恐有所失。莫如凭险据守,待韩信来伐。雄关隘口,以静制动,可获全胜。待韩信兵败,乘胜击之,可收复代国,斩杀韩信、张耳。"

"韩信如果不来呢?"陈馀疑问道。

李左车不以为然:"韩信连连得胜,骄气十足。赵国若嘴边悬肉,韩信岂能舍得?"

陈馀听不得李左车的反对意见,转身对赵歇道:"儒教腐学,难成大事。时机在握,还请主公决断。"

赵歇不语,沉默间,哨马入报:"石壶口发现汉军旗号。"

赵歇急问:"有多少人马?"

"大约五六千人。"

赵歇知石壶口有汉军,又添几分担心,陈馀愈急:"主公,借我三万人马,破石壶口,必生擒韩信,斩杀张耳。"

赵歇看李左车稳如磐石,摇头道:"将军稍安,韩信早晚必来送死,何劳大军远征?"

陈馀于是怨恨李左车,孤掌难鸣,出兵不成。

韩信在代国,不敢轻举妄动,一晃半月。张耳伐赵心切,一日三问,韩信仍安稳如山。

井陉口赵军大帐,赵歇正与李左车对饮。赵歇道:"刚刚收到项王书信,要我对韩信用兵,事成后会攻荥阳,陈馀出兵迫切,我也有收复代国之意,先生以为如何?"

李左车摇头道:"诸侯用兵,利益为上,主公切不可为项王所用。近观韩信,以数万之众,破魏灭代,用兵不俗,万不可轻视。赵军应坐观其变,适时出击,方为上策。"

赵歇顾虑道:"按兵不动,项王必责寡人。"

李左车道:"赵国用兵,不看楚人脸色。该用则用,不该用,任他如何去想。"

赵歇点头。二人正饮间,忽听帐外嚷道:"良机在握,却不出兵,尚待何时?"

随着嚷叫,陈馀盛气凌人地再闯大帐,对赵歇道:"汉军不过万人,何惧之有?韩信盘踞阏与,国人之辱也!"

赵歇问道:"将军用兵,胜算几何?"

"十分把握。"

李左车轻蔑地看了一眼陈馀,没有说话。

赵歇道:"韩信据守石壶口,我军虽众,急不可下。韩信积极备战,劳师远征,必来伐赵。更有张耳,为报前仇,岂甘退兵?我军坚守上门关,以逸待劳,岂不更为有利?"

"何谓石壶口,不过土丘而已。大军所至,必横扫千军。"

李左车知陈馀复代心切,兼有不服,仍默然不语。

陈馀再次请战不成,怨李左车作祟,甚为不满。

韩信焦急地等待着荥阳的消息,新一年不期而至(汉历十月为岁首),仍不见时机。晚上,张耳眉飞色舞,来见韩信,兴奋道:"大将军,曹参乘夜出奇兵,复得敖仓,却楚军五十里。"

韩信兴奋起身,问道:"荥阳解围了?"

"正是。粮道打通,荥阳无忧矣。"

韩信急问:"曹将军何在?"

"主公令他留守荥阳。"

韩信半响不语,沉重地落座,自语道:"区区两万人马,如何对赵用兵?"

张耳恨道:"赵军号称二十万,其实不过数万。"

韩信道:"井陉口,鬼门关,一人虎踞,万夫莫开。当年,秦王三次伐赵,皆在此损兵折将。最惨的一次,十余万将士,陷身山谷,无一生还,白骨至今犹在。赵军即使只有一万,我们也要有万全之策啊。"

张耳激将道:"不伐赵,何不退兵魏地?"

韩信再摇头:"大军至此,无功而返,我心何甘?"

张耳又逼道:"主公有约,破代伐赵,虎踞河北,军国大计,岂是小儿游戏?"

韩信长叹一声:"大军伐赵,必克三难:独据雄关此其一,李左车辅弼为其二,赵军铁骑是其三。三难不除,百无一胜。"

张耳道:"赵军虽多,乌合之众。陈馀急功近利,死用兵法,是个草包。我军虽少,两万甲士,可以一当十。"

"赵军勇武,虽不如我,但人多势众,气势难挡;陈馀虽名过其实,可有李左车辅佐,用其一策,可陷汉军于绝境。伐赵必有万全之策,否则不可用兵。"

张耳急躁:"眼睁睁地看着赵国,岂不让人眼馋?"

韩信沉思良久:"巧妇难为无米之炊。若伐赵,必先招兵,而后再决。"

张耳喜道:"招兵之事,可用魏将。魏地广大,招兵不难。"

韩信果断道:"有劳将军,与蔡寅、冯敬同回魏地,尽快招兵,而后再议。"

张耳高兴道:"不出一月,保证大将军可以用兵。"

夜幕静幽,月光流水,阒一片宁静。韩信独在室内,轻轻踱步。良久,他驻足壁前,轻声诵道:"孙子曰:'上兵伐谋,其次伐交,其次伐兵,其下攻城……'"

独诵时,张成悄悄来到他的身后,张成以为韩信不知,悄悄落座。韩信停下来,背身问道:"所要之物,可曾搞到?"

张成急忙起身,取下包袱,递给韩信:"大将军,你要的东西,都带来了。"

韩信急忙回身,把布包放在桌上打开。张成一一指道:"赵国全图,井陉口山川详图,井陉口布兵及粮草位置情况,赵王家谱,赵王家眷族系,赵王侍卫、侍从情况,李左车情况,赵将陈馀、陈豨详细情况。还有……"

"还有什么?"

"主将陈馀与谋士李左车不和。"

韩信满意地点点头,笑道:"人说韩信用兵如神,可谁知真功夫在你身上。陈李不和,此中有戏矣。"

张成道:"潜入赵营的兄弟说,李左车想守,陈馀想攻,两人吵嘴,吵到赵王那儿了。"

韩信略一思考,微微一笑:"李左车,不足惧矣。"

张成担心地问道:"大将军真想伐赵吗?"

"你看如何?"

张成轻轻摇头:"井陉关隘险要,防守甚密,伐赵千难万险。即使不用险关,赵军铁骑,排山倒海,亦难取胜。"

韩信沉思良久,答道:"大军到此,绝不能无功而返,吾计已决。若除李左车,可除一忧,险关再思破解之策。"

"引赵军出关。"

"正合我意。韩信绝不会让将士冒着礌石滚木强攻关隘,怎样引赵军出关呢?"韩信像自言自语,轻轻摇头。

张成也想不出办法:"大将军,只要用我兄弟,出生入死,在所不惜。"

韩信想了许久,在张成身边附耳低语,密授机宜。两人密谋到深夜,张成悄悄离去。

一连十数日,韩信深居简出,闭门谢客,不吃不睡,查看图本,或踱步沉思,或面壁而立。一天,张耳来见,高兴道:"大将军,蔡寅招兵回来,两万多人呢。"

韩信仍在沉思中,沉着脸问道:"将军可曾想过,攻打井陉的结果吗?"

张耳收敛笑容,不知所答,反问道:"请大将军赐教。"

韩信摇头不语。

张耳想了一下:"我也想,陈馀即便是个草包,也得当铁罐子打。大战一开,胜负难料,事关重大啊。"

韩信旁若无人,沉思道:"井陉之战,有三种结局:一是被困山谷,全军覆没;二是战而不胜,无功而返;三是夺取关口,大获全胜。"

张耳见韩信凝重,肃然问道:"何以全军覆没?"

韩信低声道:"大军闯进山谷,赵军断我后路。进不能破关,退不能出谷,守又无粮。若如此,则有秦人之祸矣。这就是李左车的策略。"

张耳暗惊:"是啊,大军陷入绝境,进退不得,必危。"

韩信又道:"大军进入山谷,关口不破,归路不断,可以半退。"

张耳道:"若如此,必保石壶口,确保大军进退自如。"

韩信突然转身,坚定地说道:"攻占关口,大败赵军,是唯一选择。无此胜算,决不开战!"

"将军所言极是。"

韩信旁若无人,自言自语道:"攻占关口,必引赵军出关。暗派奇兵,乘虚而入,方可全胜。"

张耳看韩信思维缜密,也陷入沉思,不敢多语。韩信沉默踱步,突然问道:"进门时,将军所说何事?"

"蔡冯二将,招兵归来。"

韩信像换了一个人,高兴道:"新兵来了?看看去。"

校军场上,新兵列成队伍,蔡寅正在讲话,冯敬在一边。新兵有说有笑,行为自如。见韩信、张耳来,二将急忙迎接,蔡寅道:"大将来得正好,请为新兵训话。"

"好,讲几句。"

韩信登临高处,看士兵心不在焉,也没责备。停了一会儿,韩信大声道:"兄弟们,昨天,你们扛着锄头,在田里劳作,是一民;今天,拿起刀枪,站在校场,就是一兵。'兵'和'民'有何区别,知道吗?"

新兵见问,提起精神,看着韩信,无人回答。

韩信解释道:"当兵,要守纪律,要听长官的指令。为所欲为,一盘散沙不行,知道吗?"

新兵看着韩信,仍是心不在焉样。

韩信提高嗓门:"我给你们讲个故事。以前,有个大将军叫孙武,国王要他训练一群女兵,孙武答应了。这些女人都是王宫里的人,平时娇养惯了,没有纪律。孙武用国王的宠妃做队长,开始训练。孙武出令,宫女嘻嘻哈哈,把命令当儿戏。孙武三令五申,再次出令,宫女依然如故。孙武下令,把队长斩首,然后用排头做队长。宫女看见血,无不大惊,才知道军令的厉害。孙武再次出令,宫女们无不认真听令。三天以后,号令如山,宫女无不谨守命令,很快成为有纪律的军队。"

韩信讲到这里,新兵无不肃然起敬,聚精会神听讲。

韩信又看新兵,大声问道:"宫女目无军令,女兵纪律严明,你们说,是吗?"

新兵齐呼:"唯将军是听!"

韩信大声道:"那些女人,很快成为女兵,你们男子汉,还不如女人吗?"

"愿听将令!"

韩信鼓励道:"好样的。有组织,听将令。练好本领,建功立业,衣锦还乡。"

新兵鼓掌。

韩信、张耳离开校场,路上,忽听林中喝彩有声。二人循声走进树林,十几名将士围着一辆车叫好。丁复见韩信、张耳来,施礼道:"欢迎二位将军。"

韩信近前看,是辆弩车,问道:"丁将军又有新发明?"

都尉上前,指弩车道:"这是丁将军的神车。弩机装置在车上,两人才能拉开弦,弩发百余丈,精准无误,奇了。"

韩信惊奇,问道:"射这么远?"

张耳道:"发一箭,给大将军看看。"

丁复一挥手,两个弩兵上前,用力张弦,挂在弩机上,巨箭自动入槽。一弩手瞄准靶心。丁复看了看,令道:"发。"

弩手扣动扳机,一声怪叫,巨箭腾空而起,闪一道光亮,正中百丈外的靶心。

韩信高兴道:"有此神箭,百万军中,可取上将之首。"

丁复得意道:"将士们也有此意,都叫它索命弩。"

"就叫'丁氏弩'吧。"

"谢大将军赐名。"

韩信看了一会儿,兴奋道:"练好弩军,何惧千军万马。"

丁复道:"我有五千弩军,每人十支箭,即可让敌人鬼哭狼嗥。"

"若如此,无忧矣。"韩信满意地点点头,又问道,"弩车可载引火之物否?"

"大将军说,用弩车发送火箭?"丁复答道,"昨天试过,可点燃百丈外的柴草。"

韩信暗喜,叮嘱道:"多造几台,必有大用。"

历经两月的准备,韩信终于下定决心,进攻赵国。汉三年(前204)十一月,韩信率四万大军向井陉口杀来。韩信骑千里雪与张耳并行,丁复、傅宽、高邑、吕马童、蔡寅、冯敬等统率各军,一路威风,这天兵临石壶口。灌婴率十余骑迎接,见韩信施礼。韩信问道:"此地离井陉口多少路程?"

"三十里。"

"地形如何?"

"再向前走即是井陉山谷。"

韩信令道:"停止前进,就地扎营。"

张耳问道:"不攻井陉吗?"

韩信断言道:"再议。"

将士听令,各自散开,寻找扎营场所。韩信又令道:"灌婴将军,方圆三十里内,做好警戒。通令全军,每日爬山,至少五次。"

李左车知韩信杀来,暗喜,对赵歇道:"韩信自来送死。"

"不出先生所料,召众将议事。"

井陉口赵王大帐,赵歇主座,文臣武将二十余人分列。赵歇踌躇满志,得意道:"韩信、张耳,贪功心切,兵发井陉,试问众将,如何应战啊?"

陈馀起身,恨道:"韩信侵我代国,早想和他算账,今天送上门来,正是报仇雪恨之机。还有张耳,当年侥幸逃脱,这次,我必亲手杀他。"

赵歇看着陈馀,问道:"将军,如何破敌?"

陈馀慷慨道:"本将愿为先锋,出兵迎战,誓斩二贼。"

"主动用兵?"赵歇确认地问道。

"韩、张二贼,自来送死?若不用兵,诸侯岂不笑我辈无能?"

众将议论纷纷,皆有出兵之意,李左车如同当初,不动声色。良久,赵歇转身看了看李左车,问道:"先生一言不发,有何用意?"

李左车道:"老朽还是先前的意见:坚守勿出。"李左车慢声慢语道,"韩信率得胜之师,破魏灭代,士气正旺,虽然远道而来,不可轻视。面对张耳,更不可感情用事,宜谨慎而为。"

陈馀怒起:"我与张耳有不共戴天之仇,更有灭国之恨,斩杀罪孽,何谓感情用事?"

赵歇也有出兵之意,更有项羽催促,道:"成安君与张耳的恩怨,人所共知,是到了结的时候了。韩信以数万之众伐赵,实在目中无人。"

陈馀听赵王有出兵之意,愤然道:"恳请主公,借我一万铁骑,马踏汉军。"

赵歇没有表态,再看李左车:"广武君,意下如何?"

李左车沉默有顷,像自言自语,说道:"我想,对付汉军,有上中下三策。"

陈馀心急,听李左车提出三策,烦躁道:"区区数万人马,何必三策?

我敢说,铁骑突出,排山倒海,踏平汉营,必获大胜。"

李左车见陈馀不服,反唇相讥:"铁骑突出,就能取胜?怕出不了山谷,就自踏身亡了。"

陈馀拍案而起:"先生岂敢蔑视我铁骑?你以为,坐守关口,就能消灭韩信吗?"

赵歇看气氛紧张,急忙平息:"成安君勿躁,请广武君说完。"

陈馀愤愤而坐。众人安静后,李左车道:"韩信袭远,破魏灭代,如今又乘胜伐赵,锐不可当。得胜之师,不可急战。老夫听说,劳师千里,粮草必滞后;砍柴而炊,将士必饥馁。井陉山谷,道路狭窄,车不能方轨,骑不能成阵。臣愿率三万将士,绕道敌后,烧其粮草,断其归途。主公只管坚守关口,不与交战,不出十日,汉军必颓。那时,韩信进不能破关,退不能出谷。困守大山,粮草必绝。若如此,不出一月,韩信、张耳的两颗人头,必献主公帐下。此为上策。"

赵歇听后觉得有理,频频点头。陈馀却不屑一顾。

李左车继续道:"中策死守关口,不与交战。汉军远来,粮草必缺。主公坚守不战,韩信必不能破关。待其粮草用尽,士气衰落,必主动退兵。主公乘机袭之,可有小胜。此为中策。"

陈馀轻蔑地问道:"先生的下策呢?"

李左车果断道:"下策即将军之法。汉军远道袭来,士气正旺,必求速战。大军迎战,正合汉军之意。若如此,关口不保,将士不归,我等将为韩信所擒。"

陈馀见李左车羞辱他,大怒,起身道:"广武君,人说你饱读兵书,今日看来,不过是小儿误传。兵法云:'十则围之,倍则战。'汉军号称数万,其实不过数千。赵军二十余万,岂有不战之理?兵法又云:'五十里而趋利者,必蹶上将,百里而趋利者,将士不还。'汉军百里奔突,劳师袭远,将士疲惫不堪,正是用兵之机。若把汉军引至山谷旷地,一万铁骑,马踏汉军,一日可胜,何需上中下三策?赵军在小敌面前,缩手缩脚,大敌来时,如何作战?诸侯必蔑视我辈无能。君子之战,不用诡计,不擒老者。莫说一个韩信,就算十个韩信,再加十个张耳,也休想逃脱。"

李左车反讥道:"自古以来,诸侯无义战。用兵,诡道也,何谓不用诡计? 当年,宋襄公欲以义战,图谋天下美名,结果兵败国亡,为天下笑……"

陈馀大怒:"先生岂敢蔑视本将,相比宋襄公? 陈馀身经百战,从未失手,区区汉军,何惧之有? 军中传言甚广,说我害怕韩信,吓尿裤裆,大丈夫岂能甘受屈辱?"

赵歇急忙调停:"不要争吵,慢慢商议。"

陈馀立功心切:"主公,在下敢立军令状:一战必胜,不胜愿受军法。"

赵歇劝道:"成安君忠勇可嘉,何必操之过急。赵军粮草充足,熬一月再说。"

陈馀质问道:"主公欲用广武君之策?"

赵王不敢得罪陈馀,敷衍道:"再议,再议。韩信来了,看他先出几招再说。"

韩信得知赵王用李左车之策,甚忧。如果熬过一月,粮草滞后,大军将不攻自溃。思考再三,决心除掉李左车。

初冬的大山,景色如画。高山、树木、幽谷、河流各有姿色,美不胜收。韩信与灌婴、丁复、高邑、冯敬、蔡寅等将,身穿便衣,来北山查看。井陉雄关当道,万击不破。赵军营寨清晰可辨,旌旗络绎不绝,严整有度。韩信手执图本,逐一对照,标注。冯敬查看多时,指道:"大将军,绵水由北山流出,绕井陉东去。赵军虎踞雄关,居高临下,必汲取绵水。"

韩信听出弦外之音,问道:"冯将军想断其水源?"

冯敬点头道:"若切断绵水,井陉则无水可用矣。"

韩信看时,绵水与蔓水一丘之隔。如果把绵水引开,井陉关必闹水荒。韩信大喜,赞道:"将军奇计。"

冯敬继续道:"二十万大军,上万头骡马,一日无水,甚于断粮。"

韩信当即令道:"冯将军,勘查河水,上报详情,率一千军,截断绵水。"

"是,大将军。"

高邑远望,手指一山:"大将军,那是草山吧。"

韩信点头。

高邑道:"草山距井陉口二三里远,山中松林茂密,可藏千军万马。"

韩信赞道:"天助我也。何需万马,千军足矣。"

高邑道:"草山若暗藏一军,可突袭上门关。"

韩信默默点头:"将军妙计,正合吾意。"

丁复指着赵营道:"大将军,赵军粮草,皆储营后,濒临绝壁。若派一军,绕过大山,隔涧放火,粮草必毁。"

韩信又喜:"若如此,可用兵矣!"

丁复请战:"火烧粮草,末将愿往,以试我火箭神威。"

韩信叫好:"依丁将军之计。"

丁复高兴道:"明日,在下即化装成樵夫,亲自查看,确保万无一失。"

几位将领踏过大山,韩信在图本上逐一标记,作战计划逐渐形成。

夜里,井陉口大营灯火通明,守关将士各有站位,戒备森严。一队巡关将士,在灯影下走过,又一队走来。午夜时分,关外忽然响起马蹄声。声音由远及近。守关士卒凑在一起,警惕道:"好像有人。"

两人倾听良久,车马声清晰可辨,另一个急道:"快,报告卒长。"

说话时,声音又没了。

两人正不知所为,忽然一阵怪响,一支巨箭飞上关口。两人急去查看,险要处闪出一个黑影,前来取箭。两人大吼一声,夹击可疑人。黑影不能逃脱,与二人死战被杀。

守关士兵夺得巨箭,粗如拇指,长六尺有余。一人惊叫:"重箭?"

守关卒长闻讯赶来,士卒交出巨箭。卒长手持重箭,轻轻摇头,急来求见陈馀。

陈馀虽然身经百战,但从未见过如此重箭,更不知如何射上关口。迷惑不解,持箭见赵歇。

赵歇手持重箭,仔细端详,轻轻敲击,中有空声。卸下箭羽,竟从杆内捻出一封帛书。两人大惊,打开帛书,上有数字:北风之夜,放火信号。

赵王惊道:"奸细?"

陈馀顿悟:"里应外合?"

赵歇疑问道:"何人如此大胆?"

陈馀想过,讪笑不语。

赵歇急道:"成安君缘何笑而不语。"

陈馀屏退左右,低声道:"主公细看笔迹,是否眼熟?"

"寡人觉得似曾相识,但一时不敢辨认。"

陈馀断言道:"张耳手迹。我俩同窗多年,墨迹一见便知。"

赵歇大悟:"张耳暗通李左车?"

陈馀补证道:"二人交往甚厚,互为心腹。当初,我追杀张耳,已成瓮中捉鳖,可偏让他跑了。后来查实,是李左车做了手脚。如今大战在即,先阻挠用兵,再用计拖之,原来两人私通,别有用心。"

赵歇思考良久,摇头道:"李左车深通儒学,大仁大义,岂能背叛寡人?将军休得猜疑,小心中计。"

陈馀笑道:"两人私通,不会就此罢休,主公可暗中察看,必有实据。那时,就不是猜疑了。"

赵歇想一会儿:"也好。注意李左车,若有实据,寡人必当机立断。"

陈馀走后,赵歇又叫来守关士卒,了解详情。赵歇听后,疑窦重重,对士卒道:"事关重大,小心守关,不得乱讲。有情况尽快报告。"

士卒亲受赵歇嘱托,格外小心。第三天丑时将尽,一个黑影突然从关前闪过,士卒急忙辨认,却是灯影。卒长骂道:"妈的,见鬼了?"没过多久,黑影又出现了,寻找暗处向关外潜伏。卒长带人包抄过去。那人身穿夜行衣,猫一样躲过岗哨,来到绝壁处,解开长绳,欲攀绳出关。卒长大吼一声,数人围过去,截断去路。黑影不能逃脱,与数人搏斗,结果被生擒活捉。

卒长搜身,查出书信,急报赵王。赵歇得知抓到奸细,看过帛书,亲自审问,奸细却一言不发。

陈馀得知,急见赵歇。看到"里应外合,必擒赵歇"几个字后,他对赵王笑道："铁证如山,还是猜测吗?"

赵歇认得是李左车手迹,怒问道："谁的书信?"

奸细沉默多时,突然叫道："杀了我吧!"

陈馀看着赵歇。赵歇怒道："叫李左车。"

李左车听说捉得奸细,也来帐中查问。他不请自到,更让赵歇感到蹊跷。李左车入帐,见二人怒目相对,问道："主公,军中捉得奸细?"

陈馀旁敲侧击："先生来得好快啊,想必事先得知消息吧?"

赵歇看了看李左车,又手指奸细,愠道："认识他吗?"

李左车近前认真看,摇头答道："不认识。"

奸细突然跪在李左车面前,大声叫道："先生,小的出生入死,鞍前马后跟随您,缘何不认识?"

李左车惊道："究竟何事?"

赵王大怒,把书信掷在李左车的脸上："看你干的好事!"

"老儿,等你明白,我们的脑袋都搬家了。"陈馀骂过,把奸细推到李左车面前,"叫他给你说明白!"

奸细哀叫："先生,小的做事不周,坏了大事。对不住先生。"

奸细说完,奋身撞壁身亡。

李左车惊讶不已。

"老儿,人证物证俱在,还敢狡辩?私通张耳,知罪否?"陈馀盛怒,拔剑欲杀李左车。

赵歇拦住："先关起来,让他死个明白。"

武士入帐,推李左车将出。

李左车回身大叫："主公,你们受骗了,是韩信的反间计。"

陈馀挥着帛书,怒道："死无对证,想得倒美!"

侍卫押出,李左车高叫："你们中反间计了!"

李左车叫声渐远,帐内一时安静。陈馀悟道："当初,老儿欲率三万人马,断韩信粮道,定是降汉。"

赵歇左思右想,疑虑重重。

韩信得知李左车为赵歇所擒,大喜,但他深知,赵歇对李左车信任有加,牢固难破,只怕一时心变。韩信独坐帐中,再思手段,冯敬入见。韩信见冯敬,急问:"绵水勘查如何?"

冯敬喜道:"天助汉军,绵水与蔓水,一丘之隔,容易打通。一千将士,悄悄干了一夜,即将大功告成。近几天,我在北山观察,井陉守军天不亮即到河边打水,日上一竿结束。河水截断,井陉关必无水可用。那时,雄关将不攻自破矣。"

韩信喜形于色,起身道:"大军破赵,将军首功。"

井陉关内,李左车明知韩信用反间计,却恨赵歇迷惑不解,囚在室中,心急如焚。他手扒木栏,吆喝士卒:"主公中反间计了,我要见赵王!"

士卒不敢,李左车怒道:"快去!误了大事,全军都得死于韩信。"

士卒为难,恰好赵歇经过。李左车高呼:"主公,中反间计啦。"

赵歇站住,士卒上前磕头:"广武君叫一天了。他说,事关全军生死。"

赵歇来到窗前,问道:"何谓中计?"

李左车急道:"臣随主公十几年,抵不过一封假书吗?"

"你的手迹我认得,何谓假书?"

"明明有小人模仿,怎能信以为真?"

赵歇沉思了一下,又问道:"即便是假书,你当场逼死信使,又做何解释?"

李左车分辩道:"那人才是奸细,以死污臣清白。"

赵歇想了一会儿,道:"寡人知先生儒学养身,心存疑虑,故来查看。"

李左车见赵歇有善意,提醒道:"韩信用兵,诡计多端,切不可轻信。"

赵歇下令道:"打开囚门。"

守卒将要上前,陈馀又执帛书赶来,对赵歇道:"主公,张耳书信,从李左车囊中搜出。"

李左车隔窗看时,惊道:"一封旧书,早就有的。"

陈馀恨道:"说得轻巧!新书旧书,都是私通张耳的证据。"

赵歇拿不定主意,陈馀拱火道:"莫听老儿花言巧语。巧言者必拙行。"

赵歇看了一眼李左车,突然离去。李左车惊叫:"主公——"

赵歇终未回头。陈馀喝令士卒:"小心看守!"

晚上,赵歇独坐帐内,闷闷不乐。陈馀入,叫道:"主公,大战之际,私通汉军者斩,对李左车为何手软?"

赵歇叹道:"李左车儒教百里,寡人杀之,必为天下所唾骂。"

陈馀道:"李左车儒教百里,可他又改兵学。兵者,诡诈难测,因而背主求荣。"

赵歇轻轻摇头:"李左车铁血丹心,事有蹊跷,不可操之过急……"

说话间,忽听帐外大乱,叫道:"有人劫牢,捉贼……"

赵歇大惊,陈馀拔剑冲出。

李左车门前,两看守死于非命,一人穿夜行衣,手持宝剑,与数侍卫格斗。

陈馀赶来,校尉报告:"李左车死党,劫牢。"

"想劫走李左车,做梦。"陈馀骂着,提剑前来,大喝道,"都让开!"

众将士散开,陈馀上前,与之厮杀,两个回合,劫牢者中剑倒地。陈馀令道:"捉活的。"

众人上前,劫牢者举剑颈前,长声叹道:"先生,小的无能。"

劫牢人自刎而死。陈馀入室查看,李左车安在,怒斥道:"老儿,还是反间计吗?"

李左车长声叹息:"韩信啊韩信,一心要逼死老夫吗?"

赵歇长声叹息,决意放弃李左车。

韩信知赵歇不用李左车,大喜,但知还不到用兵时刻。傍晚,韩信茶饭不思,独自在帐中思考,丁复入报:"大将军,奇兵准备完毕。"

韩信应声与丁复出门,西北风刮来,刚劲有力。三十六名壮士,整装待发,身边是拆解的弩车,引火之物。韩信查看装备,看过将士,然后转身对丁复嘱托道:"火烧粮草,事关赵军铁骑,务要一举成功。"

"请大将军放心,火烧粮草,唾手可得。"

韩信面对丁复:"后半夜,西北风可能更甚,正是用火时机。"

"大将军,等着听好消息吧。"

韩信转身,面对众人:"各位壮士,知道尔等使命否?"

"火烧粮草。"

"不,是打掉赵军铁骑。一万骑兵,排山倒海。消灭它,只靠你们。"

将士齐呼:"打掉铁骑!"

井陉关内,粮草巍巍如山。山谷那边,丁复一行人隐蔽在林内。两地一涧相隔,却如两个世界。山谷阴风作响,雄鹰胆寒。丁复眼望赵营,旗帜鲜明,灯火通亮,巡哨往来,戒备森严。观查片刻,丁复令将士组装弩车。不多时,三台弩车安装完毕,将士填装火箭。准备完毕,丁复亲自查验,然后令道:"点燃火箭,瞄准粮草,发!"

几声重弦闷声,一支火箭,带着火种,像流星一样,滑过山谷,飞向赵军粮草。

"再发。"

第二支,第三支火箭又飞向粮草。

时值冬月,草木干枯,又有劲风,粮草很快燃起大火。风助火势,火借风威,不多时,大火连成一片。

丁复见火势凶猛,悄声令道:"撤。"

赵歇在呼叫声中被惊醒,忽见火光,急忙出帐,大火早已照亮整个大营。将士无法上前救火,只跪地磕头,惊呼骇叫。

赵歇大惊失色,长声哀叫:"我的粮草,我的粮草啊……"

陈馀带来一拨勇士,叫着,骂着,组织救火。将士手持各种器具,乱糟糟地来河边打水,谁知又一片惊呼:"河水干了……"

陈馀不信,跑到河边查看,果然无水。陈馀想了一下,大怒道:"韩信断我水源。"

赵将强儋大惑不解,叫道:"天意,天意啊……"

陈馀斥道:"何谓天意,定是韩信搞鬼。"

强儋问道:"将军,如何是好?"

"快,快去救火……"

将士又跑回营寨,空着双手救火。

大军草料场完全陷入火海,浓烟弥漫,烈焰冲天,将士无法近前,眼睁睁地看着大火燃烧。无奈之下,又有许多将士跪在地上,磕头祷告。

赵营大乱,赵歇束手无策,侍卫急报:"绵水干涸。"

赵歇斥道:"河流岂能干涸?"

侍卫哭道:"粮草无端起火,河流无端断流,人力难为,必是神威。"

赵歇长叹一声:"天亡我赵歇吗?"

赵军不知所措,忽见无数火光,沿绵水杀来。杀声震天,有一举破关之势。将士大乱,惊叫不已:"汉军杀来了——"

随着叫声,关前将士拼命向营内跑。陈馀纵马出关,迎战汉军,谁知,火光又悄然消失。陈馀怒骂道:"蠢货,哪儿有汉军?"

将士回头看时,果然平静。忽来忽去,赵军更加觉得神奇,平添几分恐惧。大火烧了一夜,第二天一早,陈馀令强儋带一千人寻找水源,谁知半路上遭汉军伏击,逃回不足百人。

陈馀立马关前,看残军败将,大骂不止。强儋备述汉军厉害,水源把守甚严。赵达不服,狠狠地说道:"决战汉军,夺回水源,不怕死的,跟我来。"

赵达准备再次厮杀,因赵歇急召众将,只好与陈馀回营。

赵歇聚众帐中,伤心地说道:"寡人命浅福薄,连发怪事。粮草莫明其妙地起火,河水断流,各位爱卿,如何是好?"

陈馀愤然起身,怒道:"河水断流,实为汉军所为。粮草起火,绝非天意。本将以为,应与汉军速战。"

赵歇以为有理,连连答道:"是的,是的。"

铁骑将军赵将夜急道:"主公,铁骑不可一日无食,如今粮草烧绝,可速遣陈豨,调运粮草。"

赵歇又以为有理,连连答道:"是的,是的。"

赵达起身道:"军中不可一日无粮,更不可一日无水。眼下断水,迫在眉睫,臣愿率一军,死战汉贼,打通水源。"

赵歇又道:"是的,是的。"

强儋心有余悸,问道:"打不通怎办?"

众将无语。陈馀道:"可到蔓河取水,以解燃眉之急。"

赵达道:"蔓河往返十余里,岂是办法?"

赵将夜道:"亦可取用泜水,虽有大山,但路途不远。"

赵歇焦头烂额,不知如何应对,急道:"准备器具,取水。"

赵军上下,忙得天旋地转,李左车却闲得要死。手把木栅,度日如年,眼睁睁地看着军国大事,却不能献出一策,不断高叫:"主公不明,日月无光。赵国大难临头了……"

士卒送来饭食。李左车急道:"外面怎么样?"

"先生自身难保,还问外边?"

"李左车心系赵国,天地可鉴。一息尚存,即为大军担心。"

士卒放下饭食离去,李左车叫道:"我要水,给我弄些水来。"

士卒低声道:"先生,汉军切断水源,军中缺水,按量供应,没办法啊。"

李左车惊问:"汉军断我水源?此老夫所担心也,韩信欲把赵军赶尽杀绝吗?"

士卒担心道:"先生,为争夺水源,两军激战,死伤数千人……"

李左车长叹:"赵军优在守险,劣在用水。韩信扬长避短,用兵不俗。若如此,赵军休矣。"

石壶口韩信大帐,张耳来见,赞道:"大将军神机妙算,尚未开战,赵歇已经焦头烂额。"

韩信道:"赵军不焦头烂额,汉军就头破血流了。"

"赵军铁骑尽丧,可以决战了。"

"再熬几天。赵军心焦气躁,势必急于求战,那时,可一鼓而破矣。"

张耳担心道:"再熬几天,我军也断粮了。"

"赵军比我更急。关键时刻,只拼两军意志。"

"大将军竭水战,创兵家奇迹。"

韩信稳重道:"井陉口马无粮草,将士干渴,赵歇纵有千般妙计,也难支撑。"

果然,没过几天,赵营马厩,一片哀鸣。战马莫说出征,能站立的也不多了。赵将夜巡视马厩,治马都尉哭道:"将军,想想办法吧,军马全完了。"

赵将夜无语,走进马厩。槽内无草,尽是烧焦的粟谷。军马卧在槽下,肚大如鼓,奄奄一息。都尉哭述:"这些粟谷,马不能吃。再熬下去,都得饿死。"

赵将夜看着战马,默默流泪,哀道:"我的战马,我的铁骑啊!"

陈馀不能打通水源,再找赵歇,准备决战,路过军营时,正是开饭时刻。伙夫把米饭挑到帐前,将士无人起身。校尉前来,看看饭桶,怒道:"水呢?我们要水喝。"

伙夫解释道:"每天就那一点点水,饭做熟就不错了。"

校尉不满,找茬道:"我们没水,你却喝个足。看你大腹便便,水都让你喝了。拿水来。"

伙夫看军人不恭,反讥道:"找我要水,有本事找汉军要去。"

校尉大怒,抡拳打倒伙夫,骂道:"不给水喝,还嘲笑爷爷。兄弟们,打。"

将士烦躁不安,正没处撒气。听校尉喊打,拥上来打伙夫撒气。

陈馀赶来,喝止道:"为何打人?"

将士收手,校尉低头道:"将军,我们渴得慌。"

陈馀训道:"汉军面前,吓得屁滚尿流,和伙夫要威风,算何本事?要水喝,跟我来。"

校尉不敢上前,想退回帐中。陈馀喝道:"哪个敢退?集合将士,找汉军要水。"

士卒面面相觑,校尉喝道:"看什么,集合!"

石壶口大帐,韩信手捧帛书,认真观看。张耳入,韩信把帛书递给张耳:"赵军挑战了。"

张耳看过帛书,担心问道:"赵军能出关吗?"

"赵军出关,不是难事,关键在要倾巢而出。"

"倾巢而出?赵军没那样傻。"

韩信恨道:"必须倾巢而出。不想出,牵他出来。"

张耳轻轻摇头。韩信问道:"军中尚有几日余粮?"

"三日。"

韩信断言道:"再熬三日。"

决战的时机终于成熟。这天,韩信升帐,端然而坐,张耳侍侧,将领分列两边。韩信果断道:"大军对峙井陉,将近一月。赵军屡下战书,本将决定应战。冯择将军。"

"末将在。"

"选派一百将士,方圆三十里内监视赵军,谨防断我后路。发现敌情,马上报告。"

"遵令。"

韩信又叫道:"傅宽将军。"

"末将在。"

"率一万甲士,过绵水背水扎营。河边有片杂木林,伐木建寨。若赵军杀来,誓死坚守,弃寨者斩!"

傅宽疑惊问道:"背水扎寨?"

韩信严肃道:"背水扎寨。告诉将士,没有退路,只有死战,方可求生。"

"遵令。"

韩信看了一眼丁复:"丁将军,决战之际,关键在你。赵军攻击,来势必凶,你率弩军,迎头痛击,打掉赵军锐气。退却时,以弓弩压制赵军,不得使其猖狂,又不能吓跑他们。记住,把赵军引到傅宽营前,就是胜利。"

"末将明白。"

韩信看了一眼灌婴,令道:"两军阵前,勇战有你。奋勇杀敌,鼓舞将士。撤退时压住阵脚,稳定军心,且不可溃败。"

"遵令。"

韩信一一部署,最后严肃道:"今日,大军挺进山谷,诸将务要小心从事。决战之际,我与张将军亲临阵前,各位务要奋不顾身,勇战杀敌。退却时,不可慌张,且战且走,至傅宽营内,与赵军死战。各位将领,奋勇争先者奖,贪生怕死者,斩!"

"遵令。"

众将离去,高邑没走,问道:"决战在即,大将军为何留我不用?"

韩信把高邑拉到一边,低声道:"夺取关口,只望将军呢。你率两千甲士,各执汉旗,埋伏在萆山。"

高邑点头:"萆山我去看过,是藏兵的好地方。"

韩信打开井陉口详图,指给高邑看:"战端一开,我引赵军出关,将军且莫着急。赵军若倾巢而出,可从这几处,乘虚杀入赵营。两千将士分做四队,队下分卒,分什,分伍,各自为战,全面攻关,勇往直前,先破关者大功。入关之后,扫清残余,拔掉赵军黄帜,插上汉军红旗。坚守关口,切勿出击。具体行动,视情况随机决断。"

高邑受令,悄悄离去。

大战之际,陈馀信心十足,决心一战制胜,斩杀韩信张耳。亲自来关前巡视,前哨报告:"汉军在绵水背水扎营。"

陈馀惊问:"背水扎营?"

"是的,背水扎营。"

陈馀大笑道:"继续侦察,随时报告。"

前哨离去,赵达问道:"将军为何大笑?"

陈馀得意道:"都说韩信用兵如神,我看他连起码的兵法都不懂。背山列阵,面水而居,此为生地;背水列阵,面山而居,此为死地。韩信背水列阵,犯兵家大忌,我必全歼之。韩信不懂兵法,赵军无忧矣。"

"将军,还有张耳。"

陈馀信心十足:"不管张耳李耳,皆斩其首!"

大战的清晨,众将齐聚韩信帐下。帐壁青布,楚王剑悬在正中,剑前焚香,韩信面对楚王剑默立。众将在韩信身后,分列立定,同祭宝剑,鸦雀无声。香火焚毕,韩信慢慢转身,面对将士,视如无物,语气坚定:"诸位,依计破赵。传我将令:全军将士,勇往直前,今日破赵,会餐赵营!"

众将齐呼:"会餐赵营——"

韩信沉默片刻,突然令道:"出发!"

初冬的早晨,一轮红日,蘸着鲜血,从荒草中艰难地拱出来。韩信大张旗鼓,率军杀向井陉口。临近关前,汉军一字排开,铿锵向前,回望身后,如石磙碾过。韩信居右,身后竖"韩"字大旗。大旗一侧,百面车鼓,另一侧百只号角。大旗下,韩信骑千里雪,白袍素甲,手持楚王剑,身左楼烦将丁复,强弓硬弩,箭在弦上。身右勇战将军灌婴,威风凛凛。陈武、冯敬各压阵脚。张耳居左,身后竖"张"字大旗,两侧依然是车鼓,号角。张耳骑青马,头顶金盔,犀牛皮甲,外罩青袍,手持宝剑。身左雷霆将军陈武,身右骑将吕马童,王襄、蔡寅各压阵脚。汉军阵前,甲士一字排开,各操钢刀,盾墙壁立。盾墙后万弩潜伏,大张弩机。弓弩手后面是敢死队,再后面是不归队、舍命队。将士横眉怒目,气势非凡。汉军击鼓进军,在距关口三里处停下,鼓角惊天动地。树木萧瑟,干枝垂落,飞鸟惊魂,野兔逃窜。汉军队形严整,杀气腾腾,齐声呐喊:"斩杀陈馀,活捉赵歇! 斩杀陈馀,活捉赵歇……"

井陉口山门大开,赵军在营内待发。陈馀在关前,看汉军阵势,叹道:"汉军气势,果然不凡。"

赵达纵马向前,叫道:"哪怕铜墙铁壁,也踏他人仰马翻。"

陈馀看着张耳大旗,在眼前飘来荡去,想起旧恨,愤怒不已。此时,赵达、强儋、赵将夜立马身边,跃跃欲试。陈馀指道:"三位将军,谁取张耳首级?"

赵达大叫:"末将愿往。"

陈馀大叫:"捉张耳,首功;斩韩信,封侯!"

众将齐呼:"活捉张耳,斩杀韩信。"

陈馀一声嗥叫:"杀——"

随着叫声,赵军势如潮水,涌出山关。将士齐呼,声如潮水:"杀,杀,杀——"

赵军兵分三路杀来。中路赵达,一马当先,率先冲在前面。强儋、赵将夜在两侧,拉开扇面,气势非凡,如洪水浊浪,翻江倒海,卷地而来。

韩信看赵军出关,大喜,叫道:"丁将军,看你的。打掉赵军气势。"

丁复看着赵达,恨道:"先吃我一箭。"

韩信指道:"中路赵达,赵歇弟弟。斩杀赵达,震慑赵军。"

丁复令道:"弩车,取赵达首级。"

弩手受令,把"丁氏弩"推到军前,两人张开弩机,挂上重箭,瞄准赵达。丁复指道:"屏住气息,不要惊慌。六十丈,瞄准。五十丈。四十丈,发!"

丁复一声令下,一支重箭,披着鸣响,闪一道白光,直取赵达前心。赵达只顾冲杀,没想到数十丈外有箭飞来,毫无防备。强弩势不可当,击穿三层皮甲,直取心窝,穿透后背。赵达大叫一声,翻身落马,当场毙命。

丁复大叫道:"射得好。瞄准副将。"

弩手又拉开强弩机,连发两箭,赵达身边将领双双落马。赵军将近,丁复叫道:"弓弩手,发!"

刹时,汉军万箭齐发,势如雨下。赵军毫无遮挡,死伤不计其数。神箭惊魂,赵军亦勇,仆倒一批,又冲来一群。

丁复急令:"再发!"

第二批箭更猛,赵军又死伤无数。

"再发!"

第三批,第四批箭又发出,赵军已冲到跟前。弓弩手退后,甲士上前,两军短兵相接,厮杀在一起。

灌婴跃马在前,战马躁动嘶鸣。赵军临近,灌婴纵马,第一个杀出,直取赵军都尉。

赵将看汉将杀来,心有余悸,向后隐去,灌婴大叫一声,横扫赵军,单取赵将。赵将躲闪不及,被灌婴挑在半空摔死。吕马童也跃马在前,大刀横扫,所到之处,赵军皆惊,纷纷后退。汉军甲士,乘乱追杀,赵军溃退。

井陉关内,赵军严阵以待。陈馀观看多时,见不能取胜,大怒,对身边将领令道:"杀过去。"

陈馀一声令下,五万人马,又杀出关口。赵军气势又盛,复战汉军。

两军在井陉关前交战良久。韩信暗中下令:"退!"

军中互相传递命令:"退,撤退……"

这时,牛角息了,鼓声停了,车马翻了,大旗倒了。汉军弃掉旗鼓,向后退却。

汉军溃败,赵军士气大振,呼叫着杀来。抢占车鼓,掠取战旗,一路追杀。韩信、张耳夹在队伍中后退。灌婴、吕马童等在军中往来呼号:"不要慌张,压住阵脚,压住。"

丁复大叫:"弓弩手,压住赵军气势,放箭,再放箭!"

几位副将,往复冲杀,各辖汉军,且战且走。

萆山坳内,高邑率众将士藏在林中,个个背插红旗,严阵以待。哨兵从树冠滑落下来,到高邑身边,神色紧张,低声道:"将军,汉军败了。"

高邑登高远望,十分稳重,自语道:"退了。"

哨兵改口:"是,退了。"

高邑令道:"沉住气,观察赵营动向。"

哨兵受令,复上树观察。

陈馀人在马上,战马驱动人心,在营内来回走动。观看多时,见韩信、张耳溃败,大喜,突然大叫:"将士们,汉军大败,追杀张耳,活捉韩信,出营!"

陈馀一声呼叫,率先杀出井陉口。赵军随后,倾巢而出。

傅宽率一万甲士在河边营寨,严阵以待,前方杀声,阵阵传来,将士心急,几欲助战。傅宽大叫:"不准乱动。大将军有令,坚守营寨。赵军杀来,务要死战。"

时过中午,汉军退至河边。韩信、张耳在前,傅宽令将士打开寨门,接纳汉军。韩信驻马大叫:"汉军危矣,将士务要死战。贪生怕死,畏缩不前者,杀无赦。"

张耳入寨,大叫道:"汉军生死,在此一战。杀敌者功,怯战者斩!"

汉军将领,奋勇作战,边战边退,先后退入营寨,赵军随后杀来。傅宽指挥将士,大叫道:"勇士们,汉军生死,在此一战。拼死一搏,杀退赵军。"

营中将士,齐声呼叫:"誓死杀敌!"

汉军坚守营寨,苦战赵军,身隔营寨搏杀,两军战作一团。场面宏大、惊心动魄。灌婴横枪立马,独守营门。赵军杀来,单枪匹马,横扫千军。转眼间,门前死尸遍地。赵军又杀来,吕马童助战,所到之处,赵军无不毙命。死尸相藉,马不能行。二将弃长枪,执短剑,脚踏死尸,横眉怒目,赵军胆怯,无一人敢近前。

营寨一角,赵军十几人突破木栏,杀入营寨。赵军看汉营寨破,士气大振,蜂拥而至。傅宽大叫一声:"与赵军拼命,杀——"

傅宽率先上前,搏杀赵军,堵住缺口,乘机冲出营寨,杀退赵军数十步。

赵军见一时难以破寨,十几人爬上树顶,走树梢向汉营靠近。汉军也上树,在树冠上用长枪与之搏杀。丁复叫道:"打掉树上赵军。"

话音刚落,神箭飞来,赵军纷纷坠地。

紧急时刻,陈馀率军杀来,作战面狭窄,一时难以展开攻势,令道:"强儋将军,从水上进攻。"

强儋大叫一声:"不怕死的,跟我来。"

强儋率先跳入水中,赵军将士纷纷下水,展开新的攻势。

绵水不宽,水流不大,水深没胯,河边没有树木阻拦,正是汉营薄弱之处。强儋提大刀,涉水搏杀,率先杀入营寨。赵军看强儋破寨,士气又起,蜂拥杀来,从水面进攻。一队汉军杀来,在水中与赵军厮杀。不多时,汉军倒毙,横尸漂浮。强儋越战越勇,汉军纷纷退却。

韩信看赵军突破营寨,失声叫道:"丁复。"

丁复汗水和着血水,跑到韩信面前:"丁复在。"

"把水上赵军压下去!"

丁复急道:"大将军,箭用光了。"

韩信声色俱厉:"我要你压下去!"

"是!"

丁复转身冲身后大叫:"操家伙。"

众将士随地捡起刀枪,呼叫着向水边杀来。丁复身先士卒,韩信有几分担心,对身边侍卫叫道:"卫队,保护丁将军。"

"将军,你的安全。"

韩信吼道:"不要管我!"

卫队一声呼叫,杀向河边。

萆山山坳,高邑观察赵军,看其倾巢杀出,大喜,回身果断令道:"将士听令,袭击赵营,先破寨入关者,大功。杀——"

高邑一声大叫,两千将士,漫山遍野,向井陉关杀来。

绵水河上,强儋连连得胜,杀得兴起。这时,丁复率众杀来,两军杀作一团。丁复徒步单斗强儋,先用兵器,而后徒手打斗。互相倒地,复起再战,激战多时,不见胜负。丁复再次把强儋打倒,按在身下,顺手摸出短箭,刺进心窝。强儋失声大叫,鲜血喷涌而出。强儋的侍卫杀来,共战丁复。丁复力战,身中数创,斩杀二人,苦战良久,体力不支,轰然倒下。

强儋的侍卫继续攻杀,韩信卫队赶到,救出丁复。傅宽率军杀来,尽杀赵军,堵住缺口。

井陉口赵营,李左车得知陈馀倾巢杀出,大惊,自语道:"此时若有小股汉军杀来,赵营休矣。"他双手把木栅,大声呼叫:"赵军危矣,我要见主公……"

窗外无人回答。他把头探出窗外,空无一人,奋力砸开木栅,逃出囚室,找到白马,趁乱逃出井陉口。

高邑率汉军杀来,迅速破关,杀进赵营。汉军神兵天降,井陉口无人抵抗,残军逃窜。混乱之中,赵歇为高邑所擒。

高邑占领关口,关闭山门,拔掉赵军旗帜,换上汉军红旗。

陈馀率众攻打河边营寨,见张耳在营中指挥作战,分外眼红。转身对赵将夜大叫:"杀进汉营,活捉张耳。"

"杀进汉营。"

赵将夜一声呼叫,身先士卒,冲向汉营。陈馀也奋勇向前,这时,一校尉汗马奔来,见陈馀急报:"将军,大、大事不好……"

陈馀喝问:"缘何惊慌?"

"汉、汉军夺我井陉关口。"

陈馀大惊,喝道:"胡说!"

"真真切切。"

"赵王呢?"

"陷入营中,生死不明。"

"呀!中韩信诡计矣。"

陈馀大叫一声,丢下汉军,率轻骑回守井陉口。

韩信手执楚王剑,指挥作战,数次助阵,与赵军厮杀。侍卫急来,哭报:"丁将军身负重伤。"

韩信惊问:"丁复何在?"

"在河边。"

韩信不顾一切地跑到河边,看丁复满身湿漉,泥水血污,不省人事。他急把丁复抱在怀里,大叫:"丁将军,你说话,说话啊!"

不多时,丁复慢慢睁开眼,神色迷茫,两颊强笑,嘴唇蠕动,努力想说话,但没有说出,脑袋突然向一边歪去。韩信呼叫:"丁将军,你不能走。你走了,谁来统领弩军啊……"

丁复双眼再没睁开,韩信悔恨不已,惨然自恨:"丁将军,是我害了你,不该让你上去啊……"

将士看韩信悲痛,无不落泪。

营外赵军渐退,侍卫报告。韩信料想高邑动手,止住悲痛,叫道:"追杀赵军,为丁将军报仇!"

一声令下,汉军转守为攻。井陉战场形势顿时惊天逆转。

陈馀率先杀回井陉口,营寨四周,遍插汉旗。赵军见关口已失,无不惊慌失色。高邑横枪立马,独守关口。陈馀近时,大叫道:"陈馀匹夫,吾用大将军计策,夺取关口多时矣!"

"还我营寨。"

陈馀大叫,一马当先,杀向井陉口。赵军提振精神,呼喊着随后杀来。

高邑退马入关,一挥手,滚石如雷,山崩地裂。飞箭如雨,劈头盖脸而来。赵军不能上前,先自溃散。

身后,汉军呼叫着杀来,陈馀自知大势已去,不敢恋战,恨恨地看了一眼井陉关,夺路而走。

高邑不敢追杀,临关大叫:"陈馀匹夫,记下你的性命。"

汉军追杀,如猛虎下山,喊杀声在山谷中回荡。赵军全面崩溃,哀声遍野。灌婴杀性大起,纵马在前,横扫千军。赵军死伤跪降者不计其数。

韩信纵马,杀到井陉口,高邑迎接。韩信急问:"李左车何在?"

"不见李左车。"

韩信沉思片刻,令道:"传我将令:斩杀成安君陈馀者,赐千金;伤害广武君李左车者,杀无赦。"

韩信发布将令,步入井陉关。

张耳传令:"斩杀陈馀者,赐千金。"

灌婴传令:"伤害李左车者,杀无赦。"

将令风传,山谷中到处有呼喊声:"斩杀陈馀。"

陈馀兵败,只身逃走,听汉军呼叫,心惊肉跳。

张耳追杀残军,一心捕捉陈馀,一路查问:"贼首陈馀何在?"

一将枪指东方:"骑青马,披蓝袍,向东逃走,不知何人。"

"那就是贼首陈馀。"

张耳大叫一声,骑马向东追来。

井陉战场乱作一团,张耳一路追赶,不见青马。又追多时,遇到灌婴,急问道:"看见青马蓝袍吗?"

灌婴急道:"刚从我身边经过,向泜水方向逃去,不知何人。"

"是贼首陈馀。"

张耳说完,只身向泜水杀来。

灌婴怕张耳有失,拨转马头,随张耳身后,杀向泜水。

陈馀丢掉井陉口,独自逃走。快马加鞭,一口气逃出三十余里,谁知泜水挡道,拦住去路。水边人多,争相渡河,陈馀躲开人群,拨转马头又向南来。路上,赵将夜赶来,看到陈馀,大叫:"将军,退守邯郸,还可再战。"

陈馀大叫:"正合吾意。"

二人沿泜水一路奔逃,走不远,张耳横空出现,拦住去路。仇人相见,分外眼红。张耳大叫一声:"陈馀匹夫,认得我张耳吗?"

陈馀大惊,恨道:"当初没能杀你,今日自来送死。"

说完,陈馀、赵将夜合战张耳。张耳左拦右防,力怯。恰好灌婴赶来,大叫道:"陈馀匹夫,拿命来!"

灌婴声如洪雷,陈馀心惊。赵将夜丢下张耳,迎战灌婴。二人只一个回合,灌婴刺中赵将夜马胯。马失前蹄摔倒,将士上前,俘获赵将夜。

陈馀不敢恋战,寻个机会,夺路逃走。

灌婴挂枪,拈箭开弓,随手射出,陈馀中箭,翻身落水。张耳纵马上前,连刺数枪。陈馀大叫,身死泜水。

井陉关内,韩信调度三军,捷报频传,只没有李左车的消息。追问赵营俘虏,方知李左车骑白马逃走。韩信面对高邑,令道:"李左车必须归案,活要见人,死必见尸。"

高邑受令,点五百将士,出关缉捕李左车。

第八章　用贤士　纵横诸侯

李左车逃离赵营,纵马远去,不知跑了多远。天色将晚,人困马乏,来到一个小山村。他放慢脚步,四下观看,不见凶险,向小村走来。村口一块石碑,上书:碧龙观。他临村下马,徒步前行,小村别有一番景色。有水不恶,有山不险,有林不阴。走不多时,他顿觉神清气爽。四下看去,山色如画,层林尽染。一条小溪从村后山谷间流出。山谷幽深,充满玄机。溪流叮咚,犹如琴声。山间林木参差,颜色有别。树叶飘摇坠落,及地无声。飞鸟鸣叫,人来不惊。村后小山,景色错落有致。山中有一道观,飞檐隐露。

李左车牵马进山,远远听到琴声。琴声清脆悦耳,便寻琴声而来。山腰道观,山脚草庐。草庐前古松参天,古松下一老者鹤发童颜,宽衣博带,轻轻抚琴。琴声悠扬,从老者指下款款流出。李左车小心地走到跟前,未敢惊动老者。老者没抬头,抚琴问道:"先生可是从井陉而来?"

李左车大惊,诚实答道:"老夫正是。"

老者收琴起身,面对李左车道:"山野草庐,幸有先生观顾,碧龙观扬名矣。"

李左车不知所答,更不知老者如何知晓自己来历,甚为惊奇,上前施礼:"李左车拜见仙人,有礼了。"

道士淡然:"不必拘礼,请入草庐一叙。"

李左车欣然,随道士入室。

当晚,韩信在井陉口大宴将士,肉山酒海,喜气洋洋。正应韩信所言:今晚在赵营会餐。韩信用兵,神鬼莫测,将士无不佩服。大战告捷,韩信喜不自禁,与众将共饮。张耳兴致勃勃,席间问韩信道:"兵法有云,'右背山陵,前左水泽',将军却背水列阵,是何道理?"

韩信高兴道:"众将不知,我背兵法之形,而用兵法之神。兵法云,'陷之死地而后生,置之亡地而后存',此战是也。"

张耳疑惑,问道:"怎么讲?"

韩信从容道:"井陉之战,汉军不但数量少,而且多是新兵。村野农夫,招募而来,岂懂打仗?若有退路,恐惧之下,必争相而逃。若如此,即使有孙武才能,也难控制局面。背水列阵,置兵死地,必各自用命,以死相拼,因而得胜。当年,项羽破釜沉舟救赵,用的就是此法。没想到,项羽用此法救赵,我却用此法破赵,岂不是天意?"

众将听后,无不叹服。傅宽诚然道:"将军谋略,末将无以相及,愿听将军调用。"

韩信道:"背水列阵还有个用意:勾引赵军出关。陈馀以为汉军身无退路,兵陷绝境,可一举全歼,结果正中我计。"

张耳佩服,赞道:"将军以弱胜强,以少胜多,绝非偶然,的确用兵有术。"

井陉大宴三天,高邑寻找李左车却不敢轻闲。一连数日,毫无着落,遂将五百将士,化整为零,百里之内,遍寻骑白马者。高邑与十几人一路南寻,无论老幼,逢人则躬身下问。一天,高邑来到碧龙观村外。

两个男孩正在村口玩耍,高邑下马,礼貌地问道:"娃娃,看见骑白马的人进村吗?"

小孩看着高邑,反问道:"是个老头儿吗?"

"是的。"

小孩往树林深处一指:"在道长那里。"

高邑大喜,谢过男孩,穿过村子,向山林里走来,远远看见,草庐前拴着一匹白马。高邑长舒一口气。

巨松如盖,下有石桌,李左车正与道长对弈。高邑看李左车插翅难飞,没去打扰,守在门外。良久,二人弈毕,道长不慌不忙,计算胜负,道:"赢你半子。若不是打劫失手,你胜局已定,只因贪多,结果输赢易手。"

李左车道:"老朽棋艺欠佳,功夫不到,还请先生赐教。"

道长旁若无人:"先生有儒家风雅,贫道乃老聃传人。咱在一起,可谓儒道合一,可惜我留不住你。门前,将军等你多时了。"

李左车惊愕,方知汉军追来。

道长淡定:"先生只管去,并无大碍。如今,天下未定,先生还有用处。"

李左车不胜感动,谢道:"能与先生相会,天赐良缘。老朽不想流入世俗,但身不由己。临别之际,还请教诲。"

道长看着李左车,语重心长:"天地格局,恰如对弈。贪多失棋,贪功失身。功成则退,知足常乐。"

李左车鞠躬施礼:"谢先生赐教。"

道长惋惜道:"相见恨短,在此一别,恕我以琴声相送。"

道长凄然,轻轻抚琴,音调低沉忧伤,绵绵有怨,和先前琴调,大相径庭。

李左车从容走出道观,仰天叹道:"老朽死里逃生,谁知又为韩信所擒。祸福天定,生死由命吧!"

汉军大宴三天,小宴不断。当晚宴罢,韩信回帐,宽衣将卧,高邑入帐,施礼道:"大将军,李左车押到。"

韩信惊喜,急问:"广武君何在?"

"门外等候。"

韩信赤脚,便衣出门,见李左车被绑缚,却昂然而立,喝问道:"谁要你们这样对待先生?"

韩信上前,亲自为李左车解去绳索,拉住他的手,致歉道:"不知先生来,失敬,失敬。"

李左车不为所动,韩信却热情有加,请入帐内,尊为上座。

高邑惊讶。将士刮目相看。李左车感动,辞座道:"败军之将,安敢承受。"

韩信复把李左车请到座上:"赵军兵败,非先生之过。赵歇若用先生计策,受擒的当是韩信了。"

李左车佩服道:"将军用兵,神鬼莫测,常人难比。"

韩信邀请道:"赵军兵败,有幸相识。我欲拜先生为军师,不知意下如何?"

李左车推辞道:"不敢当,不敢当。老夫驽钝,浑浑噩噩,难当重任。"

韩信诚然道:"韩信偶胜,捡了赵歇便宜,才能远在先生之下。真心相拜,请勿推辞。"

韩信说完,即召众将,面见李左车。众将见韩信礼遇李左车,齐声拜道:"听令军师。"

李左车不胜感动,离座回礼:"老朽无能,若将军不弃,愿鞍前马后,庶竭驽钝。"

韩信大喜,重开宴席,为李左车接风洗尘。

韩信得李左车,甚是欢喜,令人遍传李左车归附,感召赵人,臣服韩信。韩信知邯郸城破,挥师赵都。城外,韩信与李左车并辔徐行,临近城门,聚拢许多人,韩信问过,得知欲斩杀赵将。不多时,一将被五花大绑,从城内押出来。韩信看赵将气色凛然,问李左车道:"此为何人?"

"赵将陈豨。"

"品行如何?"

"英勇善战,刚毅守礼。"

韩信喝止,面见赵将。陈豨到韩信马前,立而不跪。灌婴报告:"守将陈豨,宁死不降。负隅顽抗,攻城将士多有死伤。为震赵地,斩首示众。"

韩信怒问道:"陈豨,知罪否?"

陈豨反驳道:"身为赵将,为赵守城,何罪之有?"

韩信断喝:"于赵无罪,罪在汉军。赵国大势已去,你却逆天而动,多伤汉军,岂能无罪?"

陈豨看了一眼李左车:"国破家亡,陈豨只求速死,安敢贪生怕死,苟且偷生。"

李左车面有愧色,看着陈豨,默然不语。

韩信大怒:"燕赵多义士,成全美名。斩!"

陈豨视死如归,转身将去。陈豨之凛然,感动韩信,又令道:"既不认罪,先记下人头,听候处治。"

韩信说完,丢下陈豨,驱马进城。李左车见陈豨大义,不胜愧疚,默言不语。

韩信平定赵国,使人报告荥阳。刘邦闻之,脱口赞道:"韩信真兵仙也。"

刘邦款待使者,不负前言,册封张耳为赵王。

张耳封王,不胜欢喜。因久居赵代,郡县官员,大多为他所用,心悦诚服。百姓欢欣鼓舞,未满一月,赵国安定,军民归附。

韩信知陈豨大义,赦免不驯,重新起用,令其镇守边境。陈豨知韩信不计小怨,不胜感激。李左车愧对陈豨,进城月余,一言不发。

赵国稳定,韩信欲再用兵,问李左车:"自拜先生为军师,未出一计一策,是恨我韩信吗?"

李左车淡然道:"将军用反间计,差点害了老夫性命。如今,苟全性命于乱世,已是万幸。老夫精神恍惚,不堪重用,但请回乡养老,了此残生,先谢将军矣。"

韩信劝道:"如今天下大乱,国无宁日,家无静土。先生回乡,岂可苟全?我知先生大志,原修儒学,为安邦治国。后改兵学,意在安定天下。儒学治安,兵家治乱。天下未定,回乡养老,岂不违背初衷?"

李左车叹道:"老夫闻:'败军之将,不可言勇;亡国之大夫,不可用谋。'老夫若有良谋奇策,何必至此?"

韩信再劝道:"我亦有闻,百里奚生在虞国,虞公不用其策,致使国亡。秦穆公起用百里奚,助秦辟地千里,称霸诸侯。百里奚才能没变,是用与不用的结果。先生有贤人之才,达士之能,还请放弃成见,不吝指教。"

李左车不语。

韩信又道:"韩信灭赵,并非私利,安定天下,乃我之所愿。先生见陈豨有愧色,韩信遂赦免陈豨,实在因为先生。如今,赵将各得其所,先生何以恨韩信而拒之?"

李左车知陈豨归附,有所心动,沉思良久,长叹道:"平定天下,亦老夫之愿也。"

"既然如此,则应同心勠力,平定天下,福祉万民。"

李左车终于信服韩信,轻轻点头,问道:"不知将军有何打算?"

韩信道:"当今天下,北有燕国,东有强齐,南有项羽,韩信不知用兵何处。"

李左车道:"依老夫看,既不必击燕,也不能伐齐,更不可抗楚。常言道:'智者千虑,必有一失;愚者千虑,必有一得。'还请将军谨慎为之。"

韩信见李左车与自己意见相左,问道:"请先生明示。"

李左车慢慢讲道:"将军自有长处,也有短处。将军的长处是,用兵如神,出奇制胜。破魏灭代,席卷赵国,威名远扬。将军的短处是,兵疲将乏,辎重短缺,民心不稳。自东渡黄河以来,日行百里,将士吃饱饭都很难得,连连征战,致使伤员增多,兵员减少,粮草不足,衣甲不济。新降赵卒,虽已归附,但不稳定。若攻城不下,暴师日久,必生变故。轻则逃散,重则倒戈。智者出师,以长击短;庸者用兵,以短击长。将军若驱狐疑之师,挟不给之众,则有陈馀之危矣。"

韩信大惊,问道:"先生有何妙计?"

李左车直言道:"将军宜束甲休兵,养精蓄锐,威召游将,结交诸侯。休养军心,蓄积粮草,吊生问死,安抚天下。若如此,百姓将箪食壶浆,犒劳将士。至于燕国,凭将军百战百胜之威,派一说辩之士,即可收复。燕国归附,将军则兵强马壮,独霸河北。楚人与刘邦对峙,不必南顾。齐国不归,将军可一鼓而破。若如此,则有半壁江山矣。"

韩信大喜,拉住李左车的手,感动道:"不是先生赐教,几陷陈馀之祸矣。"

"老夫愚见,准与不准,用与不用,还请将军决定。"

"金玉良言,岂能不用？本将决定,束甲休兵,以图远谋。"

赵国平定,赵圆随迁到邯郸。栾说为接近赵圆,卖身为奴,进将军府甘做家臣。看到栾说,赵圆放心不下,好在他守口如瓶,形同陌路。时间一久,赵圆渐渐放心。一天,赵方来大将军府看妹妹,偶见栾说背影,暗中问妹妹:"栾说为何在这里？"

赵圆具述前情。赵方听了,却为妹妹担心,不解道:"栾说怪人,我加倍给钱,他不要,却卖身为奴。"

哥哥提醒,赵圆又担起心来:"栾说若把事情说破,大将军一定怪我。"

赵方狠狠地说道:"他敢胡说,就必封他的嘴。"

赵圆看到哥哥的脸色,又怕起来,劝道:"哥哥切不可胡来。"

两人说着话,韩信入。兄妹二人同时施礼,韩信道:"都是家人,何必客气？"

赵圆端茶倒水,对韩信道:"哥哥来,想求将军找个事做,免得吃闲饭。"

韩信道:"大军休整备战,正需要人手,不知哥哥能做何事？"

赵方欣然,自诩道:"小的早年贩马,通晓属性。良马劣马,看看牙口,便知是否可用；遛几步,则能辨别能力；打个喷嚏,可知有无毛病。"

韩信高兴:"大军采购军马,正缺人手。若懂马,正好派上用场。"

赵方暗喜:"赵方不才,愿竭力为大军服务。"

韩信想了一下:"做治马都尉,采购良马,如何？"

"谢大将军。在下往来胡地,结识贩马商人。有他们帮忙,采购良马,定无差错。"

"经常往来胡地？"韩信惊问,"塞外匈奴,我一无所知,能讲讲匈奴的故事吗？"

赵方道:"匈奴居无定所,往来如风,凶勇剽悍,善于骑射。塞外购马,最怕匈奴骑兵。若是倒霉,轻则血本无归,重则搭上性命。"

"听说边民深受其害,是这样吗？"

赵方点头道:"匈奴不事农耕,缺少礼制,茹毛饮血。骑兵南下,侵夺汉人财物,肆意烧杀,边民深受其害。为避匈奴,边境十室九空,生计凋蔽。"

韩信默默点头,嘱咐道:"往来匈奴,多加小心。购马之余,留心匈奴风情,骑兵特点,还有山川地理,衣食住行。"

"有大将军嘱托,在下敢不用心?"

韩信一句话,赵方身居要职,心满意足,施礼告别。赵圆见哥哥满意,非常高兴,扑进韩信怀里,情深意切。

赵方刚走,李左车来见。赵圆主动离去,韩信接见李左车:"先生来得正好,正有事请教。"

"是出使燕国吗?"

"正是。先生说过,派一说辩之士,出使燕国,但不知谁去最好,请先生赐教。"

李左车不假思索,爽然答道:"蒯彻。"

"蒯彻?其何人也?"韩信疑问道。

"蒯彻乃赵国说辩之士。他原籍燕国,后定居于赵,谙熟燕事,出使必成。"

韩信微微点头。

他们说话时,张耳又来,入门道喜:"大将军有美姬相伴,神清气爽,马蹄轻快啊。"

韩信笑道:"我对女人,马马虎虎。赵圆经常诉苦,孤独寂寞,其实,在一起也不会说几句贴心话。"

张耳笑道:"美姬青春正旺,孤独不得,还请大将军用心啊!"

韩信不愿谈女人,转换话题:"请赵王来,有一事请教。"

"噢,这么严肃?"

韩信认真地说道:"当初,先生出计,派一说辩之士使燕,不知谁最合适?"

"蒯彻。"

韩信看了一眼张耳,又看了看李左车,两人不禁大笑。张耳不知其意,问道:"二人何故发笑?"

韩信高兴道:"你们不谋而合,同荐蒯彻,看来非用他不可了。"

张耳笑道:"这叫英雄所见略同。"

韩信看着李左车:"就说说蒯彻吧?"

李左车看着张耳,张耳道:"当年叛秦时,义军欲打范阳,蒯彻主动请缨,游说范阳县令徐公。说:'你大祸临头了。当初,严刑酷法,害了那么多人,义军破城能饶你吗?'徐公恐惧,求蒯彻想办法。蒯彻说:'你出钱,我替你出使义军。'蒯彻离开范阳,又见义军,道:'将士一城一地攻打,不但伤亡惨重,何时灭秦啊?'义军请教办法,蒯彻笑道:'你出物,我出使范阳。'结果徐公保住性命,义军兵不血刃,连下十余城。蒯彻也得了实惠。"

韩信笑道:"原来,他会两面人情。"

张耳劝道:"蒯彻游说,别有巧术,用他使燕,必兵不血刃。"

韩信高兴:"既然如此,请他来吧。"

李左车道:"蒯彻为人清高,贪财却不爱财。请他只怕不来,还请大将军亲自拜访。"

"蒯彻身居何处?"

李左车道:"大战之后,蒯彻退隐乡下。将军想请他,我可以作陪。"

"好哇,有劳先生了。"

蒯彻远离闹市,身居太平村。小村山深树茂,河水清冽,鸡犬相闻,民风淳朴。韩信、李左车轻车简从,走深谷,过幽径,来到太平村。村口下马,步行而入。村人见有客人来,主动问候。村中一老者热情,韩信施礼道:"我等远道而来,到贵村寻访贤士。"

老者问道:"不知寻访哪位?"

李左车直言:"蒯彻先生在吗?"

"在的,在的。一个月前刚回来,没有走。"

老者说完,主动引路,不多时,来到一处柴门。老者示意,韩信叩响柴门,但不见人影。许久,室内跑出一个孩童,驱鸡上树,出门施礼,引客人入室。客堂简朴,供奉道祖老聃画像,侧有《八卦乾坤图》。一人发髻整洁,粗布短袄,面壁而坐。李左车上前施礼:"先生别来无恙?大将军韩信专程来访。"

蒯彻旁若无人,背对客人问道:"是破赵韩信吗?"

韩信施礼道:"韩信出师,不意破赵。赵虽破,却不敢轻动一草一木,还请先生谅解。"

蒯彻指责李左车道:"老夫远避红尘,静修深山,欲与道祖魂游,先生何故来山野搬弄是非?"

李左车急忙解释:"天下太平,你我之志。如今天下未定,先生何故遁隐山林,弃万民于水火中啊?"

蒯彻慢慢转身:"大志已死,心灰意冷,何顾万民。"

蒯彻转身,韩信看清面目,惊叫道:"洛阳道士?"

蒯彻看了一眼韩信:"贵人不忘,难得。"

李左车惊问:"你们认识?"

韩信道:"在洛阳见过先生。当时很想一叙,但有将士在侧,不便多言,后寻先生,却不见踪影。"

李左车劝道:"大将军欲平定天下,救苦万民,今日远道而来,还请先生赏光。"

蒯彻漠视韩信,不语。

韩信问道:"先生怨我破赵国,斩陈馀吗?"

蒯彻摇头道:"死生有命,凡事都有定数。陈馀身死,咎由自取。将军蛟龙出水,乘雾上天,正是腾达之时,陈馀岂能阻挡?"

"请先生赐教?"

蒯彻道:"世间万物,枯荣周始,阴晴圆缺,非人力可阻。阳极则阴,圆极必缺。"

李左车再劝道:"大将军志存天下,欲平定海内。招纳贤才,真心请先生出山。"

韩信也劝道:"信本无才能,仰仗将士浴血奋战,偶有小胜。现在,诸侯纷争,战祸不绝,生灵涂炭,煎熬于水火。信不自量力,欲借先生之才,平定天下,拯救万民,别无他求。"

蒯彻自谦道："山野之人,读几卷闲书,何才何能,徒有虚名而已,将军切勿难为老朽。"

李左车再劝："先生何必自谦。人说:'女有容不媚,烂为粪土;士有才不用,化为烟云。'天下用人之际,却自闭山林,岂不可惜?"

韩信亦劝："信闻言:'志者肩负天下,贤者达济万民。'韩信需要先生,天下更需要先生。"

蒯彻思考良久,道："若将军不弃,愿尽犬马之劳。如有失误,还请见谅。"

"先生出山,求之不得,哪有见怪之理。"韩信说完,深深施礼。

蒯彻信服,起身还礼。

韩信一行人回到邯郸,当晚,蒯彻接受出使燕国使命。韩信问道："先生使燕,不知有何需要?"

蒯彻道："将军可选一能将,陈兵燕赵边境,做进攻姿态,剩下的事,有我三寸不烂之舌足矣。"

韩信问道："陈豨将军可否?"

"陈将军英雄善战,燕人惧之,用他最好。"

韩信又问道："先生使燕,还用何物?"

蒯彻笑道："一车一马足矣。"

韩信惊问："只你一人?"

蒯彻解释道："将军不知臧荼为人,对其礼让,反而自重。若轻描淡写,臧荼必六神无主,不知所踪。"

韩信担心道："先生出使,乃军国大事,我必鼎力支持,所用之物,不必担心。"

蒯彻信心十足："将军放心,蒯彻此去,必不辱使命,不出十日,定有捷报。"

韩信大喜："若如此,先生首功,名垂后世矣。"

阳春三月,蒯彻出使燕国。一车,一马,看一路风景,悠闲自得,向燕国走来。

燕王臧荼知韩信破赵,十分恐惧,派细作四下打探,知陈豨率大军陈兵边境,急召群臣商议对策。慌乱间,细作又报,汉使来访。臧荼喜出望外,急率文武百官出城迎接。蒯彻见燕国兴师动众,迎接汉者,心有底气,愈加装腔作势,不慌不忙。臧荼见汉使只一车一马,暗觉自己礼节过重,不胜惭愧。二人相见,臧荼问道:"汉使只你一人?"

蒯彻反问道:"谁说只我一人?"

臧荼看还有个驭手,改口道:"是你二人?"

蒯彻大笑道:"大王目光何故短浅?鄙人身后,百万大军,为何视而不见啊?"

臧荼苦笑了一下:"我说的是使团,也太简单了吧?"

蒯彻心不在焉地说道:"区区小事,何须兴师动众。"

燕相国见蒯彻把军国大事说得如同小儿游戏,义愤道:"汉军无人矣!"

蒯彻看了他一眼,答道:"此乃徐相国否,为何不知礼数?汉军人才济济,文成列,武成行,出使因事而定。凡大事者,必用重器,车成列,马成行,至尊者使。通风报信,小儿学舌,焉用大雅?"

百官愤懑不已,臧荼却不敢惹事,苦笑几下,引蒯彻入城。

蒯彻在百官的陪同下,进燕王宫。殿内,蒯彻与燕官一一相认,海阔天空,说古论今,只不谈正事。臧荼无心听蒯彻东拉西扯,问道:"先生此来,不知有何见教?"

蒯彻正经道:"听说大王喜得贵子,蒯彻特来祝贺。"

臧荼面有愧色,道:"殿上不谈家私,寡人问军国大事。"

蒯彻笑道:"在下使燕,想问大王,燕和赵比,哪个更强?"

臧荼想了想:"比不上赵国。"

蒯彻又问:"和齐国比呢?"

"不如齐国。"

蒯彻侃侃而谈:"依老夫看,赵国胜燕五倍,齐国胜燕十倍,人所共知。韩信率数万人马,挥手间,横扫赵国二十多万大军,可谓天威神助,诸侯无人不服。齐国三次出使,面见韩信,欲修和好;楚国急来,厚礼重器,共商会盟;刘邦更切,光珠宝玉器就送来三马车。天下争相和赵,唯独不见燕使。更可笑者,竟大张旗鼓,修城备战,欲以弹丸之地,疲弱之兵,对抗韩信,与螳臂当车何异?大王试想,燕以疲惫之民,厌战之兵,逆天而动,何胜之有?韩信兵精粮足,士气正旺,鞭指北地,燕必为齑粉。在下祖籍燕国,心系燕民,力阻韩信,息兵罢战,不辞劳苦,出使故国。燕若不归,再用兵不迟。老夫为燕而来,并非劝降,然而,有些官僚却显得委屈,岂不愚昧?老夫使燕,只想问个清楚:是和是战?和则称臣,此为老夫为燕国求得之生路。若如此,王,不失王位;侯,不失侯爵;百官不失俸禄;黎民免受战争之苦。战,后果只能由你们去想了。在座君臣,做个选择,老夫回报大将军,也算完成使命。"

蒯彻不冷不热,把军国大事说得轻于鸿毛,弄得君臣毫无主张。臧荼和百官议论,不惧蒯彻油嘴滑舌,只怕边境百万大军,无人言战。臧荼暗恨齐国:曾使人商议,联合对抗韩信,谁知暗中却去讨好?臧荼再三思量,想归附韩信,但投降有失尊严,几番争论,愿与汉军结盟。就这样,蒯彻一人,只言片语,兵不血刃,威服燕国。

燕赵平定,韩信独得河北,荥阳却频发事端。楚军攻打荥阳,几欲得手。关键时,项羽又用范增计,绕过黄河,猛攻侧翼,致使荥阳多处受敌,岌岌可危,刘邦再使韩信,派兵增援。北方已定,正是出兵时机,韩信决定南征。于是,使灌婴为先锋,率轻骑先行,然后与张耳、李左车等统率大军南下。韩信军兵强马壮,战将千员。傅宽、高邑、陈武、吕马童、冯敬、蔡寅、王襄、赵将夜等各自统军,一路浩浩荡荡,向荥阳杀来。

灌婴出师,横扫河北楚军,捷报频传。韩信踌躇满志,欲与楚军决战荥阳,一定天下,谁知意外发生。一天中午,韩信正在帐中调动人马,汗马飞报:"荥阳失守!"

韩信大惊,喝问使者:"荥阳何时失守?"

"昨、昨天夜里。"使者战栗不已,"荥阳被围多日,水泄不通。昨晚用陈平、张良计,使纪信饰主公出东门,诳骗项羽,主公始得从西门突围,小的才有机会求救于将军……"

哨马没说完,韩信急问:"汉王何在?"

"不知去向。"

韩信大惊,吼道:"查明主公情况,再报!"

哨马离去。韩信果断道:"传令灌婴,速取修武,作为立足之地。并令三军,停止前进,就地扎营,五十里警戒。"

将士遵令,就地扎营。张耳放心不下,对韩信道:"荥阳失守,主公下落不明,让我担心。"

韩信懊悔道:"可惜来晚一步。"

张耳谏道:"再派人寻找主公。"

"赵王可亲自安排,多路打探。"

韩信兵驻荒野,焦急万分。第二天晨起,哨马来报:"灌婴夜袭修武,斩杀楚将杨伟,夺得城池。"

韩信大喜,急令:"兵发修武。"

火辣辣的太阳悬在半空,烤得大地比蒸笼还热。刘邦兵败荥阳,逃往成皋。成皋再败,乘夜与夏侯婴穿便衣逃脱。刘邦得知韩信在河北,踏荒草,走小路,来到黄河边,欲渡河寻找韩信。刘邦穿长衫,手中拿雨伞,一副掌柜打扮。夏侯婴短袄,背上布包,暗藏兵器,伙计样子。两人急走,大汗淋淋,夏侯婴担心道:"不知能否找到韩信?"

刘邦莫名其妙地答道:"凡事多加小心。"

夏侯婴没能理解刘邦的用意,随口答道:"是啊,楚军出没河北,不小心怎么行。"

刘邦急走,直言道:"韩信不会落井下石吧?"

"不,不会吧。"夏侯婴大悟道,"臣与韩信交谈数次,知其为人。"

刘邦一脸严肃,行走如飞。

突然,楚军轻骑从远处驰来。夏侯婴急忙拉刘邦隐在水边草丛中,不多时,轻骑呼啸而过。夏侯婴慢慢出来,见道路被踏成烂泥,又向远处看,轻骑不见踪影,急道:"主公,快走。"

刘邦从草丛中钻出来,远望轻骑方向,恨道:"凶你个姥姥?"

夏侯婴拉着刘邦迅速离去,在荒草中胡乱前行,不知走了多远,眼前突然开朗,黄河正在眼前。河面宽阔,水流湍急,波涛汹涌,滚滚不息,对岸依稀可见。河面上一只小船,游弋在波浪中。刘邦大喜,叫道:"天助我也。"

夏侯婴警惕道:"黄河水盗猖獗,劫财害命,凶得狠。"

刘邦又一惊:"小心为上。大风大浪过来了,别陷在小人之手。"

夏侯婴点点头,暗中摸一摸佩剑,然后来岸边,高声叫道:"船家,渡我过河。"

小船上只有一人,听到呼叫,驶到岸边,船夫问道:"先生,想去哪里?"

夏侯婴道:"河北。"

船工爽快:"请上船。"

夏侯婴仔细看了一眼木船,除船舱可疑外,别无险处,大声道:"上船。"

两人上船,夏侯婴拿一块木板,压住舱盖,一屁股坐在木板上。夏侯婴身体健壮,把舱盖压得严严实实。船夫急叫道:"哎哎,这里坐不得。"

夏侯婴狠狠地看了一眼船夫,厉声道:"有何坐不得?都在江湖,划船!"

船工看夏侯婴半露的剑柄,没敢争执,摇动双桨。

船到河心,慢下来。船工心神不定。夏侯婴疾手拔出宝剑,霸气十足地骂道:"小心划船,别他妈心事重重的。老子闯荡江湖久矣,别找麻烦。"

一声断喝,船夫恐惧。看夏侯婴满脸杀气,船夫突然温顺,满脸堆笑道:"请客官放心,小的是老船工,不会出事的。"

过河后,夏侯婴付过银子,登岸离去。

二人行色匆匆,寻一条大路,向北而来。走不远,迎面驶来一辆车马,夏侯婴远远施礼。车停下,夏侯婴客气地问道:"客官,前边是何地界,可否安全?"

驭手看一眼,急道:"两位客商,不要走了。一只大军,驻扎修武,小心兵匪。"

夏侯婴问道："是哪只队伍？"

"管他是谁，还是避开好。"

夏侯婴听说有队伍，暗喜，谢过车夫，回头看一眼，刘邦果断道："去修武。"

两人走了小半天，晚霞满天时，来到修武乡。修武乡人称小修武，离修武县城不到半天路程。此时牛羊牧归，农夫回舍，二人一同进村。

修武乡临近县城，乡里有客栈、酒馆、铁匠炉、杂货等多种店铺。二人看一面旗幌，随风飘动，上书：通衢客栈。夏侯婴捅了一下刘邦，两人一同走进客栈。

店主人很精明，看客人来，笑脸相迎，道："二位客官，欢迎来敝店落脚，您往里请。"

店主人热情，刘邦放心。此时，二人又饥又渴，入店后先到客厅吃饭。店主人拿来菜谱，介绍道："敝店虽小，但风味独特。店里有狗肉、驴肉、红焖肉，有青鱼、草鱼、红烧鱼，有炒菜、拌菜、小咸菜，还有猪肝、羊肝、辣子肝……"

店主如数家珍，介绍菜谱。刘邦打断店主的话，问道："有酒吗？"

"酒？当然有。店里有黄米酒、糯米酒；头锅酒、二锅酒；还有从邯郸来的赵酒。不知客官吃什么菜，用什么酒？"

"来两碗赵酒。菜嘛，只要快的，来三五个。"

店主长叫一声："好——了——"

不多工夫，酒菜端上来了。二人喝酒，店主人凑过来聊天。店主问道："听口音，客官不是本地人？"

夏侯婴问道："你看我们像哪里人？"

"江东人，不像。齐国人，也不像。大概，是楚人吧。"

"店家错了，我们是生意人。"

刘邦打岔，问道："店里生意如何？"

听说生意，店主来了精神："托大将军的福，近来生意不错。"

刘邦迟疑了一下，问道："哪个大将军？"

"就是赵国无人不知无人不晓的大将军韩信啊。"

店主怕二位听不明白,又解释道:"韩信来了,楚军走了,天下太平,光顾本店的人多了。韩信的队伍不像楚军。楚军光吃饭不给钱,韩信部下没有不掏钱的。"

夏侯婴很感兴趣,问道:"韩信声望还好吗?"

店主人恍然大悟:"你们是外地人?赵国人谁不晓得韩信大名。他可不是一般人。"

刘邦问道:"如何不一般啊?"

店主人见问,神神秘秘起来,压低声音:"韩信是东海蛟龙化身。一天午睡,有人看见他化作白龙,盘卧在床。听人说,那是'显圣'。"

刘邦暗吃一惊!问道:"真有此事?"

店主人兴奋道:"当然了。大将军包藏万机,呼风唤雨,本事大着呢。听说和赵国打仗,几千人马,打败赵国二十万大军。知道他如何打仗吗?赵军来时,韩信盘坐在山头,手持宝剑,口中念念有词。赵军临近,把剑望空一指,叫道:起!霎时间,天昏地暗,阴风四起,地上飞沙走石,吓得赵军急忙趴下磕头。陈馀不服,想捉拿韩信。他一挥手,从袖中飞出一只短剑。白光闪过,陈馀的头就不见了。赵军吓傻了,谁也不敢动,都投降了……"

店主人一边说,一边做着手势,神乎其神。刘邦问道:"韩信真有这样本事?"

"当然了。来店里吃饭的将领亲口讲的,还能有假?"

夏侯婴问道:"知道韩信是谁的将军吗?"

刘邦在桌下狠踩夏侯婴的脚尖,店主人没在意,非常可笑地回答:"谁的将军,他就是大将军……"

刘邦顺水推舟:"韩信真是个能人啊。"

店主人更加神秘:"当然了。有人看韩信天相,不同凡响……"

刘邦暗惊,表面却显镇定,问道:"什么不同凡响啊?"

店主人还想说,女主人探进半个头,训道:"来客人了。只会胡言乱语。"

店主人很客气:"失陪,失陪了。"

店主人胡言乱语,无意搅动了刘邦的心潮。夜里,他闷闷不乐。夏侯婴小心地问道:"主公,怕韩信不出兵?"

刘邦低声道:"当年,我在大泽斩白蛇起义,后来听说,白蛇是东海白龙化身,没死,乘雾上天了。"

夏侯婴大惊:"主公是说,小白龙要复仇?"

刘邦急忙挡住夏侯婴的嘴:"千万不可外传。"

夏侯婴重重地点头:"我知道,知道。"

第二天天麻麻亮,刘邦早起,压下银子,租辆车马,夏侯婴驾驭,离开通衢客栈。

车马轻快,没多久来到修武大营外。营门前,将士巡查,盘问甚严。夏侯婴驱动马车,径直向营中闯去。小校横刀拦住,喝问道:"干什么的?"

夏侯婴大声道:"汉王使者。"

小校义正辞严:"没有军令,任何人不得入营。"

夏侯婴大骂:"好大胆子,敢拦汉王车驾?"

小校稍一犹豫,夏侯婴狠狠地抽了一鞭:"驾——"

车马加速向营内驶去。突然,几排鹿砦,横在路上。一排将士在鹿砦后持长枪拦住车马,校尉喝道:"来者何人,胆敢擅闯大营?"

夏侯婴在车上喝道:"汉王使者。"

"军中不识汉王,只有军令!"

刘邦从车上下来,对校尉道:"叫韩信出来说话。"

韩信和张耳早起,侍卫闯入:"大将军,营外来一车马,自称汉王,要见大将军。"

韩信急问:"如何长相?"

"大高个,红脸膛,高鼻梁,形象粗犷。"

张耳高兴道:"正是汉王!"

二人急忙出帐,到营门前一看,果然是刘邦。韩信喜出望外,远远高叫:"不知主公来,有失远迎。"

张耳绕过鹿砦,拉住刘邦的手:"我和大将军正愁没有消息,没想到,主公来了!天福,天福。"

将士急忙打开鹿砦。韩信、刘邦、张耳、夏侯婴相见,热烈拥抱。

刘邦一块石头落地,赞道:"大将军治军严谨,名不虚传。想钻空子,不容易啊。"

灌婴听说汉王来,急忙跑来,见到刘邦,扑过去大哭:"主公,吓死我了……"

刘邦感动,劝道:"灌将军,这不挺好吗?"

灌婴破涕为笑:"看到主公,心踏实了。"

韩信手指前方:"快,进帐说话。"

众人入帐,君臣坐定,韩信道:"臣知荥阳失守,主公去向不明,心急如焚,正四处打探消息,没想到,主公亲来汉营。真乃全军之福啊。"

刘邦恨道:"项羽小儿,占一时便宜,荥阳必须夺回来。"

韩信道:"修武十余万大军,可渡河收复成皋,再夺荥阳。"

刘邦大喜:"将军大义,必垂千秋。"

韩信道:"主公用兵,理所当然。"

夏侯婴问道:"收复荥阳,不知大将军有何高见?"

韩信想了一下,说道:"收复荥阳,可分步实施。先使人出使彭越,加封他为梁王,使其于楚地用兵。先袭粮草,再攻县邑。项羽担忧彭城,必回师东顾。主公可借机率大军渡河,先取成皋,再复荥阳。若如此,必一战而胜。"

刘邦赞道:"大将军用兵有术,条理分明,汉之幸也。"

于是,刘邦用韩信计,加封彭越。彭越欣然受之,对项羽后方用兵。项羽急忙回师,刘邦趁机用兵,斩楚军大司马曹咎、上将司马欣,收复成皋、荥阳。

刘邦复得荥阳,感慨万千,大赞韩信用兵如神,名不虚传。荥阳稳固,韩信再出兵东征齐国,威逼楚国后方。

刘邦想了一下:"大将军伐齐甚好,齐若下,天下有其二,项羽则孤掌难鸣矣。不过,大军不能随你走了。"

韩信迟疑不语。刘邦劝道："楚军虽溃,必重整旗鼓,荥阳不能无兵。"

"伐齐之事如何是好?"

刘邦看着张耳:"赵王在此,可帮助你再招新兵。赵地广大,人口众多,招兵不是难事。"

张耳道:"大将军放心,不出一月,保证大将军用兵。"

刘邦两次收编部下,也是大局,韩信只好应承:"伐齐之事,只能由赵王费心了。"

商议已定,韩信带一班得力将领、侍卫千余人回赵国,谋划伐齐,其余将士皆留在荥阳镇守。

韩信与张耳回到邯郸,大举招兵买马,昼夜训练。历经两个多月准备,汉三年(前204)九月,韩信率十万大军伐齐。

韩信军士气高涨,声势浩大,李左车、蒯彻在帐前谋划,曹参、灌婴为左右先锋。傅宽、高邑、杨武、杨喜、吕马童、冯敬、蔡寅、王襄、赵将夜等战将百员,各自统军,向齐国进发。一天,来到黄河平原津渡口。

韩信与李左车驻马岸边,遥望齐国,黄河滔滔,潮平岸阔,汉军战船千艘,整装待发,对岸却空无一人。韩信道:"一年来,用先生之策,北收燕国,南却楚军,今日伐齐,如此要塞,为何不见齐军身影?"

李左车道:"据说,汉王使辩士郦食其出使齐国,欲结盟抗楚,也许事出有因。"

韩信道:"实则虚之,虚则实之。若如此,大军可乘机渡河。"

李左车手指黄河:"天赐良机。将军可令大军加紧渡河,攻取历下,做立足之地。"

"正合吾意。"

韩信将要挥军渡河,张成来报:"汉使郦食其说服齐国,汉齐结盟,欲联合抗楚。"

"真有此事?"

韩信得知汉齐修好,郦生在齐,顿生忧虑,回到帐中,问蒯彻道:"郦生出使齐国,汉齐结盟,依先生看,伐齐可否?"

蒯彻道:"大军千里劳顿,安能无功而返。郦生一个辩士,凭两片唇舌,说服齐国七十余城。将军自破魏以来,浴血奋战,不过得五十城。论功行赏,将军在一介书生之下,岂不惭愧?"

韩信忧道:"此时伐齐,岂不害了郦生性命?"

蒯彻谏道:"郦生性命与伐齐大业比,难以并论。况且,齐国反复无常,势弱结盟,势强则反,欲长治久安,必破田氏之固。"

韩信犹豫间,李左车入,韩信再问:"郦生使齐,本将出兵,投鼠忌器,先生以为如何?"

李左车略想,答道:"将军伐齐,受令汉王,劳师千里,安能半途而废?齐汉结盟,不过权宜之计。自古以来,诸侯之约,朝盟暮解,如同小儿游戏。郦生使齐,正是乘其不备,平定齐国之机,此乃永固之策。将军必依计而行。"

韩信断然道:"渡河,攻取历下!"

齐都临淄喜气洋洋,齐王府张灯结彩,庆祝结盟。广场彩旗飞扬,礼兵庄严。王宫内大宴群臣,管弦悠悠,钟鼓铿锵,载歌载舞,一片喜庆。齐王田广、齐相田横、汉使郦食其上座,文武百官分坐两侧。齐王举杯贺道:"齐汉联盟,天下大事,同心伐楚,项羽必亡。今日,有众将为证,为齐汉结盟,干杯!"

众将同贺,举杯共饮。

郦食其起身,亦贺道:"项羽暴虐天下,所过屠城,生灵涂炭。致使人神共愤。汉齐结盟,誓为天下讨回公道。为汉齐友好,干杯!"

众将亦同贺,共饮。

田横也起身,意欲祝贺。这时,内臣急入,到田横身边,耳语数句。田横脸色陡变,愤然离席。

田横随内臣到廊檐下,怒声喝问:"再说一遍。"

内臣急道:"刘邦明使郦生使齐,暗派韩信用兵。汉军攻取历下,斩大将田解、副将华无伤,韩信率大军正向临淄杀来。"

"何以为证?"

"历下溃军已逃至临淄,相国可亲自去问。"

田横不语,急匆匆向府外走去。王府前,数十溃军等候。溃军衣着不整,身上沾满污泥,见田横来,一齐下跪,哀道:"相国,韩信率大军偷袭历下,田解、华无伤殉国。"

田横听罢,怒发冲冠,狠狠骂道:"刘邦老儿,明派郦生骗我,暗使韩信夺我城池!"

溃将急道:"相国,汉军杀来,快守城吧。"

田横急令守城,然后找郦食其算账。齐王宫内,郦食其与众将同贺,相互敬酒。田横乘怒而入,抓起郦食其,大骂道:"郦狗,你巧舌如簧,骗我齐国,暗中派韩信对我用兵,该当何罪?"

郦食其惊愕不已:"将军何出此言?休听小人讹传。"

田横怒火,狠狠打出一记耳光,骂道:"韩信兵临城下,还说小人讹传?"

齐王及众将不知真相,皆惊。田横撇开郦生,大声道:"各位将领,咱们受骗了。老儿假和,韩信真攻,侵我城池,杀我将士,已经兵至临淄。"

众官员听后,大惊失色。郦食其嘴角流着鲜血,分辩道:"讹传,必是讹传。"

郦食其又转身对齐王道:"郦生出使,乃汉王之托,绝非有诈,即使韩信伐齐,也是误会。韩信如果真的到了城下,郦生可使其退兵,否则,必有欺君之罪。"

田横骂道:"老儿,想借机溜走吗?今日,烹尔祭旗,与汉军死战。"

郦食其道:"老夫不出城,给韩信写封书信可以吧?"

齐王道:"韩信若不退兵,必是欺骗齐国。那时定斩不饶。"

"韩信若不退兵,老夫甘受鼎镬,必无怨言。"

齐王令道:"拿笔来。"

侍者端来笔墨,郦食其提笔写道:

大将军韩信麾下:

郦生食其受汉王使命,出使齐国。汉齐和好,缔结盟约。不意将军至此,引发齐人怀疑。请将军退兵边境,以解齐人之疑。切切!

汉军兵临城下,尚未攻城。齐军守备,严阵以待。韩信在军前看罢郦食其书信,不语。蒯彻道:"将军切勿心动。兵临城下,不可犹豫,请将军攻城。"

韩信看了一眼李左车。李左车道:"齐人即言归附,何不劝其打开城门?"

"先生所言极是,拿笔墨来。"

韩信用李左车计,写道:

先生既言齐人归附,何不打开城门,合兵一处?齐人若不肯开门,必有异心,大军必须攻城。请先生与齐王言明。

齐使带回书信,田横先夺过去观看,然后掷给齐王。齐王看罢,说道:"齐汉既然和好,打开城门也是正理。"

田横大骂道:"竖子无知,田氏基业,岂有投降之理?"

田横骂齐王如骂小儿,众将皆惊。田横怒煞,对百官道:"天下大事,尚无定论,齐汉联盟,权宜之计。江山乃祖宗所贻,丢了山河,有何面目朝见先人?"

田横骂过,对身边将领道:"以老儿祭旗,誓保临淄。有畏缩不前、贪生怕死者,斩!"

一声令下,齐王广场,架起大鼎。鼎下烈火干柴,熊熊燃烧。鼎内酥油翻滚,冒着黑烟。田横大骂:"不烹郦生,难解齐人之恨。把郦狗押来。"

两个武士押解干瘦的郦食其到油鼎前。田横怒问:"老儿,罪有应得,还欲何言?"

郦食其毫无惧色,长叹一声:"韩信贪功,害老夫性命事小,破坏盟约事大。可惜刀兵又起,生灵涂炭,岂不憾哉!"

田横令道:"把郦狗投进油鼎。"

两个武士前来,携举郦生。郦食其大叫道:"慢!郦生为汉王出使,死而无憾!"

郦食其说完,跪地向荥阳三拜,然后,以袖裹面,只身投入油鼎。

韩信知田横烹杀郦生,大怒,手指城头大骂:"田横,欺君柱上之徒,吾必杀你。为郦生报仇!攻城!"

汉军呼叫,杀到城下,竖起云梯登城。齐军居高临下,用瓦石、弓箭打击汉军。

韩信火冒三丈,大叫道:"丁复,把城头齐军打下去。"

侍卫进身道:"大将军,丁复不在了。"

灌婴上前,大声道:"大将军,灌婴来了。"

韩信心头掠过一丝沉痛,令道:"把弩车推来。"

灌婴转身叫道:"弓弩手,压住城头。'丁氏弩'攻城。"

将士推来十辆弩车,三人一车,一字排开。灌婴指挥,将士操作。突然,一只巨弩飞出,直奔田横。身边副将扑上去把田横推开,田横逃过一难,副将却穿透胸甲,大叫身亡。

神箭连弩,箭箭致命,城头齐军不敢抬头。

曹参看准机会,大叫道:"不怕死的,跟我上!"

曹参徒步,短刀,顺梯而上,将士无不奋勇争先。曹参首先登城,齐军见之胆寒,争先逃走。

不多时,临淄西门大开。汉军山崩海啸,涌入临淄。

田广在众将的掩护下,逃出东门,大叫道:"速使楚国,求援项羽。"

田广又对身边数骑指点道:"你,你,还有你,快去啊。"

齐将不敢怠慢,率五六骑,打马飞去。身边将领看着田广,急问:"主公,去哪里?"

"去、去高密,会师田既,再战汉狗。"

田广断然出令,与众将惶惶逃往高密。

田横杀出东门,不见田广,率部下逃往博阳。

韩信率军入城,不见田广,追至东门,曹参、灌婴纵马前来,韩信问道:"齐王何在?"

灌婴答道:"向高密逃去。"

"贼将田横呢?"

曹参上前答道:"田横逃往博阳。"

韩信出令:"灌将军,率五千军追杀田横;曹将军,率五千军追杀田广,不得有误。"

二将应声,受令而去。

却说项羽得知彭越在后方断绝其粮草,攻打县邑,大怒,挥师东进,想一举剿灭彭越,可连彭越的影子也没看着,气得再次屠城。盛怒未息,知荥阳得而复失,他又率大军杀回荥阳。城下,项羽气恨如山,几次攻击,不能取胜,傍晚退回帐中,恨骂韩信。这时,范增急入,在项羽身边轻声道:"韩信率大军攻取临淄。"

项羽惊愕:"韩信岂能破齐?"

范增认真说道:"齐王求援,使者就在门外。"

项羽心情复杂,气道:"昔日,田氏与楚对抗,今又求寡人,不见!"

范增劝道:"齐若为韩信所得,必袭我背后,楚则危矣。当今之势,救齐亦救楚,切不可感情用事!"

"昔日伐齐,杀人无数,齐人岂不恨我?如今事急,求救于楚,不过解一时之急,而后必反,寡人岂能为他受敌?"

范增再劝:"齐破而汉强,彭城必危。齐国事关大局,不可草率。"

项羽又辩道:"齐汉相争,势如二虎相斗。力将尽时,楚再收拾残局。"

范增劝道:"齐王是只病猫,何谈相争?若不救齐,韩信必得天机。大军救齐,事成可得齐。齐之轻重,关乎天下安危。"

项羽思虑良久,令道:"见齐使。"

齐使入,跪拜项王。

项羽不冷不热,问道:"齐王使尔来何干?"

齐使道:"刘邦使韩信攻打齐国,侵占临淄,又取多城。齐王退守高密,与大将军田既誓死抵抗。吾主怕齐国有失,恳请项王出兵。"

项羽不紧不慢,又问道:"打败韩信,齐王有何补偿啊?"

"我主答应,剿灭韩信,供给楚国粮食万斛,绢万匹。"

"还有呢?"

"所获物资俘虏皆归楚国所有。"

"还有吗?"

齐使不知所答,反问道:"不知项王意欲何物?"

项羽道:"齐国七十余城,楚若不救,必为韩信所得。楚军助齐保城,你说,齐王应予何物?"

"项王索要齐城?"

"何谓索要,寡人助齐国保城,理所应得。"

"割地让城之事,下官不敢做主,待请示吾主再定。"

项羽发号施令:"和田广说,剿灭韩信,胶东十五城割让楚国,否则,别来见我。"

齐使擦掉额头汗水,小心道:"容下官向吾主禀报。"

齐使出,项羽问范增:"亚父以为,齐王会答应寡人吗?"

"城下之盟,焉能不应。"范增道,"救齐事关大局,若得手,何止十五城,齐地皆为属矣。而后,我们也学刘邦,派一猛将入赵,袭刘邦背后。"

项羽满意,问道:"谁能担此大任啊?"

"司马龙苴。"范增果断答道,"龙苴将军,楚之名将,百战百胜。由他统军,必旗开得胜,一战定鼎。"

项羽点头道:"使龙苴援齐。"

汉军围攻高密,尚未攻打。齐地广大,韩信威压齐王,正在收复其他县邑。高密城下,韩信欲用李左车计,以随乱军潜入高密的汉军为内应,巧取城池。商议未定,使者入报:"灌婴追杀齐军,攻取博阳,田横及残部逃往海岛。"

韩信大喜,令灌婴安抚各县,再回师高密。曹参听说灌婴得胜,跃跃欲试,请战夜袭高密,再立新功。韩信正欲攻城,张成急入。韩信大喜,以为有城内情况,张成却脸色严肃,悄声对韩信道:"齐国以十五城为价,求救于楚。楚使司马龙且率二十万大军向高密杀来。"

韩信意外,稳稳坐定,沉默良久,自语道:"楚军来了。"

李左车得知,深感意外:"没想到来得这样快。"

蒯彻急道:"汉军不足十万,又在异国作战,一无地利,二无人和,如何是好?"

曹参道:"楚军有何惧哉?大将军出令,必斩龙且之首。"

高邑起身道:"大将军,借我一支人马,今夜攻城,先斩杀田既,活捉田广再说。"

李左车道:"将军不可急躁。攻城不下,必腹背受敌,楚军既然来了,先让他三招。"

"敌变我变,暂缓攻城。"韩信看着李左车,"楚军来势汹汹,士气正旺。敌众我寡,敌强我弱,军师可有良策?"

李左车思忖良久,道:"敌势众,必分之;敌势强,必弱之,而后才能作战。"

韩信问道:"如何分敌?"

李左车认真道:"老夫闻西北有潍山,方圆数百里,能否为我一用?"

韩信点头道:"汉军弱势,借助外力,方可制敌。去潍山,看看再说。"

韩信令曹参、高邑守营,与李左车等十余将领,轻骑来到潍山,查看地形。潍山不险,但林深树密,可藏千军万马。一条大路从潍山脚下绕过,向北而去。山前便道,岔开主路,直通潍山。韩信一行人沿便道进山,越往山里走,道路越难行走,众人只好下马步行。山路两侧,树林茂密,易守难攻。韩信看过地形,道:"天助汉军,正好一战。"

李左车点头称是:"若把龙且引到此处,犹猫鼠斗于穴中,楚军虽众,亦不可尽用。"

韩信道:"若在潍山打几个伏击,定能扭转局面。"

李左车担心道:"只怕龙且不进圈套。"

韩信信心十足:"不想进,牵他进来。"

李左车微微点头:"到别处看看。"

众将顺着山势,继续前行,查看地形,来到潍水边。轻骑沿潍水牵马步行。潍水清澈,向北流去,水势不大,水流湍急。出山后,地势平坦,水面宽阔。北行大路,涉过潍水远去。李左车看着潍水,突然叫道:"好一条大河。"

傅宽看着潍水,疑惑问道:"如此溪流,先生何谓大河?"

李左车一言,提醒了韩信,惊叫道:"千军万马,尽藏于此!"

傅宽更加疑惑,问道:"小小潍水,何谓千军万马?"

李左车看了看韩信,韩信看了看李左车,两人同时大笑。

傅宽再问,韩信指道:"若在葫芦口筑一水坝,不出半月,潍水就是怒目金刚。"

傅宽大悟。李左车道:"龙苴进山,凭山林击之;龙苴过河,以河水淹之,汉军左右得手。"

"依计而行。"韩信果断道,"傅宽将军,与你一万军士,用布袋装沙土,堵住葫芦口。半月后,我要用水。"

傅宽仍有疑虑:"龙苴不来,岂不白废?"

韩信坚定道:"请君入瓮,我自有办法。"

李左车劝道:"傅将军只管认真做,切不可走漏消息。"

傅宽看两人信心十足,应道:"半月后,保证大军用水。"

田既知楚军来援,大喜。田广亦喜亦忧。两人秘密商议,如何利用楚军,又不为楚军所迫,尚未定出计策,忽报司马龙苴抵达城外。田广只好以礼想见,迎接楚军。田广、田既出城,与司马龙苴、副将周兰相见,互相施礼,请入府内。龙苴一身傲气,腰佩利剑,手执马鞭,无拘无束,问齐王道:"大军入齐,粮草可否备好?"

齐王道:"齐国粮草充足,只管大军使用。"

龙苴高兴,不让自坐,问道:"韩信可来攻城?"

田广道:"韩信小攻两次,三天没来了。"

田既见龙苴身骄气傲,大为不满,狠狠地看了他几眼。周兰礼仪有加,态度谦和。齐王心切,问道:"汉寇十万大军,城北三十里驻扎,如何用兵?"

龙且道:"胯下辱儿,吾何惧哉?做执戟卫时,每次见我都低眉顺眼。楚齐联军,二十余万,打韩信如壮汉打小儿,如何用兵,悉由自便。"

齐王看龙且骄色十足,劝道:"切莫小看韩信。汉军一路得胜,席卷千里,必有长处,慎重为好。"

田既不服:"一路得胜,路遇庸才而已。"

田广目视周兰。周兰道:"依我看,大军不可急战。汉军破关斩将,远道而来,其势正盛,利于速战。汉军入齐,所用粮草,必取于齐。齐王若号令天下,齐人必一致抗汉。先绝军粮,再断草料,汉军进退无路,必陷死地。再寻机袭之,必败韩信。不出一月,汉军必破,韩信可擒。若要急战,必中韩信诡计。"

龙且看了一眼周兰,狂道:"本将受令项王,来齐国不是观山景。二十万大军,动则翻江倒海,势不可当。不出十日,必斩韩信人头。"

周兰又谏道:"困汉军,陷绝地,以柔克刚,此为上策。"

田既也急于开战,听周兰用缓计,怒起:"何谓以柔克刚?若今晚出击,明早灭汉,那才痛快。"

田广认为周兰有理,劝道:"斩杀韩信,何必计较三天五日,还是谨慎为好。"

龙且笑道:"韩信知楚军来,三日不敢攻城,吓破胆了。田既将军才痛快。"

急战缓战,各有争议,商量未定,华灯亮起,田广邀楚将赴宴。宴上,齐王热情,觥筹交错,各有小醉,谁知当夜,汉军竟来攻城。高密城外,火把通天,明如白昼,喊杀声一浪高过一浪。龙且从梦中惊醒,不知虚实,急令各营,不得轻举妄动。天将亮时,汉军悄然退去。再看城外,到处是辱骂龙且的木牌。龙且大怒,连劈数块,决定与汉军作战。

日上三竿,龙且率楚齐联军来汉营前挑战。远远看去,汉营旗帜鲜明,整齐有度。守寨将士,严阵以待。联军距汉营五六里停下来,摆开阵式,准备与汉军决战。等了多时,汉军却不应战。龙且大笑道:"韩信只会钻裤裆,哪敢与我决战?派出一军,到营前挑战。"

田广看着龙苴,想让楚将前往。龙苴看着田既,问道:"田将军,惧韩信否?"

"何惧之有?"田既怒起,转身道,"不怕死的,跟我上。"

田既率齐军出阵,田广担心:"小心埋伏。"

龙苴不以为然,率三千齐军杀来。距汉营不到二里远,仍不见汉军身影。田既见疑,不敢贸然前进,摆开阵势,跃马在前骂道:"韩信,你这鼠辈,敢和我决斗吗?"

田既大骂数回,汉军仍无人应对。将士齐声骂阵:"韩信韩信,钻我裤裆……"

无论田既如何挑战,汉军仍无声息。联军观看多时,周兰道:"是座空营。"

龙苴疑问道:"何以见得?"

周兰指道:"你看,营中乌鸦起落。倘若有人,乌鸦岂敢觅食?"

田广道:"周将军,何不前去试探?"

周兰率两千军杀入营中,果然空无一人。

田既被韩信耍弄一番,大骂道:"尚未开战,先尿裤子,狗屁将军。"

龙苴执鞭前来,汉营毫无乱象,一切齐齐整整,好像主人并未走远。龙苴入中军大帐,周兰叫道:"龙苴将军,书信。"

龙苴走到案前,一封帛书,字迹工整:

龙苴将军:

  适在楚营,曾蒙将军关照,不敢忘怀。今日,不意两军相遇,信不敢无礼,故效先贤,退避三舍,以谢昔日之恩。望将军勿为齐人所用,速回楚地。否则,必有死无葬身之祸。韩信拜上。

龙苴看罢,大骂道:"执戟郎中,口出狂言?如此把戏,亦敢哄骗本将。传我将令,追杀韩信。"

周兰谏道:"将军切勿急躁。韩信惧我势众,欲分而击之。追赶过急,快慢分离,必中韩信分兵之计。联军宜整体联动,步步为营,韩信则无计可施矣。"

龙且想了一下:"依将军之计,日行三十里,步步为营,进逼韩信。"

联军追赶韩信数天,这天来到潍山路口。将士难以判断,报告龙且。龙且驱马向前,在岔路上查看,周兰远望山中隐约有旗帜移动,谏道:"山中有杀气,小心。"

田广赶来,观看良久,道:"走大路。大路宽阔平坦,即使有汉军埋伏,也可搏杀。进山必危。"

龙且以为然,率联军顺大路走来。走不多远,果然有败迹。丢弃的旗帜、炊具、随身用品,虽然不多,却有慌张迹象。龙且大笑道:"汉军仓皇逃命,吃饭的家伙都不要了。"

周兰看后,觉得奇怪,却弄不清真相,一言未发。

联军追至傍晚,忽然有探马报告:"汉使拜见龙且将军。"

司马龙且得意道:"请。"

汉使单骑到龙且面前,施礼道:"龙且将军,在下受大将军韩信差遣,传递书信,请将军签收。"

汉使说完,递上帛书,龙且看道:

龙且将军:

汉军退避,已过三舍,为何苦苦相逼?将军现在退兵,尚可保全名节。否则,明日决战,必身败名裂,贻笑后人。

龙且看过帛书,大笑道:"韩信无路可逃,必来送死。犒劳将士,明日决战,活捉韩信!"

韩信率大军退到潍水西岸,知龙且尾随杀来,大喜。当晚,韩信趁着月色,进山见傅宽。葫芦峪内,积水七八里。夜光下,明如碧镜。韩信手指水面,问道:"可冲击多远?"

"百里。"

"几时能达山外?"韩信又问。

"半顿饭工夫。"

"如何垮坝?"

傅宽手指坝体道:"将军看坝底圆木。若拆掉圆木,坝体可立时崩塌。"

韩信点点头:"明日决战,胜负在你。水用得好,汉军可一战而胜。用不好,只能退往大山。将士性命,都赌在你身上了。"

傅宽知责任重大,坚决道:"将军放心,令到坝垮,水淹联军,确保万无一失。"

韩信叮嘱道:"记住,红旗为号。每隔三十丈设一旗手,看得清吗?"

"看得清。"

韩信严肃道:"水淹联军,你当首功。"

汉四年(前203)初冬,韩信与楚齐联军隔潍水摆开战场。当日,微风不寒,悬日惨淡。一条潍水,静静北去,河面几片水草,毫无异常。汉军列阵西岸,联军在东。两岸相距二三里。汉军阵前,韩信、李左车居中,列阵十余里。曹参、高邑、杨武、杨喜、冯敬、吕马童等,分段统领汉军。联军阵前,司马龙且、田广居中,周兰、田既等将领统军待战。

两军对峙良久,韩信纵马向前,隔潍水高叫:"龙且将军,若识时务,退出齐国。甘心做齐人走狗,潍水就是你葬身之地。"

龙且怒起,纵马上前,隔水骂道:"韩信匹夫,休要发狂,待我捉住你,抽你的筋,剥你的皮。"

韩信毫无惧色,大叫道:"敢来捉我,算你有胆量。"

龙且将要进攻,周兰道:"小心,不知河水深浅,小心中计。"

龙且枪指潍水:"河水清清,如此浅显,何谓诡计?"

齐王劝道:"河水虽浅,只怕泥深。若人马陷在河心,汉军放箭,岂不成了靶子。"

龙且道:"初冬天气,阳气下沉,水不涨,地不烂,量他有何防备?"

齐王再劝:"倘若无鬼,韩信为何隔水列阵?"

众人劝说龙且,遂不过河,高叫道:"韩信,敢击我吗?"

韩信看龙且不肯过河,心急如焚。两军人马,跃跃欲试,只不进攻。日晷渐移,直至午日当头。李左车道:"犟驴不走,牵它过来。"

"先生的意思,先攻一下?"

李左车道:"联军不敢进攻,担心水中有鬼。击鼓进军,引联军过河。"

韩信手举楚王剑,喝道:"击鼓!"

顿时,汉军鼓角相鸣,声势大振。韩信令道:"曹参将军,听我号令,引联军过河。"

曹参大叫一声:"杀——"

汉军将士,潮水般向对岸冲去,呼叫声震撼山野。

潍水真的不深,汉军在水中如履平地。龙苴看过,杀性大起,叫道:"消灭汉军,活捉韩信,杀——"

司马龙苴先使小股人马与汉军交战,转眼间两军战在一起。场面惨烈,河水搅得一塌糊涂。曹参挥舞大刀,所击之处,联军扑地。楚军将退,龙苴令旗一挥,联军铺天盖地,杀向潍水。

韩信鸣金,汉军退却。曹参大叫一声:"好不痛快。"丢下楚军退回。联军战鼓震天,争相追杀汉军。

韩信大喜,亲自举起红旗。旗手相互传递信号,直至山里。

傅宽率将士严阵以待,信号传来,傅宽令道:"垮坝!"

将士一声呼叫,毁掉坝基,轰的一声巨响,坝体垮塌,洪水胜过猛兽,倾泄而下。

潍水战场,汉军退回西岸,用弓箭抵抗,把联军阻压在河道中。龙苴、周兰率军冲在前面,呼叫着杀向岸边。这时,山间水声大作,潍水陡然变脸。霎时间,水高八尺,浊浪飞天。联军将士谁能想到,一脚深的潍水,陡然间变成汪洋。将士大骇,无论人马,皆卷入水中,势同草叶,漂流远去。转眼间,水面浮尸,漫无边际,死者不计其数。

齐王田广,将军田既,怀疑韩信有诡计,没敢盲从过河。忽见洪水从天而降,楚军将士,转眼间毫无踪影,大惊失色,率军逃走。

龙苴、周兰率少数人马,拼死杀上西岸,却被汉军包围。

龙苴想杀条血路逃走,曹参却横在眼前,大叫道:"龙苴匹夫,还不投降?"

司马龙苴见曹参大刀,晃在眼前。慌乱之际,一道寒光闪刺眼,龙苴躲过一劫,右臂重伤,手一抖,枪差点脱落。龙苴大惊失色,惊呼:"周兰将军,快来救我!"

第九章　拜齐王　义薄云天

　　大难之际,联盟瓦解。齐王自顾性命,丢下楚军,与田既如丧家之犬拼命狂逃。傅宽放水成功,看齐军向高密逃去,大叫一声:"跟我下山。"

　　傅宽一马当先,率众将士冲下潍山,截杀齐军无数。田广、田既率轻骑,死里逃生。傅宽哪肯放过,亦率轻骑,尾随田广,向高密杀来。

　　却说潍水岸边,曹参拦住龙苴,将要动手,周兰大叫一声,接住曹参死战,龙苴趁机逃脱。此时河岸早已大乱,龙苴六神无主,逃出五六里,将要上山,韩信拦住其去路,大叫道:"龙苴匹夫,还不下马受降!"

　　龙苴看见韩信,恨之入骨,挺枪杀来,高邑纵马拦住。司马龙苴只好单臂搏杀,战至七八个回合,龙苴心慌,被高邑刺于马下。韩信上前,想收复龙苴。龙苴大叫道:"谁知水能亡我啊!"

　　龙苴叫过,举剑自刎。

　　曹参在河边与周兰交战,十几个回合便生擒周兰。再追龙苴,正遇韩信,领令追杀田既。曹参率军绕河先行,韩信随其后,率大军向高密杀来。

　　傅宽追杀田广,路遇灌婴从博阳回师,两人合兵一处,追杀齐王。田广丢魂落魄,一路狂逃,到高密城外,四门紧闭。田广叫门,迎接他的竟是数不清的飞弩,田广大惊。田既拼死救得齐王,逃向胶东。灌婴、傅宽尾随杀来,破城斩杀田既。田广想随乱军逃走,被人指认,遭生擒活捉。

　　灌婴押齐王回高密,韩信见他一身便装,问道:"堂堂齐王,为何如此装束?"

田广诚实答道:"想趁乱逃生。"

韩信讥笑道:"一国之君,亦贪生怕死吗?"

齐王羞怯:"蝼蚁尚且贪生,何况人乎?"

韩信笑道:"国破家亡,有何打算?"

"留我妻儿性命,耕田自食,足矣。"

韩信对左右笑道:"人之贪生,齐王足以为证。"

众人嗤笑。

韩信道:"耕田可以,但要答应我个条件。"

"阶下为囚,没有条件。"

韩信道:"郦生死得冤枉,若能使其复生,可饶你不死。"

田广抬头看韩信,突然大骂:"郦生之死,罪不在我。你贪功心切,四处征伐,侵夺诸侯封地,杀人如麻,必有灭族之祸!"

韩信大怒:"推出斩首,首级祭郦生。"

武士推出田广。田广怒视韩信,大骂不止。

韩信大破联军,平定齐国,率大军回临淄城。韩信、李左车、蒯彻、曹参、灌婴、高邑、傅宽等众将人并辔同行。曹参高兴道:"随大将军打仗,痛快!"

韩信赞道:"曹将军浑身是胆,鬼也退让三分。"

灌婴笑道:"龙苴天下无敌,在将军面前,吓破了胆。"

曹参谦让道:"是大将军用水,吓破他的狗胆。"

傅宽道:"想不到,水能灭国。联军来势汹汹,谁知转眼间荡然无存,真乃兵家神话。"

蒯彻叹道:"将军神勇,名不虚传,打仗如玩小儿游戏。谁能想到,二十几万大军,付之潍水。神奇,神奇啊。"

韩信得胜,心情很好,坦诚道:"水淹联军,功在军师。先生提醒,才想起水淹废丘的故事。一开始,只想把联军诱进潍山,各个击破。没有军师,不知苦战到何时啊。"

李左车谦让道:"水淹联军,岂是我的功劳?用水是大将军的精心策划。水淹联军是步险棋,哪个环节出差,都将铸成大错。将军大智大勇,敢于冒险,方略精准,的确不同寻常。"

韩信高兴道:"当初,面对二十几万大军,我心里没底。汉军既不能速战,又不能久战,只能奇战。谁知区区潍水,成就我的大业。"

蒯彻道:"将军蛟龙化身,善于水战。水灌废丘,水淹联军,得心应手,前无古人,后无来者。"

韩信笑道:"先生过奖了。前无古人,玄乎;后无来者,不敢说。后生可畏,奇人必出啊。"

李左车道:"将军作战,善假于物,无论山丘,还是河流,皆化为兵,此所谓草木皆兵也。"

韩信怅然叹道:"好来好去,都是杀人。齐王骂我'杀人如麻',令我心颤。天下平定,才是我的心愿,何日才能无战啊?"

李左车亦叹道:"数年征伐,兵连祸结。父子分离,白首盼归。天下真的企盼和平啊。"

众人海阔天空,一路闲谈,来到临淄城外。蒯彻指一片空地,道:"这是孙膑赛马场。"

韩信兴趣频浓:"儿时,司马爷爷讲过孙膑赛马的故事,让我心动。我佩服孙膑,善于变化,没想到,今天竟来到他的身边。"

蒯彻道:"孙膑和将军比,相去甚远。孙膑除桂陵、马陵之战外,别无建树。将军自渡河以来,连破五国,历经数十几战,奇计百出。孙膑若在,岂不叹服。"

韩信道:"话不能这样讲。后人踩着前人的脚印走,孙膑永远是我的先生。"

众人到城门前,门拱上有石刻篆字:临淄。李左车说:"姜太公临淄建都,已有千年。千年古城,几度易主。历史沧桑,人世沧桑,令人慨叹。"

讲到姜太公,触动了韩信的感情,他叹道:"太公是个奇人,有万世之功。我曾拜访过太公祠,求先人助我。田氏窃国,今日诛灭,也是报应。"

蒯彻又赞道:"将军功德,不在太公之下,必名垂千古。"

韩信欣悦,嘴上辩道:"韩信岂敢妄比先人?现在,天下未定,大业未成,言功尚早。"

韩信春风得意,与众将进城。临淄城古朴典雅,热闹非凡,临街百姓,争先看大将军风采,街道为之不通。将士先导,吆喝着驱赶路边行人。丁字街头,一女子衣衫褴褛,胸挂皮鼓,当众卖唱,围观者百余人。面前木碗,好心人不时投来铜钱。忽然人群大乱,军士赶来,驱散人群,踢翻木碗,赶走卖唱人。韩信与众将经过,马踏散钱,直去王府。卖唱女子躲在人群中,远远观看,不敢声张。

韩信与众将在王府前下马,步入王宫。齐王宫丹墀碧廊,大殿巍峨,飞檐斗拱,深不可测。韩信于玉阶站定,回视全城,对李左车道:"布告齐民,奖励耕织,发展生产,遵守法令,共享太平。"

荥阳楚军大营,项羽独自在帐内闷坐,形如木雕。油灯昏黄,一撮光亮在风中摇曳。桌上的饭菜早凉了,项羽动也没动。虞姬轻轻步入,到项羽身边,轻声道:"将军,一天没吃饭了。"

项羽暴躁,吼道:"不吃!走开!"

虞姬没有走,把饭菜收在方盘内,叫道:"来人。"

侍从入。虞姬令道:"端出去,重做。"

侍从离去,虞姬劝道:"将军,天大的难事,妾愿与你一同度过。只恨妾是一女子,不能驰骋沙场。"

项羽无言,慢慢转过身,语气温和道:"别怪我。楚国二十万大军,二十万啊!韩信侵夺齐国,天下大势,难以把控了。"

虞姬轻声道:"亚父在门外等候多时,他也许有破解之策。"

项羽如梦初醒:"请他进来。"

范增入,深深施礼,虞姬退出。

项羽问道:"亚父可有破敌之策?"

范增面色赤红,微微咳嗽,道:"主公闭门三日,不见客人,老夫无法进帐啊!"

"是我一时急躁,切勿多虑。"

范增思想良久,轻声道:"看天下大势,轻重在韩信一人。韩信从汉,则汉胜;从楚,则楚胜。用兵已无可能,只能设计收之。"

项羽急问:"如何收买韩信?"

范增叹道:"人生在世,名利二字。主公若拜韩信为齐王,必欣然接受。主公于信有恩,则不为刘邦所用。"

项羽叹道:"楚已无当年之威矣。"

范增道:"韩信重兵在握,统治膏腴之地,不会甘为人臣。齐王之位,人生之极,岂能推辞?"

项羽信心不足,道:"韩信在我身边时屡谏不用,如今主动加封,怕不接受。"

范增低声道:"不接受也无妨,只要韩信自立,三分天下,楚则无忧矣。"

项羽惊问:"三分天下,韩信愿意否?"

范增轻咳两下,道:"为人君者治人,人臣者治于人,韩信岂能不懂此理?如今,韩信独据齐国,兼辖燕赵,天下三分有其一,韩信岂肯拱手让给他人?秦之所以速亡,一统之祸。无论七分,还是三分,诸侯制衡,天下方定。三分而治,对韩信易如翻掌。只要一片帛书,大事即可确定。若如此,天下格局,重新确立。楚国不能伐汉伐齐,汉亦无力伐楚矣。韩信若为刘邦所用,楚国必亡。"

项羽豁然:"鼎足而立,谁敢轻举妄动?妙计。谁替寡人出使韩信?"

"武涉。"

"只怕他不能说服韩信?"

范增道:"主公不知,武涉于韩信有恩,又是说辩之士,无论于国、于情、于理,非武涉莫属。天下大势,在此一举,将军留意,尽快实施。"

项羽兴奋道:"依先生之计。"

韩信入主齐王宫,安抚天下,与李左车等忙了七天七夜。这天稍有空闲,张成来见,问道:"大将军还记得田月娥吗?"

韩信疑问："结发之妻,刻骨铭心,岂能相忘?"

"城内有一女子,街头卖唱。看面相,难以相识,听唱词,吾深疑之为月娥。我主动上前搭话,只不应对。"

韩信急问："唱些什么?"

"大将军若不忘月娥,可亲自去听。不想认,也就算了。"

"何出此言?当初,我流浪淮阴,月娥帮助,真情永志。夜深人静时,常常想念,岂有不认之理?"

"若如此,随我来。"张成说完,拉韩信出宫。

丁字街头,一群人正在围观。远远听到击鼓声,随鼓声起落,女子轻轻唱道:

奴是淮阴人,家住河阳村。
路中识韩郎,私下定终身。
……

韩信听罢,大惊,急忙跑来,拨开人群,看那女子衣衫褴褛,不辨面目,唱词凄惨,拨人心弦。韩信想起进城时卖唱人,愧疚万分。仔细辨别面目,认不清月娥。曲罢,韩信主动送上铜钱,问道:"你是淮阴人?"

女子长发遮面,重重点头。

韩信掏出玉镯,问道:"可认识它?"

卖唱女抬头看韩信,泪水泉涌。从怀中掏出"兵"字腰牌,韩信大叫道:"月娥,我是韩信啊!"

"韩郎——"月娥长叫一声,扑进韩信怀里,顿时晕厥。

众人见之,无不惊奇。

韩信平定齐国,家人团聚,其乐融融。家事开心,国事却接二连三,应接不暇。一天,蒯彻见韩信,施礼后问道:"大将军平定齐国,可有想法?"

韩信没听明白,问道:"先生说的是?"

蒯彻避而不谈,问道:"将军破齐,汉王可有消息?"

"汉王使人祝贺。"

"只来祝贺,别无他事?"

韩信想一下,问道:"先生欲问何事?"

蒯彻看一眼韩信,道:"将军渡河以来,连破五国,独得半壁江山,且两次兵出荥阳,解主公之危。破魏时,割去王制,划分三郡,代亦郡制。破赵立张耳为王,燕国续用臧荼,其间又封彭越为梁王,齐国平定,汉王意欲何制?"

韩信摇头,一时无语。

蒯彻又看韩信,问道:"将军之功,远在张耳、臧荼、彭越之上,何不请立齐王?"

韩信沉默良久,答道:"请立之事,恐有不妥。主公若有此意,自然加封。"

蒯彻道:"只因刘邦无意,所以请立。凭将军之功,请立齐王,实不过分。"

韩信起身,轻踱数步,觉得不妥。摇头道:"要功,要名,不好,不好。"

蒯彻又劝道:"若请立齐王不妥,可请立假齐王。倘若刘邦不准,也有回旋余地。"

韩信沉思半晌:"假齐王,岂不让天下耻笑?"

蒯彻道:"刘邦无意加封,是没有办法的办法。"

韩信犹豫再三,答道:"就依先生吧。"

蒯彻自荐道:"将军修书一封,老夫愿出使荥阳。"

"辛苦先生了。"

刘邦兵拒荥阳,知韩信平定齐国,又喜又忧。喜则汉军实力壮大,忧则韩信拥兵自重,怕不听召唤。于是,派使者前来祝贺,一则表彰韩信军功,再则刺探韩信动向。使者回报,韩信拥戴主公,刘邦又喜。想起修武通衢客栈店主之言,又放心不下。刘邦不加封韩信,实有限制之意。一天,他正与张良、陈平商议齐国之事,内使报告:"韩信使者到。"

刘邦暗自一惊,脱口道:"韩信使使臣何干?"

张良劝道:"韩信使臣,主公务必认真接待。"

刘邦想了一下,叫道:"请。"

蒯彻趋入,见刘邦跪拜:"臣蒯彻受大将军使令,拜见汉王。"

"赐座。"

"谢主公。"

蒯彻呈上帛书,落座。刘邦打开书信,脸色越来越难看。突然大骂道:"将士浴血奋战,生死难测,寡人只望他出兵增援,不想,却坐享齐国,请立假齐王……"

蒯彻大惊,急忙解释道:"韩信本无请立之心,只因齐国爵高位重者甚多,恐有不服。众将力劝,大将军才勉强使臣来……"

张良、陈平听刘邦大骂,知其意,二人同时在桌下踩刘邦脚趾。刘邦顿悟,话锋一转,起身怨道:"大丈夫建功立业,理应加封。做王就做个真王。大姑娘放屁,羞羞答答,何必请立假王?回报大将军,寡人封他齐王。待印绶制好后,即去加封。"

刘邦翻云覆雨,弄得蒯彻一头雾水。

刘邦改口,张良如释负重,解释道:"刚才,主公与我等正在谈册封之事。主公贤明,有功必赏,韩将军封王,理所应当。只是荥阳战事紧张,主公心情烦躁,先生切勿多虑。"

蒯彻听出刘邦有不满之意,但经张良撮合,又觉得合理,谢道:"主公英明。"

蒯彻三拜,殷殷退出,刘邦不悦。张良劝道:"主公岂能如此粗心?韩信横扫河北,又破强齐,实力在楚汉之上。主公不立,必为项羽所用。稍有不慎,痛失权重,非同小可啊。"

刘邦怒道:"要挟寡人,岂有此理。"

张良再劝:"欲霸天下,必用韩信,岂可因小失大?"

刘邦面有愠色,默然不语。

韩信治理齐国,日理万机。案上,一宗案卷困扰。韩信看过卷宗,拿起来又放下,想了一会儿,又拿起来再看,脸色越发严肃,最后掷案起身,自语道:"赵方因贪污入狱?"

韩信踱步不止,自言自语:"是我害了他。在赵国,有人举报赵方,是我护短。若及时处置,何至今日?"

韩信正为赵方伤心,李左车入,跪地叩拜。韩信急忙扶起:"先生何故大礼?"

"国有国法,家有家规。无礼何以正天下。"

"韩信拜先生为师,以后就免了。"

李左车问道:"大将军叫老夫来,不知何事?"

韩信道:"汉王允诺,齐国复立王制,封我为王,想用先生为相,不知可否?"

李左车再拜道:"老夫早有归乡之意,实无相国之能。"

韩信惊问:"齐国刚刚平定,安邦定国,正需先生,何故退隐?韩信有不周之处吗?"

李左车谢道:"非也。老夫不通官场,性爱山林,本性使然,绝无他意。"

韩信劝道:"看天下还有一战,平定天下后,送先生还乡。"

"再战就是项羽了。当初,项羽救赵,于赵有恩,我不忍心与项羽作战。"

"先生儒者,知恩图报。既然不愿再战,只为相国,治理齐政。"

"老夫实在与相国无缘,大将军勿要强人所难。"李左车再次推辞。

韩信失望道:"用先生为相国,韩信之愿也,还请先生考虑。"

两人各有争执,忽有内臣报告:"武涉先生求见。"

韩信惊问:"武涉先生?"

武涉来,李左车趁机退出,韩信急出宫迎接。远见武涉,一身粗布,平民打扮,韩信施礼道:"有请先生,恕我未能远迎。"

武涉还礼:"拜见大将军。"

韩信喜不自禁,引武涉入宫,再拜道:"信在楚营,深受先生之恩,容我再谢。"

武涉止之:"大将军不忘旧情,武涉感动万分。今日身负项王重托,特来拜见。"

245

"项王重托,此言怎讲?"

武涉四下里看了一眼,见别无他人,低声道:"楚汉相争,三年有余。天下苦难,一言难尽。项王欲结束纷争,拜大将军为齐王。平衡刘项,以定天下。将军以为如何?"

韩信笑道:"先生知道,我在项王身边,官不过郎中,位不过执戟,致使我弃楚从汉。如今,我在汉王麾下,项王加封,岂不谬哉?"

武涉笑道:"天下诸侯,皆为项王所封,岂曰谬哉?"

韩信微笑道:"彼一时,此一时也。当初,项王一霸诸侯,分封在情理之中,而今为诸侯所困,何来分封之力?"

武涉看着韩信,认真道:"将军不受项王加封,也不勉强,但身为故友,劝将军一句,不知当讲否?"

"但讲无妨。"

武涉低声道:"足下自立齐王,三分天下,岂不自在?"

韩信惊道:"三分天下?"

"巨鼎三足而稳,天下三分必定,此万世之相也。"

韩信思想良久,摇头道:"三分天下,有负汉王之恩。"

武涉惊问道:"将军还想为刘邦出力吗?"

"大将军乃汉王所拜,为汉出力,理所当然。"

武涉劝道:"刘邦善帝王之术,唯利是图,不可信任。将军宜早做打算,否则必遭暗算。"

"汉王为人坦荡,唯才是举,何谓暗算?"

"刘邦猜忌、诡黠、少德、寡耻,将军还蒙在鼓里?"

韩信辩道:"在楚人眼里,汉王丑陋不堪,国使之然。"

武涉再劝道:"有实为证:秦王无道,豪杰并起,共诛暴秦。项王不矜其功,分封天下。刘邦却包藏祸心,再反诸侯,致使天下又乱,此为无德;适在鸿门,项王大义,宽让刘邦,他却不思图报,竟以怨报德,攻击项王,此为无义;刘邦兵败,自顾逃命,数推儿女于车下,此为无情。将军与无德、无义、无情之人为伍,岂不凶哉?"

韩信再辩:"先生错了。天下之乱,始于封王。当初,关中封王,我劝项王一统天下,集权在手,项王不听,致使天下再乱。即使汉王坐守巴蜀,天下亦乱,岂汉王之过哉?如今,汉王并吞诸侯,一统天下,正是大义。我随汉王,意在于此,何过之有?"

武涉急道:"大将军为情所惑,当断不断,必追悔莫及。"

韩信断然道:"先生于韩信有恩,若为私事,必以死相助,为国事来,请先生自重。"

武涉摇头不止,默然良久,自语道:"请将军好自为之。"

武涉不能说服韩信,喟然长叹,退出王宫。街上,正遇蒯彻。蒯彻拦住车马,喝道:"好大胆子,敢远涉千里,游说齐王?"

武涉下车施礼,反讥道:"何谓齐王?勉强加封,必不久长。"

"不要命了?"蒯彻吓唬道,"齐王押你见汉王,抽筋剥皮。"

武涉斥道:"我死而无憾,只痛心故人身临危檐,却不知险。更怨你,身为幕僚,麻木不仁,岂不哀哉!"

蒯彻诡黠一笑:"别胡说八道。先生远来,家有好酒,岂能不饮?"

"算你有情。"

蒯彻轻轻一笑,引武涉拐进小巷。

相隔数日,武涉回见项羽。范增背痛发作,项羽前来探望。武涉看范增两颊潮红,咳嗽不止,甚为揪心。项羽见武涉归来,急问道:"出使之事如何?"

武涉面有愧色,低声道:"老夫无能,有辱使命。"

项羽大失所望,不悦。武涉劝道:"主公不必灰心。出使齐国,偶遇故友蒯彻先生。与之长谈,誓要说服韩信。"

范增止住咳嗽,道:"如此甚好。为使韩信反目,老夫还有一计。"

项羽急问:"亚父请讲。"

范增低语数句,两人听后,皆喜。项羽狠狠道:"外蛊内惑,不反也难。"

汉四年(前203)三月,张良至齐,册封韩信,如期落实。齐国欢庆,临淄城张灯结彩,百戏汇演。齐王宫大宴三日,肉山酒海,无不尽欢。

册封结束,韩信留张良入住齐王宫。晚上,二人对饮。宴前,歌舞翩跹,丝竹悠扬。张良道:"汉王对此次册封,非常重视。出荥阳时,再三叮嘱,把事办好,不知足下满意否?"

韩信坦诚道:"我向主公请立,是为齐国安定。主公厚恩,拜我齐王,不胜高兴,岂有不满意之理?"

张良解释道:"那些天,荥阳战况吃紧,主公心情不好,动辄骂人,并非对你不满。"

韩信不以为然,表述衷肠:"韩信出身贫寒,母亲离世,埋葬的钱都没有,是乡邻帮助了我。而后从军,又不为项羽所用。被迫来汉营,主公破格拜我为大将军,使我有用武之地,扬名天下。知遇之恩,没齿不忘。先生回荥阳,代我致谢,愿受汉王驱使,无怨无悔。"

张良满意道:"主公对足下的才能佩服有加,常在众将面前说:若无大将军,汉军不知所以。主公讲的都是真话。"

韩信自谦:"是我捡了个便宜而已。"

张良赞道:"将军不必过谦。秦将章邯、魏王魏豹、赵将陈馀、齐将田横、楚将司马龙且,皆当世名将,都有决战决胜的美名。他们在将军面前,却如小丑。不是将军奇才,岂能败你手下?"

"也许,沾了主公的福气吧。"

张良劝道:"天下未定,和项羽必有一战,还请将军再建奇功,一统天下,名垂青史。"

韩信道:"我受汉王之恩,必以死相报。一统天下,一心不二,是我在三军面前许下的诺言。人无信不立,韩信不会改变初衷。"

两人边谈边饮,酒过数巡,张良从囊中取出玉龟,推在韩信面前:"此为汉王精心挑选的礼物。此龟出自秦宫,价值连城,天下独有。"

韩信看玉龟雕工精湛,栩栩如生,光泽温润,翠绿欲滴,跪受礼物,感动道:"谢主公赐宝。"

张良道:"龟有灵性,永恒、坚定,主公的心意都在里面呢。"

韩信大悟,答道:"龟有灵性,人更有灵性。"

韩信说完,拿出王宫珠宝账册,递给张良:"这是齐王宫所收器物,请为主公精选。先生喜欢的,尽管选用。"

张良道:"我向来与此物无缘。给汉王的,一定认真挑选。"

两人推杯换盏,投壶自乐,你言我语,直至深夜。第二天张良告别,韩信送至郊外,依依惜别。

韩信治理齐国,法度分明,赵方贪污案迫在眉睫。军政司列举罪证:谎报匈奴抢劫假案,侵吞银两。案情败露,连杀三人,欲以灭口。韩信详查案卷,案情、供词、证人、证物,铁证如山。韩信怒其不争,哀其不幸,左右为难。徘徊之际,忽有内臣报告:"李左车出西门而去。"

韩信惊问:"先生所带何物?"

"两个随从,一匹老马,驮着木箱。"

韩信想了一下,令道:"快备礼物,随我送先生。"

不多时,韩信骑千里雪,带一辆华车出城,追赶二十余里,方见李左车身影。他远远呼叫道:"先生,慢些走——"

李左车知韩信赶来,驻马相见。韩信近前,拱手道:"先生为何急去?"

李左车谦恭道:"主公事务繁忙,夜以继日,没敢打扰,还请谅解。"

韩信惜道:"我真心用先生为相,先生何必如此坚决。"

"并非老夫清高,只因我与富贵无缘。"

韩信叹息道:"人各有志,任先生去罢。远去赵国,千山万水,只怕老马体弱,难以承受。送你华车,缓解一路疲劳。"

李左车谢道:"有老马足矣,别无所求。"

韩信急道:"老马自管带走,华车及礼物也要带去。否则,韩信寝食不安。"

"不知是何礼物?"

"宫中藏书,还有金玉器物,皆世所罕见。"

李左车近前查看,道:"藏书老夫收下了。金玉器物与老夫无缘,请主公带回。"

韩信诚然道:"既然带来,就留下罢。若不喜欢,随便处置。回乡之后,不知先生意欲何为?"

李左车叹道:"有喜欢儒学的,交流交流;有喜欢兵学的,探讨探讨。没事时,给孩子们讲讲故事。"

"大智无欲。我身为齐王,虽然位高权重,但烦恼堆积如山。"

李左车谢过:"请主公留步。"

韩信怅然,驻足看李左车离去。他走不多远,韩信又叫道:"先生请留步。"

韩信追上前,问道:"今日一别,再难相见。临别之际,先生可有话说?"

李左车想了想,道:"看你尘缘未了,不敢多言。在此,想起碧龙观道长的话:'贪多失棋,贪功失身。'赠与将军,不知可用否。"

韩信再想多问,李左车却挥手离去。韩信怅然若失,对身边将领道:"带一队人马,送先生出齐境。传令各关隘渡口,接待先生,违令者,斩!"

李左车离去,韩信闷闷不乐。回到王宫,尚未坐稳,蒯彻来见。看韩信不悦,他劝道:"先生此去,如鸟归山林,池鱼入渊。主公高兴才对。"

韩信自责道:"寡人必有不周之处,先生故而离去。"

蒯彻摇头道:"人各有志,富贵并非人人所爱。"

韩信看着蒯彻,想用作相国,又觉不妥,闭口不语。蒯彻见韩信不语,问道:"刘邦苦斗荥阳,主公作何想法?"

韩信道:"大军备战,欲发兵彭城。彭城危,项羽必还,大军伏而击之,必斩项羽。若如此,天下可定矣。"

蒯彻笑而不答。

韩信问道:"先生为何发笑?"

蒯彻又笑,少顷答道:"将军用兵,惊天地,泣鬼神,有主宰万物之才,可是……"

蒯彻欲言又止,韩信急问:"吞吞吐吐,这是为何?"

蒯彻低耳轻声:"何必为他人做嫁衣?"

"此话怎讲?"

"主公想,除掉项羽,于齐何益?"

"先生的意思是?"

蒯彻再次发笑,环顾左右,见空无一人,然后凑近韩信,神神秘秘地问道:"听人说,主公喜欢相术,可有此事?"

韩信看蒯彻越发神秘,不知其意,答道:"贫贱时,有人相我必成大业,果中其言。"

蒯彻问道:"主公知道姑布子卿否?"

"姑布子卿乃相术鼻祖,听人讲过,但不知相术如何。"

蒯彻道:"姑布先生相人,没走过眼。当初,中山赵简子请姑布先生相看太子,看过二十余人,断言道:'无成大器者。'赵简子很伤心。姑布先生说,婢女所生毋恤,可当大任。赵简子用先生之策,起用毋恤,果然成就大业。他就是创立赵国的赵襄子。"

"姑布相术,如此灵验?"

"当然。姑布相人,有三个要诀:观人骨法可知贵贱,查人气色可知忧喜,看人决断可知成败。此三诀百试不爽。"

"先生亦懂此诀?"

蒯彻点头道:"在下是姑布先生第五代传人,对相术颇有研究。"

韩信笑道:"洛阳道士,原来是深藏不露的术士?若如此,看看我的成败吧?"

蒯彻目视韩信,笑而不答。

韩信急道:"神神秘秘的,为何不语?"

蒯彻近前,压低声音:"相君之面,最多不过封侯,且岌岌可危;相君之背,贵不可言。"

韩信不解,问道:"此中何意?"

蒯彻又神秘起来,看着韩信轻声道:"将军贵贱,只在向背之间。"

韩信大悟,惊道:"先生要我背叛汉王?"

"嘘——"蒯彻压低声音,不让声张。

韩信表面平静,内心却翻江倒海。蒯彻抓住机会,劝道:"主公只有背离汉王,才有大富大贵,否则……"

"否则怎样?"

"必为刘邦所擒。"

韩信一惊,轻轻笑道:"先生错了。寡人身为齐王,为何说最多封侯,岂不谬哉?"

蒯彻肯定道:"封王是暂时的。项羽在,王位安;项羽破,王位难保。"

韩信起身,哈哈大笑:"危言耸听,危言耸听啊。"

蒯彻急忙把韩信拉回座位,小声道:"隔墙有耳。"

韩信看着蒯彻,问道:"劝本王谋反,你不怕杀头吗?"

"在下忠心不二,杀我岂不误了大事。"

韩信责备道:"你不是狂人,必是妄人。"

蒯彻急道:"在下披肝沥胆,既不是狂人,也不是妄人,而是心腹之人。担心主公祸福,切勿错怪。"

"请先生详细道来。"

蒯彻慷慨陈词:"当今天下,刘项争霸,相拒荥阳,恰如二虎相斗。刘邦以谋略见长,拒楚于京索之间;项羽以勇力取胜,一败再败刘邦。然而,刘邦借将军之力,复取荥阳,再战项羽。两人争利,不知耗费多少粮食,死去多少性命。战场尸体相藉,血流成河。往往父子同死,兄弟皆亡;战场外征粮纳税,苛捐如刀,百姓不堪重负。千村僻立,万户萧条。耕地荒芜,鸡犬不闻。天下百姓,祈盼安宁,望眼欲穿。"

"说得不错,这与寡人自立有何关系。"

蒯彻道:"如今,急需一位能者,拯天下,救万民。谁能担此重任?唯有主公。将军自东渡黄河以来,破魏灭代,伐赵降燕,又取强齐。如今身居齐国,拥兵自重,从汉则汉胜,与楚则楚胜。鄙人思忖数日,独立为佳。若与刘项三分天下,鼎足而居,可熄战火,灭争斗,共度太平。"

韩信问道:"三分天下,岂能太平?"

"天下鼎足而立,刘、项皆不敢轻举妄动。二人再斗,必两败俱伤,则是足下天机。将军以燕赵之利,强齐之势,为民请命,吊民伐罪,先灭刘,再图项,则天下必归德于齐。大王以德服天下,诸侯必东向称臣,主公可成万世基业也。天赐良机,倘若不用,必受制于人。"

"先生是说,先三分天下,再归德于齐?"

蒯彻点头道:"此帝王之业也。"

韩信沉思,良久不语,而后重重摇头。

蒯彻道:"主公不可犹豫。刘邦善于权谋,无端猜忌,厚颜无耻,狡黠诡诈。主公若依附刘邦,必受制于人。"

"何以见得?"

蒯彻道:"鄙人出使荥阳,刘邦对将军请立,不满在胸。封王只为安抚人心,笼络足下,并非真意。项王兵败,足下必遭暗算。"

韩信思考良久,摇头道:"汉王对我很好。他坐的车给我坐,他穿的衣服给我穿,他吃的饭给我吃。我听说,坐人家的车子,要为之解难;穿人家的衣服,要为之分忧;吃人家的饭,要为之做事。朋友尚讲信义,何况君臣?汉王刚刚封我齐王,岂有背叛之理?"

蒯彻急道:"足下错了。帝王之术,在于权谋。信义在帝王眼里,不如狗屎。有史为证:张耳、陈馀有刎颈之交,后来反目,不共戴天;至于君臣,说起来更令人心寒。文种、范蠡,出生入死,为勾践谋划大业。勾践得天下,即杀文种,谋范蠡。狡兔死,走狗烹;飞鸟尽,良弓藏;天下定,谋臣亡,此为帝王之术。足下之危,在楚亡之后;将军机会,在楚亡之前。主公切莫坐失良机。"

韩信思忖良久,道:"汉中拜将以来,寡人感汉王之恩,立志一统天下。如今,大业将成,岂能为一己之私,弃大志,背信义,遗臭后人?"

蒯彻再谏道:"俗话说:'勇略震主者身危,功高盖世者不赏。'主公戴震主之威,挟不赏之功,归楚,则项羽怀疑;归汉,则刘邦不信。只有三分自立,才是最佳选择。"

韩信沉思半晌,摇头道:"谢先生直言,容我思考。"

蒯彻起身,临别之际又叮嘱道:"天下时机,不会重来,务请主公果断。"

蒯彻小心离去,韩信心中翻江倒海,木雕石刻一般,静坐至深夜。

齐王府后宫,赵圆独在室内,临窗望着花圃:栾说有心无意地浇花。

栾说看似平静,却心神不安,不时朝房里张望。他在花圃磨蹭半天,趁四下无人,向赵圆房前走来。赵圆一阵心跳,想离开却又不想离开。犹豫间栾说来到窗外,轻声道:"圆,我有话说。"

赵圆一阵心跳,隔窗不语。

栾说知赵圆听得见,低声道:"齐王要杀你哥哥,知道吗?"

赵圆大惊,急问道:"胡说,为何杀我哥哥?"

"自己去问吧。"

窗外无语。良久,赵圆偷偷看时,栾说已经离去。赵圆忐忑不安,想问韩信,却不见他的身影。

天晚,赵圆在王宫寻到韩信。黑暗中,韩信静坐,如一尊雕像。赵圆悄悄入内,到韩信面前,恭恭敬敬地叫道:"大将军——"

韩信如梦初醒,见赵圆悲伤,让她坐下。赵圆没有坐,突然跪在韩信面前,泪如泉涌,悲切叫道:"将军……"

韩信诧异,问道:"何故如此?"

赵圆悲痛道:"大将军,为何要杀我哥哥?"

韩信大悟,沉重道:"赵方贪污军饷,雇凶杀人,军政司三报案情,大案轰动全城……"

赵圆急道:"哥哥一时糊涂,财迷心窍,违犯国法。请将军看妾薄面,给他一条生路。"

韩信沉思良久,道:"军中有令,贪一马者,杀头;贪五马者,弃市;贪十马者,凌迟。赵方谎报假案,贪污二十匹马军饷。事发后,又雇凶杀人,实属不赦。"

赵圆见韩信不应,抱住大腿,哭道:"将军,我和哥哥从小没有爹娘,相依为命,流浪四方。没有哥哥,我怎么活啊。"

韩信左右为难,摇头不止:"全军备战,谁知赵方竟弄出这样事来。在赵国时,他就有贪污行为,是我庇护了他。没想到,他不思悔改,贪之更甚,是我害了他。"

赵圆泪流满面,央求道:"将军,饶过哥哥,妾愿当牛做马,伺候将军。"

韩信不语。赵圆急道:"将军,只要你一句话,哥哥就没事了。"

赵圆哭成泪人,韩信仰望窗外,不忍相看:"一句话可以饶他,但全军就失去了对我的信任。身为齐王,失信于国,失信于全军,后果有多严重,你想过没有?赵方手段恶劣,案中有案。如今,已满城风雨,众将都看着此案,我怎能枉法?"

赵圆大哭:"将军,饶过哥哥吧。求你将他贬为庶民,他可以坐牢,当牛做马。留他一条性命……"

韩信痛心道:"我何尝想杀他?叫他习胡语,效胡俗,还想重用他呢。可事到如今,没那么简单了。"

赵圆哭叫着:"将军,饶过哥哥吧!"

韩信沉思良久,突然叫道:"来人,扶赵圆回后宫休息。"

侍女入,赵圆不走,撕心裂肺地呼叫:"将军,饶过哥哥吧……"

韩信心情复杂,伤心伫立,直至天明。

项羽用范增计,屡创汉军,刘邦深患之。张良、陈平共用反间计,乘夜重金公开贿赂范增,明示楚军,引发项羽疑心。张良又派奸细到楚军散布谣言,项羽愈加怀疑。武涉看出了刘邦的反间计,使人出使汉营,却被刘邦利用。开始,范增没放在心上,后来见项羽信以为真,大骂项羽浅薄,带重病赌气离开楚军。武涉得知,力劝项羽,二人急忙追赶。范增年逾七十,气病交加,背痛发作,孤单单地死在客馆。项羽知道上当,不可挽回,大哭一场。项羽雄心勃勃,一个范增却不能用,岂不哀哉!范增死后,武涉用范增遗计,离间韩信。

一天,沿黄河巡哨时,将士们捉了个商人。将士怀疑不已,将他押回楚营见项羽。

武涉看商人毫无畏惧,先疑三分,问道:"干啥的?"

"卖布商人。"

"布呢?"

"被将士没收了。"

"商人趋利,两军交战,避之唯恐不及,岂敢前来卖布?"

武涉训问后,令人搜查,竟从夹衣里查出帛书。项羽看过,竟是刘邦令韩信会战固陵的书信。项羽大怒,武涉反而大喜,道:"正好配合先生的反间计。"

项羽急问:"此话怎讲?"

武涉道:"刘邦要韩信用兵,韩信不知,自然不会出兵。韩信不出兵,必然引起刘邦的猜忌,再有反间计推波助澜,两王岂能无隙?"

项羽大喜,连叫:"妙计,妙计。"

荥阳城内,街上随处有汉军往来,庶民都远远躲在深巷。临街店铺,大多萧条,只有铁炉红火。十几个军人在打制兵器,丁丁当当,忙个不停。一个货郎挑担从巷子里走来,到铁匠炉外,和大兵打了个招呼后,放下货担,进屋喝水。

货郎喝过水,四处看了一眼,对身边的大个子道:"听说了吗? 韩信和刘邦翻脸了。"

大个子惊问:"真的吗?"

货郎神神秘秘:"街上士兵都在议论呢。韩信拥兵自立,把汉王的书信都扯了。"

大个子想了一下:"汉王、楚王、齐王,三日同天,热闹了。"

货郎压低声音:"小心点,别外传。"

大个子摇摇头:"口袋嘴扎得住,人嘴扎不住啊。"

一校尉入室。货郎神秘一笑:"军爷,要啥货……"

校尉没有理睬,货郎微笑离去。大个子悄悄对校尉道:"韩信把主公信使杀了,要三分天下呢。"

校尉大惊:"谁说的?"

"军中都传开了,这事能有假?"

校尉惊奇,出门对身边人道:"韩信造反,天下三分了。"

军人听后,无不大惊:"三分天下?"

几个人围在一起,神秘地问:"谁三分天下?"

"嘘——"校尉压低声音,把众人驱散。

货郎离去,在路边对买货的人道:"出大事了。齐王和汉王闹翻脸,三分天下了。"

买货人问道:"是好事还是坏事?"

"谁能说清楚呢,问问别人吧。"

城东,几个士兵议论:韩信造反了……

城西,又几个士兵议论:天下三分了……

城南城北同样议论:韩信杀汉使,三分天下了……

消息像风一样,很快在荥阳传开,闹得沸沸扬扬。刘邦得知,气得在室内团团转,大骂道:"韩信,我待你不薄。是我拜你为大将军,是我封你为齐王。忘恩负义,恩将仇报,我必杀你……"

刘邦气得不行,张良急入:"主公,找我何事?"

刘邦盛怒,骂道:"韩信反了,想三分天下。你说,我哪儿对不住他?"

张良问道:"韩信三分天下,主公何以知之?"

"城里无人不知,先生何必佯问?"

"只因为城里无人不知,而主公却不知,怪就怪在这里。主公想,这么大的事,为何先在城里传开?"

刘邦忽然醒悟:"你说其中有诈?"

"依我看,十有八九是谣言。"

"何以见得?"

张良道:"臣在齐国时,曾与韩信彻夜长谈。他言语恳切,感戴主公,言出于心,发自肺腑。韩信为人坦率,表里如一,我想,他不会背叛主公。"

刘邦想了一下:"你这只是猜测,有何实据?"

"是猜测不假,可三分天下有实据吗?"

刘邦沉思,悟道:"先生说得有理,但也不能不防。韩信拥兵自重,万一弄假成真,岂不坏我大事?"

张良想了一下:"传言为虚,猜测也不实。最好叫赵王出使齐国,以探虚实。"

刘邦大喜:"好。传张耳,出使韩信。"

荥阳满城风雨,刘邦焦虑不安,韩信却一无所知。家事国事,让他焦头烂额。晚上,室内寂静,韩信独立窗口,一缕淡淡的月光照在地上。月娥入,悄悄到韩信身边,轻声道:"赵圆哭成泪人,实在可怜,饶过赵方吧。监禁起来,或者流放,也是办法。"

韩信为难:"从感情上说,没有半分理由杀赵方。可从法纪上讲,赵方罪该万死。赦免赵方,在我一言,可大案轰动全军,满城风雨,倘若枉法,只恐全军不服。坏了纲纪,如何治军,怎么治国?"

月娥又劝道:"赵圆是家人,若杀赵方,必伤感情,以后如何相处啊?"

"你费点心,劝劝赵圆。"韩信不愿谈这事,岔开话题,"夫人不知,有人劝我自立,与刘项三分天下,这让我不知所措。"

月娥急问:"三分天下,还要打仗吗?"

"难说。相互争利,难有太平。"

"打仗不好。"月娥道,"连年争战,人命如草,切不可再打仗啦。寻夫路上,千村鸡犬无声,白骨暴露荒野,田地荒芜,十村九空,天下都在遭难啊。粪土功名,太平才是万民之福。"

韩信沉思良久:"夫人说得对,功名如粪土。天下太平,才最珍贵。"

月娥劝道:"韩郎流浪淮阴,受胯下之辱,何时想过今日?如今身居高位,已是人极,知足才对。"

"谢夫人。"韩信点头道,"李左车先生走时,送我一言'贪多失棋,贪功失身',与夫人不谋而合。"

第二天,韩信如释负重。灌婴来访,韩信叫道:"拿笔墨来。"

灌婴惊问:"主公手掌利剑,怎想起笔墨来了?"

韩信道:"剑能杀敌,笔墨言志,各有妙处。"

说话时,侍臣送来笔墨、白绢。韩信饱蘸浓墨,在白绢上大书:天下一统。

灌婴看后,连声叫好:"主公笔墨,字字千金。"

韩信兴致正浓,侍臣忽报:"赵王来访。"

韩信十分意外,急出王府,迎接张耳。两人见面,各有礼数。礼毕,韩信问道:"赵王来访,为何不事先告知,韩信也好出城迎接啊。"

张耳笑道:"怕打扰齐王,才悄然来访。意外相见,更有几分惊喜,你说是吗?"

韩信笑道:"赵王真有情调。"

"足下封王,早想前来祝贺。只是忙得不行,拖到今日。"

韩信毫无戒备,热情道:"请到宫中叙话。"

韩信引张耳入王宫,一路走来,谈笑风生。

张耳入宫,看到案前题字,问道:"何人墨宝?"

"拙笔。"

张耳赞道:"一言九鼎,大义千古。"

韩信问道:"悬于堂前,你看如何?"

张耳认真道:"愿帮齐王悬挂。"

"此等粗事,岂劳赵王动手。"

"何谓粗事,此为大事。吾必亲自将它挂于堂前。"张耳帮韩信悬挂墨宝,把它挂得堂堂正正。

事毕,韩信道:"赵王远道而来,鞍马劳顿,先小饮几樽。明日聚百官,设大宴,为赵王接风。"

不多时,酒肴齐备,韩信与张耳对饮,席前丝竹入耳。张耳举樽道:"将军拜为齐王,可喜可贺。今日相见,一如初识。张耳借此樽,以示祝贺。"

张耳举杯相敬,两人共饮。韩信道:"赵王前来祝贺,韩信不胜荣幸。想当初,您称王时,我还是楚军一卒。今日与赵王平起平坐,深感主公之恩。"

"是啊,汉王知人善任,有功必赏,值得信赖。你我都是汉王所封,知遇之恩,天高地厚啊。"

韩信大悦:"此生不遇汉王,哪有大将风采,更无齐王荣耀,韩信都记着呢。"

张耳问道:"当今天下,汉楚对峙,楚国后方空虚,率军直捣彭城如何?"

韩信高兴道:"本王正有此意。若大军直捣彭城,项羽必回师东顾,而后半路击之,楚军可破,项羽可擒,天下可定矣。"

张耳释然,开怀大笑。两人举樽共饮,投壶猜酒,不胜欢欣。三巡之后,韩信带半分酒意,感慨道:"始自秦末,天下纷争,逐利如流。几多王侯将相,死于乱军,几多无名之辈,显赫扬名。大浪淘沙,始有今日。韩信出身贫寒,受胯下之辱,历经普通一兵,今日高登齐王宝座,此生足矣。当初,拜将坛上,我对全军发誓:还定三秦,东伐诸侯,一统天下。几年来,不忘初心,践行诺言,终于有所成就。"

张耳举樽赞道:"是金子,总要闪光;是锥子,总会脱颖而出。将军之才,天下难得。而今,大业将成,功名将就。平定项羽,天下一统,将军则有太公之功,德荫子孙,永世不绝。"

韩信大喜,道:"太公用兵,一统大周,韩信用兵,誓一统大汉。太公封在齐国,韩信在齐称王,天缘巧合,岂不让我欣慰。"

张耳大笑:"人说,五百年一个轮回,这就是天意。"

韩信愈加兴奋:"适在儿时,司马先生讲太公故事,尊之为神。足下推我太公之功,岂不让我感慨。韩信愿竭驽钝,再效犬马,一统天下,此生足矣。"

韩信说完,起身为张耳敬酒,连饮数樽,然后叫道:"歌舞。"

舞女飘然而至,音乐再响,韩信拉张耳起身,与歌女共舞,场面欢腾。

张耳在齐国备受崇敬,小宴接连大宴,七天后,张耳告别韩信。回荥阳禀报情况。刘邦心头上的一块石头落地。

赵方案几经波折,韩信顾全大局,毫无松动。一天,韩信亲自来狱中探望。赵方蓬头垢面,躺在杂草中,看韩信来,急忙起身,抓住栅栏,叫道:"大、大将军……"

韩信严肃地问道:"采购军马,虚报假案,贪污钱财,真有此事?"

"大将军,小的一时糊涂,做出蠢事。"

韩信长叹道:"贪那多钱何用?"

"小的,想购买田产,留给子孙。"

韩信恨道:"你好糊涂啊,从古到今,富不过三代。子孙比我强,自有生财路;子孙若糊涂,金山守不住。你财迷心窍,自作自受。"

赵方惊叫:"大哥,救救我。"

"我救不了你。"

韩信愠怒,拂袖而去。走不远,身后又传来赵方凄凉的叫声:"大哥——你要我习胡语,效胡俗,我都学会了啊。"

韩信突然站住,慢慢回头。赵方跪在牢门前,可怜至极。

"不是惊天大案,必有重用,可是……"

韩信颤抖着,仰天叹息,沉思少顷,毅然离去。

南门外刑场上,空无一人,赵方尸体在地,头颅悬挂木杆。木砧血污,苍蝇起落。一只狗红着双眼在不远处打转。

远处,齐民议论着:

"听说,是齐王亲戚,怎么被斩首了?"

"贪污。宣布罪状时,我听到了。"

"够狠的,王子犯法,与庶民同罪。"

"怎么没人收尸呢?"

"收尸？这叫弃市。要暴尸三天呢,谁敢收尸……"

远处,赵圆不顾一切地从城里跑来,顾不得血污,扑在赵方尸体上大哭:"哥哥啊,咱们从小流浪,只想富贵。富贵有了,可你得到什么了……哥哥啊,妹妹没能救你,好惨啊……"

赵圆一边哭,一边脱下长裙,为赵方覆盖尸体。

栾说紧随赵圆赶到刑场。他一言不发,爬上木杆,摘下人头,安在尸体上。赵圆见栾说不惧生死,帮她收尸,泪水陡涌。她不顾一切,扑在栾说怀里,失声叫道:"栾说哥哥……"

栾说表情严肃,仍一言不发,慢慢推开赵圆,脱下上衣,把赵方的头盖上……

军政司斩过赵方,官兵回城。监斩官尚未坐稳,校尉急报:"有人为赵方收尸。"

监斩官大怒:"谁这大胆子?"

"看穿戴,像王宫里的人。"

"王宫收尸?"

军政官急来刑场查看,竟是王妃,不禁大惊,只好悄悄回城。

齐王宫里,月娥没有一点表情,独自静候。管家隙孔入,见月娥施礼:"夫人,找我有事?"

"带几个人,买口棺木,把赵方尸体收了。"

隙孔急道:"赵方大案,要暴尸三天呢。是否向主公汇报?"

月娥烦道:"叫你去,只管去。有事找我。"

"遵命,夫人。"

韩信斩杀赵方,心情也不好,闭门谢客,在后宫闷坐三天。这天来到王宫,恰好蒯彻求见。蒯彻入宫,施礼后开门见山地说道:"三分天下,主公为何疑而不决?"

韩信断然道:"三分天下,此路不通。"

蒯彻劝道:"足下出路,唯在三分,否则必受制于人,眼下关键在决断。足下身为齐王,勿以为高枕无忧,其实,祸在位高权重。常言道:'日中则昃,物极必反……'"

韩信原本就很烦躁,打断蒯彻:"先生为我着想,谢了。韩信岂能为一己之私,祸乱天下?"

蒯彻披肝沥胆,喋喋不休:"足下身在危处而不知危,不算聪明;知成而不知变,不算智慧。聪者在于谋事,智者在于断事。骏马踟蹰不前,不如劣马走得远。孟贲虽勇,犹豫不决,不如庸夫做番事业。如此寡断,必临大祸。时机呀,时机,你不把握它,就会抛弃你。今日,老夫冒死强谏,请足下思之,再思之。"

韩信不语,闭上双眼,面对蒯彻,恹恹欲睡。蒯彻怅然若失,偶然抬头,看到"天下一统"题字,大惊,自语道:"我说得太多了,话太显露了。塌天大祸,自己惹的……我累了,该休息了……"

蒯彻自言自语,跌跌撞撞地退出王宫。回到住所,他不知所为,三天三夜,不能入睡,徘徊室内,自语道:"劝说齐王谋反,闯大祸了……自作聪明,一厢情愿,自作自受……"

一天,韩信在王宫里处理公文,侍卫入报:"蒯彻疯了。"

韩信惊问:"蒯彻疯了?"

侍卫报道:"蒯彻披头散发,裸衣跣足,手举巫祝,唱唱跳跳,朝东门而去。"

韩信想了一下,摆手道:"让他去,不要惊动,让他去吧……"

韩信在齐国休整完毕,率三十万大军、战将千员向定陶进发。行军路上,韩信对众将道:"今日出征,决胜项羽,功在千古。"

灌婴问道:"兵发荥阳?"

韩信道:"击楚何需袭远?兵指彭城,项羽必上门送死。"

曹参提醒道:"小心楚军铁骑。"

韩信笑道:"攻城是假,伏击为真,此围魏救赵之法。铁骑来了,求之不得。"

灌婴又道:"项羽是否会上当?"

韩信道:"兵法云:'攻其必救,歼其救者。'项羽恋家如命,岂容彭城丢失?各位放心,伏兵下邑,必获全胜。"

荥阳楚军大营,项羽只盼两王相斗。武涉亦觉万无一失,谁知意外发生,信使飞报:"韩信率三十万大军兵发定陶,有攻取彭城态势。"

项羽听后,大惊失色,急召武涉商议。武涉知韩信出兵,反间计失败,大失所望,沉思良久,再出计策,对项羽低声数语。项羽点头,忧虑道:"只怕刘邦老儿不依。"

第十章　钓鱼术　垓下灭楚

韩信斩杀赵方,威慑全军,士气大振,却引发赵圆情变。韩信出征,齐王府变得空荡。赵圆房前,盛开的鲜花已经败落。园子里无活可作,栾说却像更夫一样,每日准时到来。清理着无关紧要的残枝败叶,活计总干不完。栾说一来,赵圆就站在窗前,隔着纱帘偷偷观看,有时竟整日不肯离去。

栾说终于赢得心上人,暗中有约。晚上,赵圆辗转反侧,不能入睡。夜半,房外忽然一声轻响。赵圆有悟,单衣起身,候在门内。

栾说轻如山猫,四处望了一会儿,来到门外,轻轻一推,门虚掩着。栾说暗喜,倏然而入。黑暗中,赵圆如饥似渴,猛地扑来,抱住栾说,情感堤坝,轰然倒塌。

栾说如虎似狼,把赵圆紧紧搂在怀里。泾渭清浊,瞬间合为一处。

荥阳汉王府,刘邦知韩信出兵,大喜,急找张良商议策略。恰好此时楚使送来书信。刘邦展开玉帛,竟是战书:

> 楚汉相争,三年有余。两王相斗,天下吃苦,财富耗尽。如今,死伤累累,万众盼归。为结束争斗,约日与汉军决战。不战则各自退守封地,以谢天下。

刘邦看罢,拿不定主意,张良喜出望外,激动道:"天赐良机终于来了。"

刘邦急问:"先生以为,是战是和?"

"当然是和。"张良肯定道,"汉楚相争,三年有余,难得有这一天。"

"先生有何计策?"

张良低声道:"诈和。"

"诈和?"刘邦惊问。

张良坚定道:"汉楚相斗,天下不堪重负。楚军讲和,只忧韩信。回复项羽,应约罢战,待其退兵时,令韩信、彭越,会战固陵。必一举灭楚。若如此,天下可定,大业可成矣。"

刘邦大喜,遂发书数封,准备会战固陵。

项羽收到休兵罢战的帛书,释放吕雉,以示友好。武涉道:"刘邦狡黠之徒,虽然应约,却难全信。不如挟持吕雉,退守彭城,而后再议。"

项羽以为有理,但又想表达真诚,一时拿不定主意,回帐后问虞姬。虞姬劝道:"打仗不干女人的事,何必糟蹋吕雉?"

项羽道:"若不是美人,吕雉早已除之。若放了她,刘邦反悔怎么办?"

虞姬道:"吕雉在刘邦心中,无足轻重。放她走,不过是空水人情。胁迫吕雉,倒显将军无度。"

项羽想了想:"听美人的。"

吕雉得知自己被放归,自觉喜出天降,出楚营见汉使迎接,一车一马,大为不快。汉使前来,吕雉不上车,冷冷地问道:"刘邦为何不来接我?"

"汉王来多有不便,请夫人谅解。"

吕雉怒,斥汉使:"我为他坐牢,他把我忘了吧?"

汉使恭恭敬敬,好言相劝,才扶得吕雉上车。

项羽释放吕夫人,如期退兵,一路进发,这天抵达固陵。天色将晚,楚军扎营。项羽入帐,刚刚解掉铠甲,武涉急入,低声报告:"主公,汉军假意讲和,欲与韩信、彭越会战固陵。刘邦率大军尾随杀来。"

项羽大惊:"何以知之?"

"钟离将军截获刘邦信使。"武涉说完递上帛书。

项羽抓过书信,看罢,在半空中挥动,恨道:"刘邦老儿,出尔反尔,我誓杀汝。"

武涉道:"刘邦既然来,正好决战。钟离将军就在附近,速调钟离眛来固陵。天下大势,或可逆转。"

项羽令道:"调钟离将军,会战固陵,斩杀刘邦老儿。"

刘邦率大军尾随楚军,杀至阳夏,谁知百密一疏,会战计划为项羽所知。晚上,刘邦入住县城,却不见韩信、彭越消息,担心地问道:"为何不见韩、彭二将?"

张良摇头,说不出缘由。

刘邦急道:"二将不来,如何会战项羽?"

张良沉思道:"按约定,韩、彭二人,应当到达,可是……"

刘邦低头转了几圈,骂道:"翅膀硬了,不听寡人的了?"

张良分析道:"是否信使出了差错?"

刘邦恨道:"没那么简单,彭越只在附近,为何也不来?"

张良沉思良久,道:"韩、彭二人,不听调动,必对主公不满。韩信封齐,却没封地。不如把陈县至睢阳、谷城以东至大海,封给韩信;睢阳至谷城以西封给彭越。二人见封,必然高兴,召之必来。"

刘邦急道:"远水不解近渴。"

张良心急,连夜再派使者,出使韩、彭。

夜里,刘邦愈感不安,坐卧不宁,难以入睡。天将黎明,刘邦迷糊欲睡,忽听城内喧哗,街上大叫:"楚军进城啦——"

刘邦大惊,奋然而起,惊叫道:"难不成再有彭城之祸吗?"

太仆赶来,惊叫道:"主公,快与我出城!"

刘邦慌不择路,急随太仆上马,率数十骑,逃向西门。

樊哙在城中苦战项羽,两人杀得天翻地覆。周勃怕樊哙有失,前来助战。刘邦不顾将士,逃出西门,天已大亮。行不多远,钟离眛率军杀来,远远叫道:"斩杀刘邦,大功!"

刘邦惊恐万状,落荒而逃,楚军穷追不舍。逃出十余里,一条大河拦住去路,刘邦大惊。太仆叫道:"刘广,护主公过河,我等与楚军拼命。"

太仆转身,一马当先,率众杀回。荒野上,楚汉两军杀作一团,战不多时,侍卫纷纷倒下,楚军围攻太仆。太仆力战,连杀十数人,不能脱身。钟离昧赶来,再战。五六个回合,钟离昧刺杀太仆于马下。

刘广是刘邦侄儿,他护送刘邦,纵马过河,哪知水深,行走艰难。危急时,钟离昧赶到河边,刘邦驱马刚刚上岸。钟离昧拈弓搭箭,瞄准刘邦后心射来。恰在此时,马登河岸,箭中马股,刘邦摔在马下。

钟离昧见刘邦摔倒,大叫道:"刘邦老儿,拿命来!"

钟离昧纵马过河,擒拿刘邦。危急中,刘广把刘邦扶上自己的战马,刘邦逃离。刘广徒步持枪,与钟离昧战于水中,专刺马股。钟离昧躲闪数次,刺杀刘广,上岸时,刘邦已逃出三四里。

刘邦心急,只恨跑得慢,连策马股。回头见钟离昧追来,手脚僵硬,不听使用。危急时刻,夏侯婴率三千军,从山丘后杀来。刘邦大呼:"夏侯将军,快来救我。"

夏侯婴救得刘邦,迎战楚军。钟离昧看汉军势众,恨道:"可惜,跑了刘邦老儿。"

刘邦得救,不知跑了多远,苦撑一天。夜晚,在小山上宿营,得知太仆殉国,侄儿战死,不胜悲痛,深恨钟离昧。张良知道刘邦差点丧命,自责不已:"会战固陵,我之过也,请主公责备。"

刘邦宽恕道:"先生无过,过在韩信,过在彭越。他们若如期而至,项羽纵有三头六臂,也该斩了。"

张良道:"依我看,韩信可能直取彭城。在齐国时,他说过攻城打援。"

刘邦恨道:"当初,我攻彭城,他却主张攻打项羽;如今要他打项羽,却擅自进攻彭城,岂有此理!"

漫漫长夜,众将士在寒冷中等待天明。拂晓,山下一骑驰来。众将惊醒,准备迎敌。张良道:"孤身一骑,不像楚军。"

单骑上山,原来是汉使。汉使见刘邦跪报:"主公,楚军退却。"

刘邦惊问:"楚军退了?"

"昨天夜里,楚军悄悄退走了。"

张良沉思道:"定是韩信,搅了彭城。"

刘邦深恨钟离昧,令道:"夏侯将军,追杀楚军,有斩杀钟离昧者,封侯!"

一声令下,汉军重整旗鼓,尾随楚军,乘怒杀来。

正如张良所料,韩信使吕马童率一万人马,佯攻彭城。灌婴、曹参、高邑等重兵在下邑布防。项羽闪攻,取得阳夏,却不能会剿汉军。忽闻彭城危机,连夜退兵。汉军尾随杀来,混战中武涉身中流矢,伤势严重。多亏钟离昧奋勇抵抗,才甩掉追兵。项羽十万大军,且战且退,回师彭城。

路上,项羽鼓励将士道:"三年前,诸侯五十六万大军袭取彭城,我三万铁骑,马踏诸侯大营,刘邦闻风丧胆。韩信得意忘形,故伎重演,寡人誓必斩之!"

楚军风尘滚滚,一路进发。傍晚,一片山丘横住路上。项羽问道:"此为何地?"

武涉倚坐车上,一路颠簸,伤情益重,听项羽发问,让将士扶起身观看,对项羽道:"此为下邑地界。"

项羽大喜道:"过下邑,就到彭城了。将士们,进山。"

武涉努力大叫一声:"慢!"

项羽问道:"先生,为何不走?"

武涉挣扎着从车上站起身,抬眼望去:眼前山峦起伏,林木茂密,道路难行。时值冬季,草木干枯,落叶覆地,柴草易燃。武涉道:"走不得,绕道而行。"

项羽惊问:"为何走不得?"

武涉捂住伤口,轻咳数声,道:"地形复杂,草木干枯,山中充满杀气。韩信若埋伏一军,以火攻之,大军休矣。"

项羽急道:"可彭城就在眼前啊!"

武涉止道:"韩信用兵不俗,不会坐守彭城。下邑山丘,酷似马陵道。当年孙庞斗智,火烧马陵,逼庞涓自杀。楚军若走下邑,必有马陵之危。"

项羽先是一惊,又怒道:"纵使刀山火海,有何惧哉?"

武涉力谏:"主公冲锋陷阵,英雄盖世,却短于用智。韩信用心打仗,善于伏击,下邑绝不可走。"

项羽急道:"不走下邑,去往何处?"

武涉声音无力,指道:"绕道垓下。若站稳脚跟,再取彭城。"

项羽狠狠地朝山区看了一眼,令道:"去垓下。"

其实,韩信早在山区撒下天罗地网,准备火攻。不承想,项羽用武涉计,绕道垓下,韩信计划落空,只好撤离,向垓下移兵。

项羽率大军来到垓下,武涉顾不得伤痛,坐在车上查看地形。垓下镇邑,土城不高,人不过千,地势平坦,无险可守。武涉查看后自语道:"垓下并非久居之地。"

武涉巡查回来,楚军正忙着扎营。项羽前来问候:"先生受箭伤,一路颠簸,又未进食,快回帐休息吧。"

武涉撑起身子,谏道:"我查看地形,垓下四面受敌,不可久留。将军若取彭城,当然是好。若不能如愿,宜早做准备,另寻出路。"

项羽急道:"彭城只在眼前,还要将士去哪里?"

武涉声音不高,但很坚定:"近守东城,远据江东。留得青山在,不怕没柴烧。"

项羽大叫:"不!寡人不能丢下彭城!先生身体不好,快回帐中休息。"

武涉再谏,项羽不听,侍卫上前,护送武涉入帐。

当晚,项羽与众将议事,义愤道:"明日三更造饭,五更用餐,黎明出发,晚上在彭城会餐。各位将领。有信心吗?"

众将不语。

项羽急躁:"说话啊?明早我亲自出征,踏平汉营。"

大司马周殷低声道:"主公,今日楚军,不可昔比。将士辛劳,半月有余。疲惫不堪,亟待休整。"

项羽急道:"休整半月,彭城再难夺回。现在出兵,正是时机,我等岂能坐失彭城?"

周殷道:"韩信占据彭城,半月有余,韩信用兵……"

周殷未说完,项羽怒道:"怕死,可以不去,别在我眼前长韩信威风。明日用兵,寡人誓捉韩信,以解心头之恨。"

周殷不语。这时,侍卫急入,神色紧张,到项羽身边轻声道:"先生病重,怕不行了。"

项羽大惊:"先生不行了?"

侍卫道:"先生伤口流血,一路未止,是撑到垓下的。"

项羽急向帐外跑去。众将得知武涉病重,急来看望。

帐内,凄凉寒冷,武涉身卧麦草,昏迷不醒。油灯暗淡,灯火在寒风中摇曳。项羽入帐,扑到武涉身边,叫道:"先生,你怎么样?"

武涉听到呼叫,微微睁开眼睛,苦笑了一下。项羽哭道:"先生,楚军不能没有你啊。"

灯火摇曳,几欲熄灭。弥留之际,武涉声音无力:"大战在即,不能随将士出、出征,可惜……"

项羽痛哭道:"先生,你挺住啊!"

武涉声音微弱:"我死后,就地埋葬,切不可发丧……"

项羽点头,流泪满面:"先生,可有话说?"

武涉声音很低,项羽俯身细听:"主公切记,近守东城,远拒江、江东……"

项羽仔细听着,声音逐渐断绝,抬头看时,武涉脸色蜡黄,头歪向一边。

项羽大恸,叫道:"先生,你去了,军中之事,可问谁人……"

众将见武涉死去,跪地送行,无不垂泪。

项羽一心想收回彭城,不听武涉劝阻,第二天,将要出兵,周殷再谏道:"先生遗言,近守东城,远拒江东,切不可恋战。"

项羽愤然:"彭城乃楚国之本,寡人岂能不管?退守江东,让寡人做丧家之犬吗?"

周殷强谏:"全军士气不高,亟待休整,错过时机,追悔莫及。"

项羽怒道:"请勿多言。丢了彭城,有何面目见江东父老?集合将士,攻取彭城!"

项羽不听周殷的劝阻,亲率三万大军向彭城杀来。兵临濉水,项羽挥军过河。时值旱季,濉水不深,楚军过河,将到堤岸,突然冒出许多汉军,万箭齐发,楚军伤亡惨重,慌忙退回。

项羽大怒:"浅浅濉水,岂能阻我大军?冲过去,消灭汉军!"

楚军呼啸,再次杀来。汉军仍用弓箭抵抗,楚军不能上前,死伤甚众。项羽甚急,一马当先,奋勇杀来,士气再起。灌婴在岸上,指挥汉军,见项羽杀来,对身边道:"骑乌骓者,项羽也。推出丁氏弩,射杀项羽。"

几个人推出弩车,强弩手拉开弩弓,瞄准项羽,灌婴令道:"发!"

一支重箭,伴着怪叫,射向项羽前心。项羽身手不凡,眼观六路,耳听八方。听到怪声,知道有箭,闪眼看去,一支重箭飞来。项羽大惊,侧身躲过,射中身后将领,连毙两人。项羽惊魂未定,又一支重箭飞来,闪身又躲过,连毙二卒。项羽吓了一身冷汗,急令道:"撤军。"

项羽退回垓下,心气浮躁,坐卧不宁。项悍入,项羽问道:"可有钟离昧消息?"

项悍回答:"钟离将军断后,陷入汉军重围,生死不明。"

项羽没好气地叫道:"派人查找,我要钟离将军。"

项悍应承,将要退出,项羽问道:"军中粮草如何?"

项悍道:"军中粮草最多可用十日,若坚守垓下,必备粮草。"

项羽想了想:"令项声去阴陵、东城征粮,寡人誓死夺回彭城!"

韩信放弃下邑,回师彭城,只防不攻。曹参问其用意,韩信答道:"彭城如鱼饵,项羽欲吞之。攻击过急,项羽必放弃鱼饵,退守江东。再伐项羽,难上加难。"

曹参佩服道:"大将军用兵,处处皆妙计。"

两人说话时,使者报告:"汉王到城外了。"

韩信知刘邦来,同曹参出城迎接,刘邦、夏侯婴等在城外与韩信相见,大喜。韩信上前施礼:"主公一路辛苦。"

刘邦还礼,高兴地说道:"荥阳一别,二年有余,大将军劳苦功高,寡人祝贺啦。"

韩信自谦道:"托主公洪福。"

二将见过各位将领,一同进城。

刘邦再进彭城,不胜感慨,更恨项羽。当初,彭城惊魂,差点断送大业。得知项羽兵驻垓下,急招众将议事。楚王宫内,江淮图本挂在正面,刘邦、韩信首座,樊哙、夏侯婴、周勃、曹参、灌婴、英布、彭越、刘贾、孔聚、柴武等三十余将列座。刘邦看过众将,庄严道:"各位,与楚军决战,只在眼前,为一战决胜,定鼎天下,寡人使韩信统率三军。全军将士,务必听令于大将军,不得有误。"

众将信服韩信,齐呼:"听令于大将军。"

韩信看了一眼刘邦,起身道:"各位将领,与楚军决战,即将开始。项羽其人,性情暴躁,处事急躁,失败焦躁,是刚愎自用,自恃勇力之人。因此,开战后不要心急。以柔克刚,以缓治急,以困代战。"

刘邦和众将听得认真。韩信环顾一周,继续道:"各位将领,知道如何钓鱼吗?大鱼上钩时,切不要急于收线。要有足够的耐心,让上钩之鱼挣扎,待它精疲力竭后,再慢慢拉出水面。这样,大鱼才能为你所擒。若急于收线,鱼必奋力挣脱。这样,不但得不到鱼,还会遭受损失。项羽就是上了钩的大鱼,各位将领,用钓鱼战术对付项羽。"

夏侯婴道:"钓鱼战术,讲得好。"

韩信慷慨陈词:"垓下会战,分三步展开。首先,包围楚军。各军务必在两天内,完成对楚军的包围。有彭城做诱饵,项羽决不忍心离去,这是包围楚军的良机。其次,拖垮楚军。包围项羽后,围而不攻,攻而不歼。敌来我退,敌退我逼。楚军弱点,在于粮草,大军必先断其粮草。若如此,楚军必不攻自破。最后,围歼楚军。项羽困守不能,待援无望,势必铤而走险,拼死突围。那时,再与楚军作最后一战。"

刘邦频频点头,插言道:"各位将领,按大将军计策行事,不得吓跑项羽,务求一战完胜。"

韩信走到图前,指点道:"英布将军,你率本部人马攻取东城,控制阴陵,切断楚军粮道。控制粮道后,走阴陵,渡淮水从东面进逼垓下。"

英布起身:"遵令。"

"樊哙、曹参二将,东南方位是垓下主战场,楚军兵败,必在此突围,二将务必以死相拼,卡住楚军退路。逃了项羽,拿你们是问。"

二将起身:"遵令。"

韩信继续布防道:"刘贾将军,兵出六县,渡淮水,从西南方位进逼垓下。彭越、孔聚二将,各带三万人马,从西、北两个方位进逼垓下;柴武将军,率本部人马从北面骚扰楚军;周勃将军,率三万人马从东面进逼垓下;夏侯婴将军,率五万人马,保护主公,正面进攻,伺机南下;灌婴将军,率弩军与我一同作战,进逼骚扰楚军。"

众将起身:"遵令。"

"各位将领,此为十面埋伏,楚军纵有天大本事,亦插翅难飞。各部要相互配合,协同作战,谁跑了项羽,军法从事!"

众将齐呼:"斩杀项羽!"

刘邦看众将士气高涨,大悦:"各位将领,务要小心作战,不让项羽渡江。逃了项羽,提头见我。斩杀项羽,赐千金,封万户侯。"

众将受令,分头散去。

晚上,韩信查看江淮图本,张成悄然入室。韩信引张成到图前:"项王勇力,军中无人匹敌,只怕跑了项羽。找你来,再做布防。"

张成疑问道:"大将军让我擒拿项羽?"

韩信点头道:"项羽勇力过人,冲锋陷阵,所向披靡,但头脑简单,疏于谋略。你可在沿途布防,迟滞楚军。尤其在江边,设置天道假象,阻止项羽过江。"

韩信说完,在图本上指点良久。张成连连点头,受令而去。

汉军坚守彭城,暗中调兵。项羽以为汉军胆怯,不敢来犯,三次主动进攻彭城,都无功而返。这天败归,一身铠甲入帐,大骂道:"小小濉水,阻我大军,岂有此理!"

帐内黑暗,空无一人,更无人献计。项羽心中空落,烦躁不安,莫名其妙地吼道,"走吧,你们都走吧!"

黑暗中,虞姬秉烛,悄然进帐。到项羽身边,为他解去铠甲,一言不发。项羽郁闷,问道:"美人,为何也无一言?"

虞姬温馨道:"将军,妾不懂打仗,不知从何说起。"

项羽叹道:"寡人征战,天下无敌,为何那么多人离我而去?叔父走了,韩信去了,陈平投汉,英布降敌,钟离昧生死不明。正是用人之际,亚父作古,武涉伤故,上天要亡我项羽吗?"

虞姬劝道:"妾听说,汉军正四面包围垓下,将军宜早作打算。先生有言,近守东城,远拒江东。江东沃野千里,带甲百万,不失帝王基业。"

项羽长叹:"美人不知我心。寡人自江东起兵,横扫诸侯。章邯伏地,秦王俯首,极盛一时。项羽威名,诸侯震惊,退守江东,有何面目见父老哇?"

虞姬又劝道:"一人愧对江东,换十万将士新生,岂不值得?"

项羽刚愎自用,怒道:"我宁战死彭城,绝不做丧家之犬。"

虞姬无可奈何,流泪收起铠甲,劝道:"吃饭吧。"

项羽木然不动,陷入深深的思索。

这天清晨,项羽早起,还想进攻彭城。侍卫急报:"韩信率大军来营前挑战。"

项羽大喜,正是斩杀韩信的机会,急问:"韩信真的来了?"

"一将白马素袍,自称韩信,要见主公。"

项羽兴奋道:"来得正好,牵寡人乌骓来。"

不多时,项羽率军打开寨门,到军前一看,果然是韩信。

韩信骑千里雪,银盔银甲,身披素袍,手执马鞭,腰挂楚王剑。灌婴、高邑率弓弩手伏在两侧。盾墙在前,弩军在后,甲士次第,阵形严整。盾墙开处,韩信出阵,面对项羽,拱手施礼:"项将军,别来无恙否?"

韩信彬彬有礼,项羽越发生气,以主仆的态度骂道:"侍卫韩信,身为楚人,本应为楚效劳,为何背主求荣,投靠刘邦?"

韩信不急不躁,答道:"当初,身在楚营,也想做番事业,然而将军刚愎自用,自以为是,百谏不用,最不该动杀机。信心灰意冷,弃楚从汉,何过之有?"

项羽自知理亏,怒骂道:"竖子韩信,下马投降,饶你不死。否则,马踏肉泥。"

韩信微微一笑："楚军陷入重围，将军插翅难飞，不思投降，反而耀武扬威，不识时务。"

项羽大怒："包围我千重万重，犹如蛛丝。乌合之众，枯草朽木。今日让你见识我的厉害。"

项羽转身对楚军令道："活捉韩信，封侯！"

楚军一跃而起，呼叫着杀来。韩信不慌不忙，退入阵中，盾墙关闭。楚军近时，箭如飞雨，转眼之间，死伤无数。

项羽盛怒，大叫一声："韩信，拿命来。"

话音未落，纵马冲来。丁氏弩早有准备，待项羽临近，强弩再发怪响。项羽警觉，拨动长戟，巨箭落地。谁知重弩连发，项羽躲闪再三，心惊胆怯，不敢逞能，只好驱赶将士向前。楚军再次拥来，又是万箭齐发，死伤无数。

汉军放过三通箭，主动退却。项羽又喜，大叫道："汉军败绩，追杀韩信！"

楚军尾随韩信，再次杀来，刚上土冈，又中埋伏。万弩齐发，楚军惊魂。汉军且战且退，伏兵不断。楚军连遭打击，不敢疯狂，远离汉军，踟蹰不前。

项羽近前，驱赶将士，再次杀来。转过一座大丘，汉军却不知去向。犹豫间，一骑驰来，远指芦苇丛："主公，看，韩信。"

项羽望去，果见韩信旗号，令道："杀过去，活捉韩信！"

楚军呼叫着杀下土丘，到芦苇丛边，始见芦苇又高又密。项羽怯步。项悍求功心切，高叫："杀进苇丛。"

将士踏着小路，小心进入。芦苇浩如烟海，将士很快没了身影。项羽想起武涉的话，大叫道："天干物燥，防止火攻，退。"

恰在这时，芦苇丛四处火起，顿时连成火海。大火冲天，呜呜怪响。火龙随风起落，在半空飞舞。项羽惊出一身冷汗，幸亏及时退出，损失不大。

楚军惊魂未定，山冈上又有汉军杀来。居高临下，只用弓弩进攻，并不交战。楚军奋勇拼杀，汉军又主动退去。

项羽冲上土冈，汉军已退去三五里远。军士忽又指道："看，韩信旗号。"

项羽向远处望去，韩信旗号，不紧不慢，向远处走去。

项羽大怒，下令追杀，副将大叫："小心埋伏。"

项羽心有余悸，只好停下。

如此再三，项羽和汉军周旋一天。汉军神出鬼没，时击时退，时隐时现，来去自如，项羽大骂不止。天色将晚，项羽率军回营，路过一片树林，觉得可疑，先派出一军，打探道路。百余人在前，将近树林，汉军突然杀出。灌婴横枪立马，大叫道："蠢猪，拿命来。"

话音刚落，弩箭齐发，前导军无一生还。

项羽大惊，绕道而去，汉军也不追赶。

天色已晚，人迹模糊。项羽大叫："加快速度，回营。"

楚军苦战，一无所获，天色渐暗，恐有袭击，跑步回营。谁知又一支汉军从背后杀来。项羽令项悍断后，且战且退。

项悍大叫："保卫项王，畏缩怯战者，斩！"

项悍率领楚军，准备与汉军交战。汉军并未进攻，远远地呼喊一通，主动退去。

项羽回营到帐中，已是深夜，连骂韩信："胯下辱儿，是何战法？"

项羽丢下铁戟，没脱铠甲。虞姬端水来，项羽咚咚喝过水，又骂道："懦夫韩信，不敢交战。只用弓箭，狗屁战法……"

虞姬劝道："将军息怒，解下铠甲，吃饭吧。"

项羽不理虞姬，喃喃道："明日，必杀韩信……"

虞姬再唤项羽时，已是鼾声如雷。

项羽正在酣睡，前哨官独闯大帐，侍卫拦住："项王刚刚休息，有事明日再报。"

前哨官怒道："重要军情，必须急报。"

虞姬出帐，问道："何事，如此紧急？"

前哨官见虞姬，跪地大哭："夫人，粮草被劫，项声将军战死……"

项羽突然出帐，抓起前哨官，喝问道："何人劫我粮草？"

"英、英布。运不走的,全烧毁啦。"

项羽大叫:"黥布,寡人封你九江王,为何叛我?"

周殷得知粮草被劫,急见项羽,劝道:"主公,想个万全之策吧。"

"何谓万全之策?"

"听先生的,退守江东。"

项羽怒斥:"敢乱我军心否?"

周殷力劝道:"突出重围,已是万幸。再有迟疑,十万将士,必葬身垓下。"

项羽怒起,拔剑在手,骂道:"猪狗,敢咒我大军?"

虞姬见项羽发怒,急上前劝阻:"大司马是为楚军好啊。"

项羽收剑,恨道:"再乱军心,定斩不饶!"

周殷不语,自此再无谏议。

一天,下起小雪。雪不大,天也不冷,前哨官来报,韩信又来挑战。项羽率军出营,却不见韩信,问道:"韩信呢?"

前哨报告:"韩信见主公迎战,主动撤走。"

"向哪儿跑了?"

"前方三五里。"

项羽怒:"韩信畏我,不敢交战,追!"

项羽率军追上一道土梁,遭汉军伏击。和先前一样,汉军射一通箭,主动离去。项悍追赶,果然看到韩信旗号,急报项羽。项羽赶来,三五里外,一马平川,一队人马远去。雪中留下杂乱的脚印。

项羽看汉军无处藏身,大叫一声:"斩杀韩信!"

楚军一片呼喊,杀下土冈。两军渐近,韩信却不慌不忙,在不远处闲走。项悍高叫:"追杀韩信。"

将士奋勇上前,谁知一声巨响,将士踏破薄冰,落在水里。原来河水冻结薄冰,覆盖小雪。雪上脚印尽是汉军伪装,楚军毫无怀疑。人多过重,压破薄冰,楚军落水者众多,急忙往回逃。这时,汉军赶到岸边,弩箭齐发,楚军再遭损失。

项羽顺原路退回土冈,一将指道:"韩信旗号。"

项羽气得大叫道:"哪来那么多的韩信?"

项悍到项羽身边,低声道:"将军,将士没吃早饭,回营吧。"

项羽远望韩信,任他离去,狠狠地说道:"回营。"

太阳升到半空,没有一点血色。雪后风起,逐渐寒冷,楚营一片沉寂。周殷屡谏不听,闷闷不乐,独坐帐中吃炒麦,忽听帐外人声嘈杂。周殷正想去看,侍卫急入:"将军,将士分饭不均,打起来了。"

周殷急出,营外十几人打成一团。周殷大声喝道:"住手!"

众人停下来,将士脸上有血,身上有粥,一塌糊涂。周殷训道:"看你们,还像军人吗?"

小校突然跪下,哭道:"将军,我们吃不饱。"

周殷想了想,令道:"杀马。"

校尉大惊:"将军,不能杀啊!"

"将士饿死,留马何用?杀!"

校尉狠狠地看了小校一眼,不忍动手。

韩信近身侍卫周长水,专门饲养千里雪。他填完草料,见韩信一人在帐中,近前道:"将军,小的有件事,想和您说。"

韩信热情道:"咱在一起,就是兄弟。有话只管说,别客气。"

周长水看了一眼韩信:"叔叔周殷,是楚军大司马。我看,楚军日子不长了,怕乱军中,伤害叔父。想去楚军说服他投诚,行不?"

韩信高兴道:"行啊。你叔父若投诚,他在楚军官居何职,照常任用,你也有军功。"

周长水高兴道:"谢大将军。"

周长水将走,韩信叫道:"慢着。待我修书一封,以作物证。"

周长水跪地磕头,再谢。

项羽独坐帐中,一筹莫展。虞姬端饭入,项羽问道:"汉军三天没来挑战,不知有何用意?"

"依妾之见,汉军欲困死楚军。"

项羽久战不胜,有退军之意,点头道:"不能再拖了。"

"将军,吃过饭再议吧。"

项羽走到桌前,看了一眼饭食,问道:"此为何肉?"

"马肉。"

项羽大叫:"为何杀马?我不吃马肉!"

虞姬劝道:"将军,军中无粮,将士们杀马,都哭了。"

项羽大叫:"是谁杀马,谁让杀马了?谁杀马我就杀他。端下去!"

虞姬对身边人令道:"将军不吃马肉,端下去。"

侍卫出,项羽长叹道:"韩信打的啥仗?我历经数十战,从未这样窝囊。一身勇力,不知往哪里用。一击就退,一追必中埋伏。楚军不战,他又来挑战,气煞我也。"

"韩信在折磨将军。"

"每次战斗,楚军伤亡都不大,可二十几天累加起来,楚军伤亡近半了。现在,军中无粮,士兵哗变,会出大乱子。"项羽茫然,无可奈何。

"突围吧,大军不能困死。"虞姬再劝。

项羽默默点头。

夜里,周殷邀来众将,问道:"各位兄弟,本将召你们来,知道做啥吗?"

众人互相看一眼,无语。

"请你们吃肉。"

众将欣然:"吃肉?有这等好事?"

周殷大声道:"端上来。"

一股香气,随风飘来,满满的一盆肉,热气腾腾,吊人胃口。肉放在中间,没人动手,周殷大声道:"吃。"说完,带头拿起一块,众将纷纷动手。一将问道:"啥肉?"

周殷喝道:"管他啥肉,只管吃。"

另一将道:"不像马肉,肉丝嫩嫩的,味道怪怪的。"

众人饥饿,不多时把肉吃光。周殷问道:"知道啥肉吗?"

众将摇头。周殷道:"人肉。"

众将听说是人肉,无不作呕。周殷斥道:"呕什么?总比饿死好。马杀光了,哪有马肉?我和你们说,这肉,不能白吃。"

一将问道:"听令将军。"

周殷神秘道:"我受项王命令,今夜偷袭汉营,谁与我同去?"

"愿随将军,生死与共。"

"好。既然愿意,我不会亏待你们。回去准备,午夜出发。告诉将士们,偷袭汉营,绝密行动,不得声张。"

"是。"

众将离去,周殷留下心腹,直言道:"和你们说,今晚偷营,实为兄弟找条生路。"

心腹惊问:"投汉?"

周殷点头:"大军困守垓下,不降即亡,别无选择。从现在起,有胆敢不从或有反抗者,格杀勿论。"

项羽帐内,灯火昏暗。项羽心情不好,独自饮酒,项悍急入:"主公,周殷偷袭汉营,你知道吗?"

项羽大惊:"绝无此事。"

项悍大悟道:"不好,周殷投汉去了。"

项羽怒起:"周殷降汉?"

"是的。周殷率部下悄悄离开楚营,说是夜袭汉军。觉得蹊跷,特来和主公对证。"

项羽怒道:"追回周殷,杀无赦。"

项悍匆匆离去。项羽披甲持戟,怒冲冲地出帐。

项悍率军出营,追赶十余里,不见周殷身影,怕中埋伏,只好退回楚营。

周殷降汉,项羽不敢声张,怕扰乱军心,谁知汉军来营前挑战,张扬周殷归汉,至使楚军人心思变,斗志涣散。

楚军饥寒交迫,一日难于一日。项羽看大势不妙,想起武涉嘱托,但为时已晚。夜半,项羽在帐中与虞姬对饮,几樽过后,看着虞姬,不胜伤感:"美人,寡人对不起你。自美姬陪伴我以来,有几个安稳日子?王宫广厦,住过几天?"

虞姬通情达理:"妾随将军出征,无怨无悔。"

项羽愈加伤感:"眼下,楚军被困,前程难卜,美人何归?"

虞姬有所悟,落泪道:"妾蒙将军不弃,此生足矣。"

"人生难觅知己,寡人惜哉!"

虞姬劝道:"大王宜早做打算。先生之言,切记在心。"

项羽感慨万千:"天下财富,皆在彭城,送与刘邦老儿,寡人岂能甘心。"

虞姬见项羽伤感,举杯共饮,忽听营外响起歌声。项羽惊讶,急出大帐。

残月如钩,天色灰暗,大地朦胧,土冈那边,传来低沉、悲壮的楚歌:

> 四海归一兮,天下属刘;
> 楚营无食兮,汉军有粥。
> 人心向汉兮,诸侯归顺;
> 斩杀项王兮,千金购头。
> ……

夜深寂静,歌声回转,随风送远,在楚营起伏飘落。楚军被歌声惊醒,静坐帐中,无不泪下。项羽大惊,哀声叹道:"寡人穷途末路了吗?"

楚歌在黑暗中越传越广,遍传楚营。人心思变,项羽怆然,回帐沉思,良久,突然大叫:"拿酒来!"

虞姬再端美酒,项羽自斟,独饮一樽。虞姬看项羽情绪不好,一言不发,为项羽斟酒。项羽默然,连干三樽。

虞姬道:"大王切莫伤心,妾陪大王共饮。"

虞姬为项王满酒,自己也满一樽,与项羽举杯,一饮而尽。

几樽酒落肚,项羽静静地看着虞姬,面似桃花,不禁感慨:"我自得美姬,常伴身边,助我征战,激我斗志,所到之处,无不披靡。谁想到,天道逆转,兵困垓下。楚军将灭,美姬将属何人?"

言罢,伤感落泪。

虞姬噙满泪水,答道:"妾出身江东,家室微寒。秦时,尽收天下美女,填入宫中。只以为老死秦宫,谁知身遇大王,待我如知己,妾心满足,死而无憾矣。"

虞姬说完,潜然泪下。举樽陪项王共饮。

项羽见虞姬香腮挂泪,不胜伤感:"想当初,寡人叱咤风云,驰骋天下,诸侯匍匐而行。起兵以来,身经数十战,往来驰骋,皆如小儿游戏。如今,一身勇力,不知所用,兵困垓下,美姬不保,枉为一世英雄。"

项羽说完,唏嘘不已,又饮一樽。

虞姬劝道:"大王威风,天下莫属。虽困垓下,尚不足虑。江东地广人众,足以为王,何必伤心落泪,丧失丈夫之志?"

项羽叹道:"自江东起兵,极盛一时,兵败回乡,愧对父老。"

项羽说完,愈加伤感,又干一樽。然后,他手举空樽道:"昔日,我和美姬饮酒,皆有音乐伴奏,歌女起舞。今日愿作歌以助酒兴,说罢,起身离座,拔剑在手,起舞作歌,唱道:

> 力拔山兮气盖世,
> 时不利兮骓不逝。
> 骓不逝兮可奈何,
> 虞兮虞兮奈若何?

项羽边歌边舞,反复咏唱,声音悲切,感慨万千。

虞姬会意,起身道:"大丈夫以江山为重,岂能儿女情长。妾随大王五年,生为大王人,死做大王鬼。妾愿了断私情,祝大王远行。遂起身与项王共舞,和唱道:

> 汉兵已略地,
> 四方楚歌声。
> 大王气若尽,
> 贱妾何聊生。

虞姬与项羽对舞,两人边唱边舞,歌咏数遍。其声凄凄,其音惨惨,其形翩翩,其情绵绵。

虞姬唱罢,拔项王剑,自刎而死。

项羽大惊,见虞姬慢慢倒下,大恸,抱住虞姬,惊叫:"美人,美人,我的心肝啊——"

虞姬身子软了下去,微笑:"今日了断私情,只为将军壮行。大王先回江东,妾愿化作游魂,追随大王远行……"

项羽血染战袍,恸哭不止:"虞姬啊,项羽枉为英雄,岂不让我心碎……"

众将入,看虞姬自刎,无不惊叹。

项羽流泪,梳理虞姬衣巾,良久,大叫道:"车载虞姬,突围!"

项悍谏道:"车载虞姬,多有不便。万军之中,恐伤玉体,不如就地安葬,待春暖花开,再接虞姬香魂。"

众人齐声劝道:"车载虞姬,恐伤玉体……"

项羽默然:"也罢。安葬虞姬。"

荒草萋萋,北风萧萧,繁星点点,悲歌幽幽。众将护卫虞姬下葬。美人仪态安祥,似有微笑。项羽以琴弦陪葬,又脱战袍,为其覆盖,然后垂泪,轻轻说道:"美人,等着我,项羽必来接你……"

项羽说完,双手捂脸,转身离去,长啸:"突围——"

楚军突围,组织不当,十分混乱,如黄蜂炸巢,蚁群溃穴。黑暗中,楚营互相传递消息:"突围。突围……"

一将急问:"朝哪里突围?"

不知谁在回答:"向东城。"

将士随人流逃走。

黑暗中,汉军拦住去路,一顿砍杀,数十楚军倒下。又有数百楚军冲过来,转眼间又倒下。

星光下,楚军跪在地上,举手投降,一片哭嚎。

项悍纵马在前,所过之处,汉军仆地。慌乱间,樊哙杀来,拦住项悍,大叫道:"项羽匹夫,留下性命。"

项悍挺枪战樊哙,叫道:"是你项悍爷爷。"

两人混战数合,项悍不敢恋战,寻机逃走,樊哙顺手一枪,刺中项悍,项悍翻身落马。樊哙复刺,项悍大叫而死。

樊哙复战溃军,无不仆地。

黑暗中,项羽一马当先,冲锋在前,所过之处,汉军无不披靡。

汉军深惧项羽,不敢阻拦。楚将纵马,随项羽身后,杀开一条血路,冲出重围……

这一夜,对于楚军,无比漫长,极其悲惨!

早晨,太阳慢慢升起,像血一样红。旷无人迹的荒原,尸横遍野,刀枪相藉,兵车裂毂,战马僵卧。残破的楚旗,斜插在死尸中间,无力低垂。一匹烈马,挣扎数次,不能起身。

北风呼叫,像哭。

半空中,一只猛禽,俯冲下来,啄食人肠,向远处飞去。近处,乌鸦在尸骸中起落,啄食人肉。远处,狼群撕扯着人体,急红双眼。江东八千子弟,楚军数万将士,一夜间魂归荒野。

韩信骑千里雪,驻马荒丘,眼望悲惨,形如雕塑。樊哙、周勃、灌婴、曹参纵马远来,将近,韩信问道:"项王何在?"

灌婴道:"不见项王。"

韩信大叫:"樊、曹二将,可见项王?"

二将低声答道:"不见项王。"

"追杀项王,平定天下!"韩信大怒道,"灌婴听令,速带轻骑,追杀项羽。跑了项羽,军法从事。"

"遵令。"

"曹参将军,带两千骑兵,配合灌婴,封锁江岸。逃了项羽,同罪。"

"遵令。"

"樊哙、周勃二将,遍查项羽,活要见人,死则见尸。"

"遵令。"

众将分头而去。灌婴聚收骑兵,在马上令道:"杨喜、杨武、吕胜、王翳、吕马童,各率一千轻骑,追杀项王。跑了项王,提头来见我。"

"遵令。"

五将各点人马,从风而去。灌婴率大队骑兵,滚滚南来。

项羽突出重围,一口气跑到天亮,回头望去,不见汉军踪影,问道:"突围几何?"

"八百余骑。"

项羽伫马长叹:"谁知一败垓下,竟如此悲惨?"

副将问道:"项王,去哪里?"

项羽看一眼将士:"去东城。"

副将传令:"去东城。向东城进发。"

八百楚骑,马不停蹄,逃向东城。路遇岔口,不知朝哪里走。项羽勒住缰绳,问道:"朝何处去?"

众将四处张望,副将手指路边:"项王,你看。"

项羽看去,一农夫在田间劳作。项羽纵马向前,戟指农夫,问道:"农家,去东城怎走?"

农夫看了一眼项羽,朝东一指:"向左。"

项羽勒马回身,令道:"左行。"

一声令下,众将士跟随项羽,向东而来。一开始路还好走,后来越发难走。道路逐渐变窄,泥泞湿滑。路到尽头,竟是一片大泽。湖水蒸腾,茫茫一片。众将大惊。副将急道:"主公,我们被骗了。"

项羽恨道:"可恶农夫,我必杀汝!"

项羽勒转马头,顺原路返回,路口再寻找农夫,早已不见人影。项羽数百骑往返两个多时辰,正要走时,汉军轻骑追来。

杨喜在前,率一千轻骑,追赶大半天,看见项羽。惊喜之余,大叫道:"捉拿项羽,赐千金,封万户侯。"

将士齐呼:"活捉项羽!"

两军对峙,汉军慢慢围过来。项羽立马在前,叫道:"我早想和汉军拼个死活,来得正好。"

项羽叫过,一马当先,杀入汉军。左冲右突,如入无人之境。八百楚骑一同杀来。项羽威风盖世,横扫千军。所到之处,无不披靡。楚军追杀十余里,杨武、吕马童赶来,与楚军交战。项羽不敢恋战,汉军稍退,率军迅速向南退却。路上,项羽回头问道:"将士尚有几何?"

副将答道:"二十八骑。"

项羽长叹一声:"农夫误我!"

说话时,汉军尾随复来,高叫:"斩杀项羽,封万户侯。"

项羽喘息,驻马而立,面对汉军,怒道:"项羽岂做丧家之犬!"

楚军将士,皆与汉军对峙。汉军知项羽厉害,逼而不近。项羽怒目而立,对身边人道:"自江东起兵,历经七十余战,所挡者灭,所抗者亡。今日,被困荒野,不是打仗无能,是上天灭我。看我杀退汉军,然后在小山东面会合。"

"听令项王。"

项羽大叫一声,率先杀向汉军。

汉军一都尉在前,想捉项羽立功。项羽乌骓,快如闪电,转眼间杀到跟前。都尉来不及迎战,被项羽挑在半空,像一件破棉袍,被摔在地上。项羽铁戟横扫,汉军无不仆地。

杨武久经杀场,追赶在前,看项羽枪挑都尉,吓得面如土色。项羽看见杨武,大吼一声,杀向杨武。杨武人马俱惊,向后逃去,一口气逃出十余里。杨武摸摸脑袋还在,才慢慢转过身来。

楚将杀退汉军,然后各自向约会地点赶来。

乌江岸边,夕阳斜照,泛起层层金波。大江壮阔,奔腾不息。张成一身农夫打扮,查看乌江渡口,对身边人道:"项羽力能拔山,头脑简单。分头行动,制造天道假象,诱杀项羽。"

"诺。"

众人分别散去,张成让人找来木板,用浓蜜写道:"霸王乌江自刎",然后粘上黑米、马尾,立在渡口显眼处。

张成又去江边,收缴船只和渡江之物,放归大江漂去。

天黑后,项羽和将士,先后到小山东面树林中会合。清点人数,又少两人。

项羽长叹一声,无语。此时,楚军将士,人困马乏,各自下马休息,随地躺在荒草上。项羽对副将道:"找些吃的。"

副将带人下山,项羽到乌骓身边,卸下马鞍。众人围过来,项羽问道:"看见我打仗吗?"

"项王勇力非凡,天下无敌。"

项羽叹道:"可惜,天不助我。"

将士心情沉重,默然不语。项羽梳理马鬃,自语道:"多好的战马呀。自我得乌骓,驰骋杀场,无所不破,助我神威,成就大名。可惜天不助我,兵败至此……"

项羽悲伤,站在荒丘凝视北方,思绪万千。半夜时分,副将从山下归来,带来芋头。

众人吃着野餐,副将道:"下山探知,这离乌江浦渡口不远。"

"明日渡江。"项羽吃着芋头,做出决定。

众将高兴:"回到江东,鱼归大海,我们还会东山再起。"

灌婴追杀项羽,连夜赶到军前,众将齐聚。灌婴问道:"项羽何在?"

吕马童道:"项羽带二十余骑逃走,不知去向。"

灌婴大怒:"逃了项羽,拿你五人是问!"

王翳担心道:"只怕项羽渡江。"

灌婴急令:"杨武、杨喜、吕胜,各率一千人,连夜封锁江岸。大江上下,不得有鸟飞过!王翳、吕马童各率一千人由此向北,我率众由此向南,篦梳江岸,不得有半点疏漏,明白吗?"

"明白。"

灌婴令道:"众将务要谨慎,跑了项羽,大将军饶不了我,我也饶不了你们。"

天色将明,项羽一行人下山,寻找乌江浦渡口。二十几人,牵马在蒿草丛中行进。灌木丛生,荒草萋萋,找不到正路,又无向导,一行人只好自辨方位,艰难前行。太阳升起来,副将找到小路,众人大喜,沿小路向江边疾去。走不多远,被汉军发现。

王翳大喜,令道:"速报灌婴将军,项羽在此,速来会战。"

王翳令将士上前,自己却躲在后边。项羽看汉军追来,叹道:"又遇见汉军,谁说不是天意? 你们在此等候,待我杀退汉军。"

　　项羽说完,大叫一声,纵马在前,杀向汉阵。楚将无一人怯战,随项王身后,一同杀来。

　　汉军胆怯,纷纷后退。项羽冲杀汉军,挑杀都尉,一口气斩杀百余人。汉军败退,众将到乌江渡口。

　　项羽临近堤岸,副将突然发现木牌,上书:霸王乌江自刎。

　　副将看时,惊叫道:"项王,蚂蚁聚成。"

　　项羽听说蚁聚成字,大惊,长声哀叹:"苍天不公啊!"

　　项羽下马,没仔细察看,挥戟把木牌砸入泥土,再叹:"天要亡我,回江东何益?"

　　项羽下马,伫立江边,大江烟波浩渺,对岸亭阁,依稀可见。这时,一只木船,急来江边,老者独自撑船,远远问道:"岸上可是项王?"

　　副将急道:"正是。老人家,渡我们过江。"

　　老人撑船靠岸,道:"老夫乃乌江亭长,请各位上船。"

　　项羽面对老人,笑道:"谢亭长救我,让我感动。天亡我项羽,过江何益?"

　　亭长劝道:"江东沃野千里,鱼米两利,人口数十万,足以为王。凭借江东,与刘邦再争天下,后事未可知也。"

　　项羽哀道:"当初,我率八千子弟渡江,如今只我一人回去,有何面目见江东父老啊? 即使父老怜悯,再推举我为王,想起八千游魂,我心何安。我愿与子弟为伴,决不过江。"

　　项羽转身对将士道:"你们与老人过江吧。"

　　众人感动,齐声答道:"愿随项王,生死与共,绝不渡江。"

　　项羽转身对亭长道:"你是忠厚长者,这匹马日行千里,所向披靡,不忍杀之。送给你,善养之。"

　　亭长感动,接过缰绳。乌骓嘶鸣不已,不肯离去。

　　亭长因势再劝:"山河依旧主,烈马恋故人。请将军上船,还来得及。"

项羽道:"我意已决,请勿复言。宁身死军前,不做丧家之犬。明年花开,魂游故乡。"

这时,汉军又围拢过来。项羽弃长戟,持短剑,徒步迎战汉军。众将亦徒步,随项羽身后,无一人胆怯。

汉军骑马围过来,不敢上前。项羽叫道:"来啊,过来啊,和你们拼个死活。"

汉军仍不敢近前,项羽心急,奋身而起,徒步厮杀。汉军人仰马翻,纷纷败退。项羽连杀数十人。时过中午,项羽力气将尽,刀伤数创,血染战袍。回看众将,身后空无一人。

项羽伤口流血不止,疲惫不堪。汉军再围过来,看见吕马童。项羽问道:"是吕马童吗?咱还是同乡呢。听说刘邦用千金之重,万户侯之尊,购我头颅,这点阴德留给你吧。"

吕马童对王翳指道:"项王。"

王翳叹道:"真英雄也。"

项羽力气已尽,利剑滴血,长声叹道:"大业不成,兵败乌江,天理不公啊!"

项羽叹罢,举剑自刎,时年三十岁。

许久,汉军不敢上前。半个时辰过后,众将见项羽真的死了,上前争夺尸首。汉军相互残杀,死伤百余人。吕马童争得头颅,王翳、杨武、杨喜、吕胜各得一肢。

项羽乌骓,始终不肯离去,看主人死去,在江岸往复奔跑数次。人立而泣,长声嘶鸣。数声之后,纵身投入大江。

韩信率大军南下,一路追问项羽,得知其尸体四分五裂,不胜伤感,亲来江边查验尸体,叹道:"盖世英雄,谁知竟如此凄惨。"

韩信下马,在残尸前,默然伫立。良久,双手捧土,覆盖残尸。众将为之感动,皆下马捧土。全军将士,每人一抔土,掩埋项羽。将士过后,堆成小山,筑成项王冢。

第十一章　天下定　衣锦还乡

汉五年(前202)一月,项羽兵败身死,刘邦得知,如癫如狂,高兴得一跳三丈高。兴奋之后,他宣布在楚王宫大宴群臣。一时间,彭城街巷,张灯结彩,各路将领,笑逐颜开,齐聚楚王宫。

天下平定,刘邦至尊,群臣朝拜,庆功宴变成朝觐盛会。按约定时日,军中将领,准时朝贺。将领走马灯一样往来不绝,天晚,只不见韩信的身影。刘邦渐有愠色,怪声怪气地问道:"韩信咋还没来啊?"

曹参上前报告:"乌江路途遥远,难免耽误时日。"

刘邦反问道:"灌婴不也从乌江回来了吗?"

灌婴解释道:"大将军亲临现场,验明正身,因而耽搁了时间。"

内臣上前,轻声报告:"韩信安葬项羽,私筑项王冢……"

刘邦脸色陡变,怒道:"项羽乃国家要犯,韩信安敢为其筑冢!"

刘邦怒过,又怒斥曹、灌二将:"如此大事,为何不报寡人?"

灌婴报告:"将士每人一抔土,积聚成山,并非专门筑冢。"

刘邦怒道:"筑冢就是筑冢,还说啥专门不专门?"

灌婴大惊,不敢多言。尴尬之际,韩信赶来,施礼道:"臣平定楚军,逼杀项羽,验明正身,回报主公。"

刘邦看了一眼韩信,不冷不热地问道:"本王宴请群臣,为何迟来啊?"

韩信顿觉一股寒意,沉思片刻,反问道:"请问主公,宴会几时开始?"

"酉时三刻。"

韩信问道:"此为何时?"

刘邦越发不满,大声问道:"几时几刻?"

记时内臣报道:"酉时三刻。"

众将无语,刘邦一脸尴尬,有顷,突然哈哈大笑:"大将军功高盖世,即使迟来,也是公务,开个玩笑。开宴——"

彭城大宴三日,众将罢归。韩信不敢多言,统兵回归齐国。

韩信去后,刘邦忧心忡忡,晚上,召张良商议,问道:"全军庆功,将士还满意吧?"

张良道:"主公有功则赏,说话算数,无不满意。五将争杀项羽,赏赐平分,众将皆以为公平。"

刘邦沉思良久,怪道:"无不满意?难说啊。"

张良听刘邦话里有话,问道:"主公是说?"

刘邦不满道:"韩信当众顶撞寡人,能说满意吗?"

张良暗吃一惊,不敢轻易回答,一时无语。

刘邦又道:"为要犯筑冢,顶撞寡人,三十万大军,韩信底气十足啊!"

张良亦觉寒意阵阵,不敢回答。刘邦问道:"先生以为如何是好啊?"

张良背若芒刺,小心道:"主公若不放心,何不尽收兵权?"

"寡人也这样想,可操之过急,恐有不妥啊。"

张良献计道:"天下平定,将士盼归,何不罢兵还乡?"

"对对对,罢兵还乡,遣散韩信军,休养生息。"刘邦大悟,旋即忧虑道,"主意不错,可韩信如果不从,那怎么办?"

张良沉思良久,又出计道:"主公以劳师为名,独见韩信。若有不服,两个武士即可稳定全军。"

刘邦慢慢点头:"凡事都应有个由头,唐突面见韩信,恐怕生疑。"

张良道:"天下平定,唯鲁公不降。主公可借伐鲁之名,兵发鲁城,然后回师定陶,韩信必不见疑。若如此,文事武备,万无一失。"

刘邦高兴:"听先生的,伐鲁。"

准备妥当,刘邦率大军,兵发鲁城。汉军声势浩大,排山倒海。鲁公得知消息,急率军民守城。夏侯婴率军围定鲁城,没有攻打。叫人把项羽的头颅挑在木竿上,绕城高叫:"楚国已灭,项羽已死,鲁公快快投降……"

汉军挑着项羽头颅,绕城三圈,边走边喊。鲁公在城头追看头颅,心惊肉跳。心腹报告:"确是项王。"

鲁公伤心道:"项王真的死了?"

"真的死了。"

鲁公无奈,打开城门,归降汉军。

汉军不费一兵一卒,平定鲁城,然后浩浩荡荡地西进。刘邦与张良、樊哙、夏侯婴、周勃等文武官员同行,哨马报告:"大军距定陶三十里。"

刘邦问夏侯婴:"韩信有何情况?"

"并无异常。"

刘邦看了一眼张良:"就地扎营,加强警戒。夏侯将军,准备礼物,明日去定陶犒劳将士。"

定陶将军府,韩信正在读兵书,张成表情严肃,匆匆进入。韩信毫不在意,放下兵书,问道:"我正想找你。带几个兄弟到塞外去,了解匈奴情况。北方匈奴,如祸悬顶,我却了解甚少。当初,使赵方出使匈奴,了解一些情况,可惜了……"

"大将军,想打匈奴吗?"

韩信摇头:"匈奴烧杀抢掠,已成心腹之患,早晚必有一战。掌握匈奴习性,有备无患。"

"大将军胸怀天下,张成佩服,可是——"

"可是什么?"

张成急道:"今来见将军,有急事报告。"

韩信看张成严肃,急问:"有何急事?"

张成低声道:"汉王兵临定陶,其心叵测。"

韩信暗吃一惊:"汉王兵临定陶?"

张成道:"将军小心为上。庆功会上,无端指责将军,恶意初见端倪。如今,他不请自来,大兵压境,必有用心。"

韩信沉默半晌,一言不发。

张成劝道:"蒯彻说得对,该防则防。"

韩信突然起身,反问道:"何谓该防则防?天下初定,不能胡来!"

张成不语,忽报汉使来见。韩信自语:"汉使来,缘何如此神速?"

张成退下,汉使入,施礼道:"拜见齐王。汉王率大军平定鲁城,回师路上,犒劳将士。"

使者说完,递上书信。韩信看过,如释重负:"回复主公,欢迎劳师。"

韩信送走汉使,独居宫中,一身劳顿,静坐沉思。忽听街上大声喧哗:"东海狂涛,沧海桑田,全城倾覆,十不余一……"

韩信大惊,急出门查看,见街上有一狂道,手举巫祝,蓬头垢面,疯疯癫癫,由远及近,一路狂言:"仙道乃东海龙王,救苦救难,哪个敢拦?要你全城倾覆……"

韩信惊叫:"蒯彻先生?"

狂人临近,韩信上前细看,无论相貌,还是声音,与蒯彻大相径庭。狂人见韩信形同陌路,不理不睬,依然高叫:"仙道知天晓地,断人吉凶,大难临头,尚不知晓……"

韩信愈发奇怪,怀疑是蒯彻。想问个明白,狂道却离他而去。韩信努力追赶,狂人不紧不慢,只追不上。将要临近,狂道飘然而起,升至半空。韩信惊叫一声,竟是一梦。

韩信起身,室内暗淡,一片寂静。梦中情景,历历在目,他感叹不已。他当晚闭门谢客,彻夜未眠。

第二天,太阳初起,霞光普照。刘邦与张良、樊哙、夏侯婴、周勃等百余人,抬着酒肉、美食犒劳将士。

韩信率众将在军营外迎接,将士列队欢迎。刘邦慢慢步入军营,看军容整齐,赞道:"大将军治军有方,名不虚传。"

韩信见刘邦一脸严肃,格外小心,谨慎道:"请主公教诲。"

刘邦不语,视察军中,路上,漫不经心地说道:"连年征战,将疲兵乏,休养生息,天下大事。"

"主公所言极是。"

刘邦问道:"军中有多少人马?"

"三十万。"

"每日耗粮几何?"

"五千石。"

"若使将士耕种,可生产多少粮食?"

韩信想了一下,答道:"臣不会种田。"

刘邦也不追问,众人徐行。韩信道:"主公鞍马劳顿,请到城中休息。"

刘邦高兴:"好。进城。"

将军府内,刘邦、韩信、张良、樊哙、夏侯婴等数人,沉默不语,气氛显得凝重。良久,刘邦看着韩信,问道:"汉楚相争,历时五年。背井离乡,夫妻别离,土地荒芜,千里赤地,苦难一言难尽。如今天下已定,寡人欲罢兵归乡,休养生息,如何?"

韩信赞道:"主公以天下疾苦为重,万民之福。臣为主公打仗,为的就是今天。天下大事,悉听主公安排。"

刘邦高兴,想了一下,问道:"你身为齐王,又统率三军,够辛苦的。将士罢归,可专司政事,治理齐国,好吗?"

韩信暗吃一惊,沉思片刻,答道:"齐王位高权重,韩信却不羡慕。臣出身行伍,愿留军中。"

刘邦不悦:"天下平定,万事无忧,将士罢兵归乡,共享太平,何谈军中?"

韩信辩道:"天下虽定,但北方匈奴不断南侵,烧杀抢掠,威胁边境。若马放南山,刀枪入库,必有大患。看天下大势,与匈奴必有一战,请主公谨虑。"

刘邦不满,斥道:"匈奴蛮荒之地,食肉寝皮之辈,何虑之有?休养生息要紧。"

韩信再辩:"据臣所知,匈奴骑兵剽悍,居无定所,能骑善射,日行数百里。匈奴不平,天下难定。"

刘邦愠道:"堂堂大汉,难道惧怕匈奴不成?"

刘邦的愠色袭来寒意。韩信吃惊,不敢再辩,答道:"大将军是主公所拜,齐王是主公所封,谨听君令。"

刘邦微微一笑:"大将军以苍生为重,深明大义,甚善。"

韩信四下看了一眼,遂把大将军印、尚方宝剑一并交给汉王。刘邦使了个眼色,夏侯婴上前收起器物。

刘邦道:"大将军战功卓著,有目共睹,非常人能比。还请将军戒骄戒躁,修明政治,再立新功。"

韩信回道:"谨听主公调用。"

刘邦革去韩信兵权,让周勃处理军内后事,坦然回营。

汉五年(前202)二月,刘邦在汜水北岸,筑坛称帝,史称汉高祖。从此,历史翻开了新的一页。

刘邦称帝,定都洛阳。大典之后,将回都城,临走前再召韩信,他耐心地说道:"天下叛秦时,义军共推怀王为尊,可惜怀王为项羽所杀。义帝无后人,楚国不能废弃。你是楚人,谙熟楚风,朕欲立你为楚王,如何?"

韩信答道:"楚国乃臣之故土,衣锦还乡,岂不荣光。"

刘邦满意道:"朕也是楚人,若非忠臣死士,朕岂能放心?回楚国,建都下邳,休养生息,勿负朕心。"

"谢陛下。"

将别时,刘邦又道:"楚将钟离眛乃国家要犯,此人不知去向,或许藏匿楚国。望你小心从事,将他缉拿归案。"

韩信暗吃一惊,直言道:"陛下,钟离眛于臣有恩。当初,臣弃楚从汉时,遭楚军追杀,钟离眛救我,请陛下宽恕。"

刘邦庄严道:"若是别人,也就罢了,钟离眛不行。朕与之有恨,宽恕不得。"

韩信辩道："陛下,钟离昧若为楚将,沙场相遇,臣不会犹豫,像斩杀项王一样,斩杀钟离昧。现在,楚军已灭,钟离昧身为平民,无关紧要。"

刘邦不满："捉拿钟离昧乃国家大事,不是个人恩怨。钟离昧必须归案,知道吗?"

韩信不敢强辩,敷衍道："臣认真查找就是了。"

皇上一句话,韩信由齐王易为楚王。虽是小小变动,对于韩信却很别扭,老朋友、老部下,都不在了,一切要重新开始。捉拿钟离昧,更是如鲠在喉,吞不下,吐不出,左右为难,不知所为。但身为楚王,也是人臣之极,荣光万里。约定时日,他告别齐国,衣锦还乡。韩信尚武,着铠甲,披战袍,骑千里雪,春风得意。王驾彩车数十辆,载着家眷,器物。夫人月娥,小妾赵圆及家臣一路同行。管家隙孔,仆人栾说尽在其中。途中,栾说时不时地望一眼赵圆的彩车。赵圆也隔帘时而看一眼栾说。小小动作,无人在意。

王驾礼兵数百人,彩旗飘飘,鼓乐铿锵,十分壮观。卫队千人,个个甲士,佩弓挂刀,雄风威武。张成随韩信一同归国。路上,两人并辔而行。韩信道："淮阴从军,出征天下,今日凯旋,让我心花怒放。"

张成感慨道："多年争战,闯过大风大浪,迎来太平世界,人生之幸啊。"

韩信问："家中尚有何人?"

"只有老母。老人家含辛茹苦,省吃俭用,让我牵挂。"

"归国后,咱一同回淮阴,陪你拜见老母,让她安度晚年。"

张成道："有幸随大将军建功立业,荣归故里,张成三生有幸。"

韩信诚然道："人说韩信用兵如神,其实,都是兄弟的功劳。没有你,我就是聋子、瞎子,何以打仗,更别说打胜仗了。"

"岂是我的功劳?我不过跑跑腿而已,还是大将军谋划有方。"

两人谦让,正说着,仪仗队突然大乱。鼓乐礼兵像见鬼一样惊恐逃散。韩信暗惊,侍卫飞报："主公,王驾遭叛军伏击。"

"多少人马?"

"叛军在树林里,只是放箭,情况不明。"

韩信骂道:"大胆蟊贼,敢袭王驾!"

韩信纵马上前,张成拦阻:"大哥,我去。"

张成拔剑在手,纵马前去。韩信叫道:"小心。"

叛军在树林里放一通箭,见王驾溃乱,从林中杀出来。张成指挥卫队杀来,叛军又退回树林,只用弓箭抵抗。张成大叫道:"五人一伍,包抄树林,杀进林去。"

甲士身有防护,冲锋陷阵,叛军溃散。张成纵马在前,追赶溃军,谁知路中伏兵。张成身中数箭,奋不顾身,带箭指挥,斩杀叛军,余者逃散。张成身负重伤,身子一软,从马背上摔了下来。

韩信知张成负伤,纵马驰入林中。张成平静地躺在树下,血透前胸,脸色淡黄。韩信扑上前呼叫:"张成,张成兄弟……"

张成微微睁开眼。韩信不顾血污,抱住张成大叫:"张成兄弟,你怎么样?"

张成声音微弱:"老母,拜……托了……"

"放心吧,你母即是我母……"

张成微笑,睁着双眼,再也没动。

韩信泪如雨下,转眼间,好兄弟飘然离世。韩信为张成拔去箭杆,帮他合好双眼、整理遗容。良久,他起身大叫:"肃清叛匪!"

韩信抵达下邳,县令率官员出城十里迎接。见楚王车驾,仆地跪拜。韩信下马,问道:"你是县令?"

县令跪答:"正是下官。"

"起来说话。"

县令与众官员起身,韩信问:"境内治安如何?"

县令自诩道:"路不拾遗,夜不闭户。天下太平,庶民安居乐业。多年没有案情……"

韩信大怒:"一派胡言。本王刚刚入境,即遭叛匪袭击,将士死伤多人,何谓太平?"

县令大惊,辩道:"下官不知。"

韩信斥道:"看你闭门为政,不问苍生,是个糊涂令;逢迎讨好,欺上瞒下,是个马屁官,县印就别管了。"

县令急道:"本县做事认真,抚政为民,请明察。"

"冤枉你了?说你糊涂是轻的。是否勾结叛匪,待我查实后再做处理。"韩信训过县令,对隙孔道,"暂管下邳政务,加强治安,保境安民。"

隙孔跪地:"谢主公。"

韩信入城,住进县衙。七天之后,召众人议事,韩信问隙孔:"你身为父母官,治理下邳,有何良策?"

隙孔答道:"近几天走访县邑,了解民情。治理下邳,在下有三策:第一,加强户籍管理。各乡邑村镇,清理人口,籍点名册。乡民出入,须报乡长,做好登记,查明缘由,方可行动。十人以上,结伴同行,需经县衙核准。第二,加强粮食管理。一年之内,楚境不得私下交易粮食,违反法令,以通贼论处。第三,每县组建一千人治安军,应对叛军劫匪。县中有重大案件,县令免职,县尉负罪。"

韩信大喜,赞道:"足下不但能管家,也能管县。以本王名义,下发政令,任你为下邳县令,理政三章,遍发楚国。"

经半年治理,楚国消除匪患,路不拾遗,夜不闭户,万民和乐。

楚国与民休息,百废渐兴,韩信想起了淮阴。正是草木葱茏的季节,韩信与月娥回乡省亲。

淮阴人听说韩信来,兴高采烈,万人空巷,争相一睹楚王的风采。

县民簇拥到城外,相互寻问:"哪个韩信?是流浪街头那个韩信吗?"

"就是他。"

卖饼人内疚,问道:"楚王官大吗?"

身边人耻笑道:"除了皇上,就是他了,你说官大不大?"

卖饼人不解地问:"啥时成王了?"

一个人道:"韩信是东海白龙下界,误落淮阴,身遭劫难。"

卖饼人吐了吐舌头,没敢说话。

众人议论纷纷,有惭愧自责,更多的是兴奋称赞。县令着盛装,率官员恭候。孩子们在人群中钻来跑去,呼叫不停,更增添几分人气。

时近中午,王驾临近,县民涌动,争先恐后观看。县令见韩信,跪地迎接。淮阴人见县令给韩信下跪,无不惊讶,不由自主地跪在道路两旁。

韩信感动万分,拱手施礼,请众人起身。一番推让,县令陪韩信进城,一路徐行。

县尉在前边开路,县吏敲锣击鼓,大呼小叫,县民主动让开道路。鼓乐前导,猛士壮威,彩旗过后,王驾渐渐露出真容。韩信徒步,一路拱手,频频致谢,县民喜笑颜开,羡慕至极。

王驾过去,众人蜂拥尾随,赞叹不已。

当晚,县衙摆盛宴,为楚王接风。县官县吏,乡长亭长、三老豪杰,贤人达士,皆来陪酒,场面风光热烈。县令祝酒,对众人道:"楚王省亲,令淮阴山水生辉,万民骄傲。下官代表父老,为楚王祈福。"

众人响应,起身共祝:"楚王康泰!"

韩信亦起身回敬:"家乡父老万寿!"

韩信面对盛情,不胜感激,酒至半酣,起身敬酒。韩信面对家乡父老,举杯道:"当初,我在县衙从军,不知荣华富贵,只想为天下人争个公道。哪承想打了几个胜仗,身受皇恩,使我成名。天下已定,最不能忘的,是为国捐躯的勇士。第一杯酒,敬死难的将士,愿他们在天之灵,得以安息。"

韩信说过,举杯过顶,往空中弹酒。

众人庄严肃穆,侍者为韩信满酒。韩信又道:"树高千尺,壮在根本。韩信生在淮阴,城南城北,田野河边,给我乐趣,磨砺意志。最真不过乡情,最美不过乡景,最亲不过乡音,最热不过乡土。韩信为王,得淮阴福气。第二杯酒,敬生我养我的故土。"

韩信持杯,敬洒大地。

众人再次鼓掌。

韩信端起第三杯酒,敬道:"众人周知,韩信是生在草房,长在河边,历经艰辛的苦孩子。家境贫寒,流浪为生,乞讨为食,幸得众乡亲出手相助。没有你们,哪有韩信的今天?第三杯酒,答谢家乡父老,祝大家健康长寿,幸福美满。韩信鞠躬了。"

韩信深深鞠躬。掌声再起,热烈不息。

韩信再次举杯,面对众人道:"这杯酒敬给在座的官员、三老、豪杰,感谢你们的热情。干杯!"

众人同起:"干杯——"

酒宴一片欢腾,高潮迭起,至晚不散。

转眼间,韩信住了三天,淮阴人欢欣鼓舞,但有一人,闷在家里,怕得要死,他就是屠三儿。

屠三儿知韩信官升楚王,手握生杀大权。妻子想出城看新鲜时,被屠三儿拦住,和她讲了当年侮辱韩信的故事。妻子听后大惊,痛哭道:"夫君大祸临头,日后我和孩子可咋活啊?"

屠三儿束手无策,默然不语。妻子哭过,对屠三儿道:"咱面见楚王,向他请罪,也许能得到宽恕。躲在家里,总不是办法啊!"

屠三儿没好气地训道:"请罪就能饶过你吗?当年,满街是人,出我胯下,大辱啊!"

妻子想了想,又道:"躲不过,就逃走吧,总不能等死啊。"

屠三儿怅然:"往哪儿逃?县衙早盯上我了。"

妻子往外看,衙役在门前游动,心里的一丝希望破灭。屠三儿夫妻想不出好办法,又抱头痛哭。屠三儿悔不当初,一闷三天,官差真的来了。衙役在门前大叫:"屠三儿,楚王见你。"

屠三儿先是一抖,懊悔不已:"早知今日,何必当初哇。"

妻子痛哭,扑在屠三儿怀里,长声叫道:"夫君……"

衙役入室,喝道:"是祸躲不过。走!"

"屠三儿罪有应得,但求楚王饶过我妻儿。"屠三儿起身,恨恨自语,又对妻子道,"劳你辛苦,抚养孩子,教导他友善待人,切莫苛刻。"

妻子泪流满面,哽咽无语,连连点头。

衙役催促,屠三儿出门。妻子追到门外,哭叫道:"夫君,你这一去……"

屠三儿回头,深情地看了她一眼,毅然离去。

妻子大哭,仆倒在地……

韩信高坐县衙,屠三儿被押到。他低头入堂,跪在韩信面前:"罪民屠三儿,有眼无珠,冒犯楚王尊严,罪该万死。"

韩信威严道:"屠三儿,抬起头来。"

"罪民不敢。"屠三儿恳求道,"祸是我惹的,罪过我承担,恳请楚王饶过我妻儿。九泉之下,不忘大恩大德。"

韩信道:"我要你抬起头,何必胡言乱语?"

屠三儿沉思良久,抬头看韩信。两人相顾,无不惊愕:再不见屠三儿当初的神采。

韩信看过,对身边人道:"这就是屠三儿,要我出他胯下的人。当初,真要决斗,结果了他,死也无名。出其胯下,让我震撼。"

县令愤愤不平,喝道:"瞎了狗眼。死到临头,还不请罪。"

屠三儿又低下头:"小民请罪。"

"何罪之有?"

韩信一句话,让众人错愕,且看韩信起身近前,扶起屠三儿。屠三儿大惊,不敢起身,疑问道:"你不杀我?"

韩信笑道:"我怎能杀你呢?"

众人闻之,无不惊叹:楚王真的放过屠三儿了?

韩信手指屠三儿,对众人道:"就是这个人,当初,逼我出他胯下。韩信虽然身遭耻辱,但此辱砺吾意志。此后,我辱以砺志,习书练剑,发奋图强,终成大业。若无胯下之辱的激励,或许没有韩信的今天。屠三儿不但无罪,还有功呢。"

众人大惊,方知韩信说的是真话。屠三儿感动得泪如泉涌,跪地再拜。

韩信再次扶起屠三儿,道:"本王想用你做官,愿意跟着我干吗?"

屠三儿惊愕,傻愣了一会儿,问道:"不杀我,还让我做官?"

"是呀,让你做守城中尉,可以吗?"

屠三儿喜出望外,惊问道:"这是真的吗?"

"大堂之上,众人为证。话出本王之口,岂能有假?"

屠三儿突然再跪,连磕数个响头:"楚王度量,宽如大海。我愿生死相随。"

众人看过,四座皆惊,敬慕韩信。县令叹道:"楚王胸襟,承载天地,真奇人也!"

南昌亭长知韩信不记前仇,想起当年给韩信饭食之事,想求一见,又觉得对不住他,终究没有勇气见面。他妻子却要见韩信,喋喋不休:"你这窝囊废啊。当初,韩信在咱家吃住半年,算有情吧?他偷吃地里的黍子,论法当斩首,是咱帮他了结,算有义吧?他做楚王,别人攀还攀不上呢,你为啥不找他?楚王官大,一句话够你我活两辈子啦!"

亭长内疚:"当初,你撵他出门,他饿得不行才偷吃庄稼。为这事,我一直愧疚,这叫少恩寡德,你还敢提这事?"

亭长妻恨道:"你真没用啊,怎往裤裆里钻呢?撵他出门那事,韩信没说你先揭开了?咱不说,谁能知道呢?"

亭长叹道:"当初,你那样刻薄,有何脸面见他?"

亭长妻骂道:"一堆稀泥,糊不上墙啊?好事不想,非说那些破事?你脑袋是榆木疙瘩啊。走,我陪你去,你不敢说,我说。"

亭长不动。妻子训道:"你这夜鼠,见不了光亮,是吗?"

亭长妻说完,扯着他的耳朵,边走边怨道:"这辈子嫁给你,我算倒血霉了。"

亭长夫妻来县衙见韩信,亭长羞惭,不敢进门,妻子推入。韩信迎接,问道:"是亭长叔叔啊,请坐。"

亭长不坐,嗫嚅着,想说话,但没有说。亭长妻上前,拨开亭长,跪地磕头道:"韩信侄子……不,楚王大人,我们看你来了。"

"啊,是亭长婶子,快起来,为何给我磕头啊。"

"民见官,礼应磕头。"

韩信厌恶地问道:"当初,婶婶尖刻,去你家时,饭食藏起来,撵我出门,今天为何这样恭维啊?"

亭长妻毫不掩饰:"当初你贫困潦倒,无衣无食,我只怕连累我们。今天你成王了,做大官了,想沾你光……"

韩信听罢,对众人道:"人世浅薄,竟然如此,不可救药。"

亭长站在一边,始终没有说话。韩信转身对亭长道:"你身为亭长,却是个不中用的人。凭我父亲救你性命,给他孤儿一碗饭吃,又有何难?当初,你也想接济我,可当不起婶子的家。婶子撵我出门,你也知道,却装作不知。做好事有始无终,可叹。当年,我在你家所用粮米,一百钱够了吧。"

亭长羞惭,无言以对。亭长妻不知所言,立而不安。韩信道:"拿一百钱给亭长,以补当年费用。"

侍从端铜钱来,亭长不收。亭长妻看了看,尽数收起,揣在怀里。

亭长羞愧难当,转身想走。韩信道:"慢些走。你儿子小淘是好孩子。当初,他偷出饭食给我吃,我真情不忘,叫他跟我去做官,如何?"

亭长大喜,忙回身给韩信磕头道:"恩怨分明,可贵。"

韩信忙扶起亭长:"谁要你磕头了?"

亭长夫妻亦有所得,千恩万谢,退出县衙。亭长退出,县令对韩信道:"经县吏查实,漂母尚在,仍住河阳村。"

韩信叹道:"当初,漂母与我素不相识,给我饭食,曾许诺千金报答。人贵有信,岂能自食其言?"

几天前,王妈妈听说县城来个楚王,村里好事人都跑去看热闹,但不知道楚王就是韩信。这天,乡长送来喜报,告诉她楚王就是当年在河边钓鱼的韩信,要来村里看她。王妈妈高兴极了,收拾屋子,打扫院子,更换衣服,梳理头发,还没忙完,有人急报:"楚王来了。"王妈妈跑到村口,看韩信完全不是当年的样子。端详许久,她没敢上前,韩信却真真切切地喊她一声"妈妈"。王妈妈的泪水止不住地流了出来,模糊间,韩信紧紧握住她的双手。王妈妈没想到,当年在河边救助的孤儿,竟成了万人仰慕的楚王。

韩信感慨万千,诚然道:"妈妈一饭,让儿感动。更有教诲,时时激励孩儿自强。楚王虽然权重,但在妈妈面前,我永远是您的孩子。"

王妈妈擦着眼睛,激动道:"看你出人头地,我打心里高兴。"

韩信帮她擦去泪水:"当初,孩儿说过,若有出头之日,必以千金报答。孩儿不敢食言,特来答谢妈妈。"

韩信说完,向后一挥手,侍从抬来礼物。王妈妈急忙推辞:"当初,我曾说过:只要你自强,无须报答。千金重礼,怎敢接受?"

韩信劝道:"妈妈深情,胜过东海。莫说千金,万金也值。还请妈妈收下。"

王妈妈再推辞道:"你做楚王,让我安慰,使我荣幸。除此之外,别无所求。"

韩信至诚道:"金钱有数,真情无价。妈妈推辞,孩儿如何出得了河阳村?"

王妈妈笑了,只好收下礼物,请韩信进村。

韩信拜谒故土,以千金之重,报一饭之恩,留下千古佳话。

转眼间,韩信回淮阴将近一月,该做的事都做了,第二天准备回下邳。夜里,月娥道:"明天就要走了,这一去,不知何时再回来?你身为楚王,总得给淮阴人馈赠点礼物吧。"

"夫人的意思是?"

"天下徭役赋税甚重,给淮阴网开一面,可以吗?"

韩信高兴道:"谢夫人提醒。不是夫人,差点愧对淮阴。听夫人的,免除淮阴人丁三年税赋,如何?"

"我看很好。楚王出自淮阴,回乡省亲,遍布恩泽,在情理之中。"

淮阴人听说楚王免除人丁赋税,无不高兴,辞别时,百官万民,出城十里相送。百姓跪地磕头,感谢楚王的大恩大义。

洛阳皇宫,萧何拜见刘邦,施礼道:"陛下颁诏,捕捉钟离眛,臣以为可缓办。"

"为何?"

萧何道:"钟离眛于韩信有恩,他若捕之,必陷于不义;楚军已灭,钟离眛不过一介平民,对大汉江山毫无威胁。"

刘邦不悦,反问道:"此话好像出自韩信之口,是他要你来说情的吗?"

萧何道:"韩信托付过臣,臣以为有理,才面见陛下。"

刘邦坚定道:"丞相说话,寡人理应采纳,但诏书已下,岂能更改?"

萧何再劝道:"陛下称帝,大赦天下。楚军降将,赦免者甚多。钟离昧虽有大恶,已成旧事。若赦免之,必彰显陛下恩德。诏书虽下,事可缓办。"

刘邦坚决道:"罪将钟离昧,朕深恨之,不可饶恕。天下初定,百废待兴,丞相应勤于政务,发展生产。"

萧何见皇上态度坚定,并有不满之意,不敢深谏,施礼告辞。

晚上,华灯初上,刘邦将出,吕雉入宫拦住,讽道:"皇上甚急,又想小美人了?"

刘邦不悦:"朕讨厌别人说三道四,想小美人又怎样?"

吕雉挖苦道:"皇上坐天下,结发夫妻不值钱了?你别忘了,大汉江山也有我的功劳。"

刘邦无奈道:"普天之下,寡人最惹不得你,其实我有正事。"

"捕捉钟离昧吗?"

"有人劝我,把钟离昧案放下,萧何也这样说,夫人以为如何?"

"若如此,钟离昧必抓不可。"

"是何道理?"

"钟离昧是块石头。"吕雉恨道,"这块石头不仅可以打韩信,还可以打身怀异心的重臣。如今,楚王位高权重,不用钟离昧敲打他,他必忘乎所以。"

刘邦点头道:"夫人言之有理。捉不捉钟离昧,可查韩信忠心。"

"皇上说得对。天下初定,位高权重者,皆如悬壶。韩王信不是已经反了吗?利几不反了吗?燕王臧荼不也反了吗?谁能说楚王没有异心?"

"夫人的意思是?"

"裁王。"吕雉狠狠道,"打天下时,陛下封了七个王,笼络人心,自然没错。天下平定,诸侯王成为割据势力,他们要分你的天下呢。"

刘邦重重地点头:"夫人所言极是。韩信抗旨,寡人必弃之。"

韩信回淮阴,是他一生最开心的时光,回下邳后,烦恼势如浊浪,接二连三地打来。捕捉钟离昧,皇上连发三道圣旨,限制时日,催促甚紧。大限将至,隙孔劝道:"皇上连发诏书,此事必办,否则即为抗旨。再拖延,怕来不及了。"

韩信不语,沉思良久,慢慢道:"钟离将军对我恩重如山,不忍下手。将军故土在伊庐,我不能去。"

"主公难做,我带人去。"

"你去,不就是我去吗?"

隙孔劝道:"不抓钟离昧,是不忠啊!"

韩信起身:"抓了钟离昧,则是不义!"

隙孔劝道:"两难之间,权衡轻重,主公自然明了。"

韩信沉思良久,烦躁道:"不谈这事了。"

伊庐山青水秀,风景如画。钟离昧着便装,背弓箭,在山中狩猎,一青年弓箭在背,手拎鸿雁,跑到钟离昧身边,喘息报告:"钟离将军……"

钟离昧狠狠地瞪了他一眼:"钟离将军死了,我是金猎人。"

"是。金猎人。"

"和你说过多少次了,还冒冒失失地叫。"

青年低声道:"皇上连发诏书,缉拿钟离昧。活要见人,死要见尸呢!"

金猎人恨道:"只恨当初,一箭没射死他。"

"还是躲躲吧?"

"往哪里躲?"

"咱总不能等着被抓吧。"

钟离昧长叹一声:"我只担心韩信……难了。"

"和楚王有何关系?"

"没有关系,就不狩猎了。"钟离昧道,"不说这些,县里募军,情况如何?"

青年悟道:"县大人找你练兵呢。"

"不去！"

"不去，岂不为人所疑？"

钟离眜沉思良久，狠狠道："一千壮士，或许为我一用。"

楚王府。韩信心情沉重，默言不语。月娥入，看韩信心事重重，对侍从道："你们都下去吧。"

侍从离去。月娥问道："近日，看你愁容满面，不知何事？"

韩信长叹一声："皇上下诏，要我捕捉钟离眜，时限将至，不知如何是好。"

月娥惊道："有这等事？"

韩信怅然："不捉钟离眜不忠，捉了不义，里外都不是人，岂不难为我？"

月娥沉思："钟离将军于你有恩，皇上也知道，为啥偏要你去抓他？"

"怪就怪在这里。其实，钟离眜对大汉江山毫无妨碍了，皇上偏让我做这两难之事，岂不让人心焦？"

月娥沉思良久，道："捉钟离将军，皇上好像别有用意。我有个两全的法子，不知可否？"

韩信高兴："既有办法，何不快说。"

月娥慢慢说道："你身居高位，名声显赫，皇上不放心啊。你想，天下刚刚平定，先革兵权，又去齐王，身边心腹，十无余一。皇上既然不放心，何不辞去官职，回淮阴耕田。若如此，一不犯忠，二不损义，岂不两全？"

韩信心情沉重："当初，军师教诲：'贪多失棋，贪功失身。'我没有忘，可现在身不由己啊。辞官还乡，皇上就能答应吗？再说，回乡种田，如何面对淮阴父老啊？"

月娥想了一下，劝道："不回淮阴也成，张成老母孤单，咱侍奉老人家，也不失欢乐。"

韩信落泪数行，伤感道："灭楚后，皇上脸色陡变，正中蒯彻之言。功名利禄，实如粪土！"

月娥亦落泪:"皇上猜忌,为臣者岂能不退?"

当夜,韩信不能入睡,辗转反侧,直至天明。早起,他衣冠严整,急见隙孔,韩信低声道:"我去洛阳,若不能回来,把我的家眷照顾好,送回淮阴,知道吗?"

隙孔惊问:"去洛阳何干?"

韩信断言道:"辞官。"

"辞官?"

"忠义不能两全,唯有辞官,可保名节。"

隙孔看问题严重,小心道:"没那么简单,皇上能答应吗?若如此,皇上猜忌,主公危矣。"

"你说,我如何是好?"

隙孔也没有好办法。

韩信徘徊至天明,断言道:"吾意已决,请你多加小心。"

说完,他转身出门,骑千里雪,与二侍卫打马而去。

隙孔送至宫外,望断身影,忧心忡忡。

洛阳皇宫,刘邦上座,韩信入,三拜九叩:"臣韩信拜见圣上。祝陛下万岁,万万岁。"

刘邦淡然:"起来吧。"

"谢陛下。"

韩信落座。刘邦问道:"重犯钟离昧逮捕否?"

"陛下,臣派人四处查找,没有钟离昧消息。"

刘邦不悦:"岂有此理?"

韩信再拜道:"臣本无能,不堪重任,请辞楚王。"

刘邦气得半晌无语,沉寂良久,质问道:"你想辞官?"

"请陛下准奏。"

刘邦大怒:"辞官,朕不稀罕,可你以为,这官是想辞就可以辞的吗?"

韩信一惊,镇定道:"捕捉钟离昧,臣实无办法,请陛下重用贤能。"

刘邦声色俱厉："你……你敢要挟朕？捕捉钟离昧，非你不可。捕捉到钟离昧再说！"

刘邦怒起，场面不可收拾，恰好萧何赶来，入宫跪拜皇上："请陛下息怒……"

刘邦看到萧何，怒斥道："萧何，韩信是你举荐。功高盖主，竟敢在朝堂上要挟朕，你可有话说？"

萧何急道："陛下，韩信年轻任性，并无异心。看他一片忠心，请陛下宽恕。钟离昧一定要抓，包在老夫身上，臣愿以人头担保。"

刘邦盛怒，思忖良久，问道："说话算数？"

萧何再拜："朝堂之上，臣不敢妄言。请陛下宽恕，让韩信戴罪立功，捉拿钟离昧——"

"要犯必须伏法，若有失误，连你一同治罪！"刘邦恨恨有余，拂袖而去。

萧何看着皇上的背影，急擦额头汗水，又看韩信："快退下吧，我的楚王。"

韩信退下。萧何低声道："天下平定，不打仗了。学点为臣之道吧。"

韩信落泪道："为臣之道，何其难也。"

萧何教诲道："普天之下，一人至尊，谨言慎行，切不可任性啊。公然辞官，不就是对皇上发泄不满吗？"

韩信无语，感谢萧何，挥泪告别。

刘邦回宫，说起韩信，吕后痛恨道："韩信大胆，竟以辞官要挟皇上，还有王法吗？"

刘邦沉默不语。吕后添油加醋道："开国重臣，藐视皇上，何不杀之？"

刘邦摇头道："韩信猖狂，该杀，可杀之无名，何以服众？"

"待有名时，为时晚矣。"

"凡事要名正言顺，否则群臣不服，天下不稳。逼之过急，引发兵变,岂不因小失大?"

吕后讥讽道:"皇上想得太多,本宫可没那么多耐心。"

"天下初定,没有耐心,也得有哇。"

夜静,栾赵私会。赵圆胆战心惊,栾说却兴奋异常。赵圆求道:"小心点,以后别再见面了。"

栾说兴致冲冲:"以后咱就天天在一起了。"

赵圆惊问:"此话怎讲?"

栾说狠狠地说道:"要犯钟离昧,身藏伊庐。"

"谁说的?"

栾说低声道:"白天,有人来王府举报,正好碰上我。帛书在我手里。"

赵圆不懂,问道:"这有啥关系?"

栾说神秘地说道:"关系大了。皇上下诏,捉拿要犯,有人却胆敢抗旨。你想,皇上知道这事后,会怎么样?"

赵圆紧张:"你不能胡来啊?"

栾说温情道:"圆,咱不能这样苟且偷生,形如夜鼠,咱得活出个人样来。大不了掉脑袋……"

说到这里,栾说狠狠地挥了一下拳头。赵圆扑进栾说的怀里,哭道:"栾说哥哥,我害怕……"

栾说狠狠地把赵圆推起来,凶恶道:"怕什么?咱既然在一起,就得一条心,知道吗?"

赵圆恐惧,啜泣不已。

第二天,栾说早起,悄悄出王府向驿站走去。下邳官驿在城外,有房数间。官驿畅通全国,来人凭官方文书,可在驿站吃住。栾说手持文书,走进驿站。老军看栾说王府穿戴,格外敬重。栾说盛气凌人:"王府有公文传送。"说完,把密封皮囊交给老军,喝道,"小心点。出了事……"

栾说狠狠地做了个砍头动作。老军连连点头:"官差至,老夫一定认真交代。"

办完事,栾说悄悄地离开了驿站。家臣看见栾说去驿站,毫不在意。

韩信从洛阳回来,闷闷不乐,一连数日,闭门谢客。

驿站传书,昼夜兼程,送至洛阳。晚上,刘邦手执帛书,在宫中打转,吕后入,刘邦大骂:"韩信小儿,依仗军功,软拖硬扛,朕一忍再忍,果真反了。"

吕后大惊:"韩信反了?"

刘邦把帛书掷在几上:"你看,白帛黑字,言之凿凿,韩信谋反!"

吕后看过书信,泣道:"陛下呕心沥血,打下江山,分给诸侯,为何都不满足啊?权重之臣,各怀异心,都该杀掉。"

刘邦哀道:"诸侯造反,最该担心的是韩信,他不比常人啊。"

吕后惶恐不安:"韩信造反,必和钟离昧联手。楚国藏兵于民,不出十天,可集十万大军,陛下宜速做决断。"

刘邦顿悟,急叫:"召众将议事。"

这天,萧何早起,衣冠整齐,准备上朝将出门时,侍卫入报:"丞相,早朝暂停。"

"为何?"

"韩信谋反,皇上集二十万大军准备伐楚。"

萧何大惊,急道:"楚王谋反?皇上御驾亲征?"

"大军在校场集合,正待出发。"

萧何惊叫:"大事不好!快备车,我要见驾。"

刘邦身披铠甲,手提马鞭,从洛阳宫急匆匆出来,刚到宫门前,正遇上萧何。萧何扑通一声跪在刘邦面前,大叫道:"陛下,臣有话说。"

刘邦看见萧何,心中大怒,训道:"萧何,你不是担保吗?韩信为何谋反?"

萧何道:"陛下何以确认韩信谋反?"

"有书信举报:韩信藏兵于民,抗旨不遵,意欲起兵。"

"韩信谋反,只凭一封帛书?"

"何谓帛书?抗旨不遵,铁证如山!"

"陛下,斩杀钟离昧,臣已担保。不久必献钟离昧人头。"

"韩信藏兵于民,谋反之心昭然。"

萧何辩道:"楚乃项羽旧地,叛军乱党猖獗,加强治安,本是正理,何故扯到谋反啊?韩信为人耿直,不拘小节,不会谋反。臣愿以头颅担保。"

刘邦大怒:"你有几个脑袋?担保这,又担保那。钟离昧尚未归案,又来担保,朕看你是跟他同流合污!"

萧何磕头:"陛下,老臣一片忠心,实在不敢。"

"敢为韩信拦驾,还说不敢?"

"拦驾并非为了韩信,是为陛下,是为天下苍生啊。"

"胡说八道!"

萧何匍匐而前:"陛下,容臣细说。韩信纵使谋反,也是谋,并未造反。陛下率大军出征,是逼韩信造反啊。战端一开,必乱天下,后果不堪设想。"

刘邦问道:"韩信抗旨不遵,就任他为所欲为吗?"

"臣请出使楚国,愿以一身定韩信,捉钦犯。"

刘邦冷笑道:"丞相诡计,实在浅薄。明里出使韩信,实为逃走,是否?"

"陛下误会。臣家眷皆在洛阳,可做人质。臣位已极,别无所求,但愿天下苍生休养生息,共享太平。"

"休养生息,朕何曾不想啊?可天下初定,韩王信造反、臧荼造反、利几造反,你没看到吗?"

"安定天下,宜缓图之。"萧何披肝沥胆道,"老夫此去,必斩钟离昧,查清韩信。他若有反状,必果断处之。"

刘邦沉思良久:"好吧,小心出使,朕保护你的家眷。"

萧何暗惊:"陛下,臣愿舍一身剐,不辱使命,以安天下。"

刘邦沉思半晌:"回宫。"

萧何擦去额头汗水,惊魂未定,慢慢起身:"危如累卵,危如累卵啊!"

金猎人在伊庐受县令之托,操练治安军。猎人练兵有术,一千民兵,坐卧立行,攻杀守战,有声有色。兵勇晨起操练,杀声震天。金猎人自备鞍马,准备远行。青年教官赶来,问道:"金教官,何时回来?"

金猎人不语,想了一下:"认真操练。"

"教官快去快归,兵勇缺不得你。"

猎人点点头,看兵勇士气旺盛,狠狠道:"也许有大用。"

金猎人翻身上马,在校场上打马一周,然后驰骋而去。

萧何出使韩信处,一路劳顿。临近下邳,住在驿站,打探消息,并无异常。第二天早起,萧何招二武士,严肃道:"听着,今日见韩信,事关重大。看我脸色行事,韩信若反,锤杀之!"

武士袖藏十八斤铁锤,可击万物,担心道:"锤杀韩信不难,我等死亦无憾,只担心丞相。"

"不要顾我,天下重要。平定乱贼,老夫即使被千刀万剐,也值得。"

"丞相有令,我等必斩杀韩信。再出示密诏,力保丞相安全。"

计议已定,萧何一行,迅速上路。

洛阳皇宫,刘邦急与张良商议。刘邦道:"无论萧何出使如何,韩信必须缉拿归案。即使不反,也有两大罪状:抗旨不遵,藏兵于民。"

张良默默点头。刘邦问道:"既然出师不妥,先生可有良策?"

张良想了一下,出计道:"自古以来,天子有狩猎习惯。时值初冬,百兽肉肥质美,正是狩猎时节。陛下何不狩猎云梦泽,在陈县大会诸侯,借机捕捉韩信。若如此,两个力士足矣。"

刘邦沉思道:"韩信不来,为之奈何?"

"韩信不反,必来;不来则必反。那时再用兵不迟。"

"韩信带兵来,为之奈何?"

"有丞相出使,他不敢贸然行动。为防万一,陛下可在大梁屯兵,急时可用,可确保万无一失。"

刘邦悦:"依先生之计。"

韩信为王,闷闷不乐。面对家臣属下,强装威严,国中政务,按部就班。这天中午,侍卫忽报:"金猎人求见。"

韩信惊问:"哪个金猎人?"

"来人自称猎人金钟。"

"金猎人来王府何干?"

"猎人枪挑山鸡,手拎野兔,献野味尝鲜。"

"不见。"韩信果断道。

"猎人说,与将军有旧,特来拜访,不见决不离去。"

韩信不知金钟为何人,又觉蹊跷,欲见之,侍卫忽报:"丞相到——"

韩信惊问:"丞相来了?"

"已到王府。"

"让金猎人别室休息。"

韩信吩咐完毕,急忙出门迎接,果然是萧何。韩信施礼道:"恩相远来,韩信不知。千里迢迢,有失远迎。"

萧何道:"老夫只要来得值,何惧劳苦啊。"

韩信热情:"快里边请。"

两人一同进王宫,落座。萧何身后,武士相卫。

韩信道:"恩相远来,必有大事,还请赐教。"

萧何开门见山,问道:"钟离昧抓到否?"

韩信为难道:"捕捉钟离昧,韩信实难下手。"

萧何厉声道:"捕捉钟离昧这事,老夫已在皇上面前用人头担保,难道不顾老夫人头吗?"

韩信伤感:"此案复杂,恩相何必搅进来?"

"还不是为了你。"

韩信面露难色:"捕杀钟离昧,必陷韩信于不义。"

"不杀钟离昧则是不忠!"萧何厉声说。

韩信无语。

萧何再劝道:"钟离昧必须归案,不是你我能抗拒的。"

韩信黯然,不知所为,良久不语。萧何凑近韩信,低声道:"若斩钟离昧有伤感情,何不联合他反了皇上?"

韩信大惊,目示身后二人。

萧何道:"莫怕,二人皆我心腹,有话便说。"

韩信惊问:"恩相何出此言?"

"只因为你。"

韩信坚定道:"韩信受陛下厚恩,苦斗数年,一统天下,岂能造反?"

萧何又问道:"足下受逼,难以两全。不反,甘心受辱否?"

韩信怅然道:"两权相害取其轻。韩信打拼一生,只为天下太平。韩信若反,早就反了,何必等到今日。"

"足下不反,必捉拿钟离昧。"

韩信沉思良久,说道:"皇上以钟离昧逼迫,让我两难,使我不快。但我深知,大兵一动,血流成河啊。天下太平,将军之功;天下动乱,将军之罪。我岂能以一己之私,祸乱天下啊?"

萧何感动:"足下说的是真心话?"

韩信点头:"出自心腹。"

萧何激动起身,道:"将军大义,让老夫感动,请受我一拜。"

韩信急忙阻止,惊道:"恩相何故如此?"

萧何落座:"有人告你藏兵于民,不出十日,可集十万大军,可有此事?"

韩信诚然道:"楚国初定,叛军时常袭击县邑,各县民兵,皆为治安所用,别无他意。"

萧何又问道:"既然不反,何不逮捕钟离昧?足下若不忍心动手,我为你做。"

萧何说完,朝外走去。这时,钟离昧从幕后持剑出,叫道:"不劳丞相远行,钟离昧在此。"

萧何看钟离昧大惊,喝道:"左右,何不拿下!"

武士上前,钟离昧叫道:"且慢!"

韩信大惊:"金猎户,钟离将军?"

钟离昧面对萧何,从容道:"钟离昧国破家亡,余有残生。本想反了刘邦老儿,又怕连累将军,今日始知真相。韩信大义,钟离昧足矣。"

钟离昧说完,举剑自刎。

韩信急叫:"钟离将军……"

宫内正乱,宫外突然高叫:"圣旨到!"

许久,韩信打开宫门,木雕一样站在门前。钦差手捧诏书,高声念道:"圣谕:时值初冬,百兽鲜美,陛下狩猎云梦大泽,会诸侯于陈。楚王韩信,准时见驾。钦此。"

韩信听罢,大吃一惊。大风大浪,扑面而来。

第十二章　蒙冤屈　悲歌千古

汉六年(前201)初冬,刘邦出洛阳来云梦泽狩猎。圣驾浩浩荡荡,向陈县进发。文武百官,前呼后拥,随驾出行。一路锣鼓开路,彩旗飘飘,鹰犬罗列,气势非凡。皇上坐毡车,宽八尺,长两丈。毡车内温暖如春,随时处理政务。张良陪伴皇上,同车而行。车上,刘邦道:"朕所担心者,韩信不来。"

张良肯定道:"陛下放心,韩信若无反意,必来。"

刘邦怨道:"韩信轻狂,令朕伤心,大臣效之,国将不国。"

张良劝道:"韩信带兵打仗,个性十足,不一定有恶意。"

刘邦愠道:"大汉不需要个性。无论功劳大小,必须听令于皇上。"

张良莫名其妙,点头不语。

车行颠簸,刘邦又问道:"诸侯相会,捕捉韩信,理由还充分吧?"

"韩信两大罪状,言之凿凿,可以服众。"

"其实,朕抓捕韩信,只想警示他人。大汉王朝,不是谁都可以踹几脚的。"

张良寡言少语,谨小慎微。

毡车外,传令官快马飞报:"楚王斩杀钟离昧,携人头向陈县赶来。"

刘邦急问:"带多少人马?"

"韩信及随从共十二骑。"

"丞相何在?"

"丞相离开下邳先行,已至陈县。"

"继续探报。"

使者应诺而去。刘邦微微笑道:"楚王来,朕无忧矣。"

陈县诸侯会,皇上不紧不慢地赶来,未与诸侯相见,直接到后殿。各路大员云集,相识,不相识的,嘘寒问暖。午时将过,韩信带着木匣,骑千里雪,抵达陈县。礼官在门前迎候,见韩信来,口传圣旨:"楚王听旨,皇上在别宫等候,楚王见驾。"

韩信看了一眼礼官,施礼道:"谢陛下。"

韩信下马,礼官牵马交与宫中侍卫,对韩信道:"随本官来。"

韩信手捧木匣随礼官前行。随行人员欲跟其后,被侍卫拦住。韩信孤身随礼官入府。

礼官引韩信到县衙后殿。这里偏僻安静,戒备森严。拐两个弯,到一处房外。武士数人,威严守卫。礼官向门内一指:"楚王请。"

韩信入室,顿觉寒气袭人。刘邦衣冠严整,危坐正面,身边有樊哙、夏侯婴、周勃、郦商四将。韩信入室,武士把门关严,守在门口。

韩信镇定,跪地磕头道:"臣韩信拜见陛下,吾皇万寿无疆。"韩信施礼后,双手呈上木匣,"国家要犯钟离昧,为臣斩杀,人头在此,请陛下验明正身。"

刘邦没看木匣,劈头盖脸地斥道:"韩信,有人告你谋反,你知罪吗?"

韩信大惊,申辩道:"陛下,韩信没有谋反。"

刘邦怒道:"你藏兵于民,意欲何为?抗旨不遵,包庇国家要犯,又是何意?"

韩信辩道:"陛下,天下初定,叛军袭击县邑,各县组建治安军,保境安民,并非造反;钟离昧虽与臣有旧,不敢以私废公,今已缉拿归案,何罪之有?"

刘邦大怒:"抗旨不遵,藏兵于民,罪恶昭彰,还敢狡辩?左右,还不拿下!"

武士上前,按住韩信,把他捆得结结实实。韩信大怒,骂道:"狡兔死,猎狗烹;飞鸟尽,良弓藏;敌国破,谋臣亡。帝王之心,毒如蛇蝎。欲加之罪,何患无辞。十年征战,百功在身,却不如一片帛书。陛下,楚王可以不做,不可污人清白? 韩信谋反,乃欲加之罪……"

刘邦亦怒,喝道:"打进囚车,押回洛阳。"

韩信被捉,群臣毫不知晓。第二天,诸侯隐隐得知消息:皇上捕获一大猎物,是反臣韩信。诸侯得知,无不大惊。陈县诸侯会,未见圣上面容,草草收场。

张良在皇上身边,谨慎小心,回洛阳后思绪万千,亦觉岌岌可危。这天夜里,把刘邦所赐之物,一并置于室内。单骑出城,驻马良久,打马遁去,不知去向。

韩信被捉,千里雪滞留陈县,县令派马夫专门饲养。千里雪知主人不在,不吃不喝,垂泪不止。半月后,饥饿自毙。后人有诗赞曰:

厩中一筛草,天下万里征。
堪彼托生死,只缘有忠诚。

韩信陈县见驾,楚王府未感意外,和往常一样平静。这天中午,突然闯进来官兵。他们各执钢刀,衣甲齐整,包围王府,封闭进出通道,王府大惊。女眷惊叫,钻进室内,不敢出门。一校尉站在高处大叫:"韩信家臣、家眷、仆人、侍女等听着:我等奉旨搜查,不得乱动,违令者格杀勿论。"

军官前宫后院,反复高叫:"我等奉旨搜查,王府人等,不准乱动,违令者格杀勿论……"

田月娥知军人奉旨搜查,大惊,镇定了一下,对家人道:"不要害怕,韩信忠于皇上,不会有大事。"

不多时,樊哙衣甲佩剑入,见田月娥拱手道:"韩夫人,本将奉旨搜查,请夫人见谅。"

月娥问道:"樊将军,发生了啥事?"

"有人告发韩信谋反。"

月娥坚定道:"韩信没有谋反,是小人陷害。"

"韩夫人,本人敬佩韩将军,会如实禀报。若无反迹,可还将军清白。"

"听韩信说,樊将军为人坦荡。韩信清白只在你了。"

"请夫人放心,樊哙自有做人的道理,不会冤枉大将军。"

不多时,校尉跑来:"报将军,查遍王府,不见谋反实证。"

樊哙问:"钱粮如何?"

"府内无多余钱粮。"

"兵器呢?"

"无兵器储备。"

"书信往来?"

"无可疑书信。"

樊哙问过,转身对月娥道:"韩夫人,本将会如实禀报,还大将军清白。"

月娥施礼:"感谢将军。"

樊哙转身对校尉道:"留五百军士,看守王府。兵驻府外,善待家眷。违令者,斩!"

"遵令。"

樊哙对月娥一拱手:"韩夫人,告辞。"

刘邦云梦泽狩猎,捕得韩信,萧何大惊失色。他回洛阳入宫见皇上刘邦,跪拜道:"臣萧何拜见陛下,吾皇万岁,万万岁!"

刘邦高高在上,淡然道:"平身。"

萧何起身。

刘邦问道:"丞相是为韩信而来吗?"

萧何备述出使下邳详情,然后谏道:"老臣以为,韩信谋反,证据不足。"

"韩信是你举荐的大将军,又两次为其担保,你不怕被牵连吗?"

萧何一惊,辩道:"陛下,老臣出使,诱骗韩信谋反,他态度坚定,绝无反意,请陛下明察。"

刘邦看着萧何:"朕问你,重犯钟离昧,在楚国隐匿一年之久,韩信抗旨不遵,该当何罪?"

萧何一惊,辩道:"此为人情所累。"

"朕再问你,韩信藏兵于民,不是意欲谋反,又是什么?"

萧何再惊,欲辩,刘邦厉声喝道:"依你所讲,朕抓韩信错了?"

萧何惊出一身冷汗,急拭额头,复跪道:"陛下没有错。陛下永远正确,只望保住韩信人头。"

刘邦问道:"谋反重罪,祸及三族,你知道吗?"

萧何大叫:"陛下……"

刘邦怒起:"萧何,你的人头朕还记着呢,竟敢为韩信说情?"

萧何仆地,再辩道:"陛下,韩信若反,做齐王时,为何不反?定陶拥兵自重,为何不反?楚国藏兵,钟离昧尚在,为何又不反?韩信能反而不反,足见其忠诚。陛下勿听小人谗言,损害国家大事。"

刘邦斥道:"你一再为韩信开脱,用意何在?"

"陛下,臣只为江山永固。"

"江山永固?是担心自己人头吧?"

"陛下,老臣人头,毫不足惜,只怕天下再乱。如今,天下一统,来之不易。天下初定,斩杀重臣,必伤人心。君臣猜忌,人人自危,则天下危矣。"

刘邦沉思良久,突然哈哈大笑:"爱卿所言,朕甚慰之。下去休息吧。"

萧何心情稍缓,急忙磕头,殷殷退出。

灌婴跟随韩信,不仅佩服他的本领,更信服其为人。灌婴知韩信谋反被捉,来见曹参,问道:"韩信真会谋反吗?"

曹参看了一眼灌婴,道:"即使谋反,也只是'谋',并没有反。一个'谋'字,说有则有,说无则无。皇上一定别有用意,不在'谋反'啊。"

"韩信无拘无束,顶撞皇上,是灭他威风吗?"

曹参摇头道:"皇上杀威,用不着大动干戈。"

"诛杀功臣?"

"也不像。天下初定,皇上怎会自乱天下?依我看,是冲异姓王来的。刘氏天下,岂能容得异姓王?"

灌婴信服:"将军言之有理。你以为,皇上会杀韩信吗?"

曹参摇头道:"韩信毕竟有大功,杀了韩信,大功者必人人自危,这样,对天下不利。你跟随韩信多年,出面说句话才是。"

"只怕皇上不允。"

"依我看,皇上对韩信是限制之心,并无杀害之意。出面说话,或许有顺水人情。"

灌婴沉思了一天,决定见皇上。这天罢朝,灌婴来后宫拜见刘邦,见面跪拜:"吾皇万岁,万万岁!"

刘邦赐座,问道:"灌将军可有事啊?"

灌婴鼓足勇气:"陛下,臣斗胆为韩信而来,不知当讲不当讲?"

刘邦看了一眼灌婴:"韩信谋反,国之重案,朝中大臣避之唯恐不及,你敢为他说话?"

灌婴不惧:"臣随韩信多年,深知他的为人。"

"韩信是何为人啊?"

灌婴想了一下,道:"韩信知恩图报,为人坦荡,重诺言,守信义,心直口快,不拘小节。在齐国,曾手书'天下一统',悬在高堂,实为明志。当时,重兵在握,却无二心。奸人举报韩信,不过是个'谋'字,请陛下查实,酌情处理。"

刘邦斥道:"韩信谋反,事实确凿,不可狡辩,但灌将军敢为韩信说话,足见忠勇,朕会认真考虑的。"

灌婴心头的一块石头落地,感激道:"谢陛下。韩信于国有功,臣怕国家受损,才斗胆说话。"

"灌将军大勇大义,朕必谨慎处理,下去休息吧。"

灌婴感激,谢恩,叩拜退出。

当天晚上,樊哙从下邳回来,直接面见刘邦。樊哙跪拜:"臣刚从下邳归来,特来报告。"

刘邦急问:"韩信可有反迹?"

樊哙道:"五百将士搜遍楚王府,未见一丝反迹。"

"真无反迹?"

"陛下,臣认真搜查,确无反迹。楚王库无余粮,架无悬衣,三餐粗食,生活简朴。臣不敢隐瞒事实,如实禀报。"

刘邦沉思后问道:"樊将军以为韩信如何?"

樊哙道:"韩信为人忠诚,宽怀,表里如一,臣真心佩服。"

刘邦慢慢点头:"韩信虽无反迹,亦有二罪:抗旨不遵,藏兵于民。有此两条,足以治罪。"

樊哙不能回答,沉思道:"臣禀报实情,还请陛下慎重。"

刘邦笑道:"有将军说话,朕当然认真考虑,下去休息吧。"

军中为韩信说情者甚多,终于唤来春风。这天,刘邦带官员侍卫五六人,来监狱看望韩信。洛阳监狱,戒备森严,狱吏跪地迎接。韩信双手戴枷,又红又肿。蓬头垢面,神情冷漠。狱吏前导,两人相见,韩信漠然。刘邦尴尬,突然大骂狱吏:"谁让你们虐待韩将军了?将军乃国家重臣,不怕国法吗?打开枷锁。"

狱吏吓得面如土色,连连磕头:"臣该死,该死。"

二狱卒急为韩信除枷。韩信看刘邦有善意,除枷后微微施礼,仍不说话。

刘邦走近韩信,道:"将军为一己私情,庇护国家要犯,让朕痛心。只望你认真思过,从善而为。"

韩信下跪磕头:"谢陛下。"

刘邦扶起韩信,看他手背红肿,问道:"将军的手为何如此?"

"路上冻的。"

刘邦指令侍从:"沐浴更衣,找太医疗伤。"

刘邦同韩信离开监狱,邀入宫中宴饮。两人举樽,刘邦道:"听说将军谋反,非常痛心。朕破格任用你为大将军,官拜左丞相,又封齐王,你想,出这样的事,朕能好受吗?"

韩信辩道:"臣的确没有谋反。"

刘邦没理睬韩信的分辩,继续道:"将军虽有大过,也有大功。朕思之再三,决定赦免你,以谢天下。"

韩信不再申辩,淡淡谢过。

刘邦又道:"将军文过饰非,难服众人,朕决定免去你的王位,封你为淮阴侯,如何?"

韩信道:"臣无意为官,更无心称王。当初,在楚营时,就反对封王。请陛下允我回淮阴,耕田自食,闲时钓鱼狩猎,臣平生足矣。"

刘邦不允:"将军乃国家重臣,天下初定,百废待兴,还请淮阴侯再立新功。"

韩信不再申辩,跪地叩拜:"谢陛下封赐。"

刘邦看韩信臣服,十分满意,叫道:"满酒。"

身边侍女轻盈上前,为二人满酒。这时,音乐响起,舞女翩跹起舞,气氛顿时放松。韩信却小心翼翼,毫无兴趣。

刘邦心情越来越好,开怀畅饮:"当初,我在洛阳宫宴请群臣,席间问道:朕何以得天下?群臣尽是称赞之辞,知道朕作何回答吗?"

"陛下所答,一定有理。"

"朕对群臣道:吾得天下依赖三人,运筹帷幄,决胜千里,我有张良;治理国家,安抚百姓,漕运军饷,不绝粮道,我有萧何;统率百万大军,守必坚,攻必克,战必胜,我有韩信。此三人者,皆人杰也。为我所用,此朕所以得天下也。"

"陛下圣明。只是韩信偶有小胜,言过了。"

刘邦兴奋:"将军不必过谦。功是功,过是过,朕功过分明。"

韩信默言不语。侍女又来斟酒。刘邦兴致勃勃:"咱都是从刀枪丛中闯过来的,将军是带兵行家,你看,朕可率军几何?"

谈兵论战,韩信得心应手,随口答道:"十万。"

刘邦又问:"将军率军几何?"

韩信脱口而出:"多多益善。"

刘邦不悦,反问道:"将军带兵的本领比我高,为何被我所擒?"

韩信顿觉失语,羞惭难当,弥补道:"陛下具帝王之术,善于带将。臣只会用兵,是为陛下所擒也。"

刘邦心满意足,哈哈大笑。

韩信如坐针毡,醉态已出,请辞道:"臣不胜酒力,允臣告退。"

刘邦开心,允道:"送淮阴侯休息。"

刘邦一句话,割去韩信王位,贬封淮阴侯,心满意足。不久后,汉都迁往长安,韩信不能回淮阴,与家人一起,伴驾长安。

月娥经历重大变故,方知官场变幻莫测,急流险滩,杀机重重。进退不能,只好听天由命。思来想去,前事虽过,但事发蹊跷,于是,召集家臣、侍女、杂工人等,当面训诫:"府上事变,大家都看到了。说不准,起因就在府内。大家都小心点,谁要败坏家风,吃里扒外,一经查实,府上绝不轻饶!"

月娥说话时,赵圆心惊肉跳,不敢直面。月娥的目光扫来扫去,厉声道:"这事虽然过去了,但不算完。败家风、伤女节、违法纪,本府必一查到底。"

众人疑惑,肃然倾听。栾说神色紧张。月娥最后道:"大家都长点眼睛,有异常情,及时报告,否则必以同谋论处,知道吗?"

众人胆战心惊,不敢说话。当晚,家臣报告了栾说在下邳去驿站的经过。月娥大惊,暗中派人回下邳查实情况。

韩信伴驾长安,心情不爽,时常称病不朝,偶尔上朝,刘邦也不追究。朝堂之上,皇上高高在上,曹参、灌婴等站列前位,韩信远远落在同僚身后,不胜愧疚。这天,朝事不多,刘邦看见韩信来朝,问道:"淮阴侯自来长安,从未奏事。身为开国重臣,应为国家分忧。有事当奏,朕当洗耳恭听。"

韩信想了想,上前奏道:"陛下,臣身体不佳,时好时坏,精神恍惚,拿东忘西。恳请回淮阴老家,自耕自食,望陛下恩准。"

刘邦不悦:"你看看,又是告假。你以为朕愿坐这冷板凳吗?都想轻闲,国家谁管？别提告假之事,说说国家大事。"

韩信嗫嚅,终无奏报。

刘邦责备道:"吞吞吐吐,欲言又止,好不痛快。"

韩信被逼不过,小心奏道:"臣以为,国家大事莫过于匈奴。自七国争雄以来,匈奴发展数百年,势力日益强盛。如今,匈奴骑兵,时常南下,烧杀抢掠,边境居民,十室九空。匈奴兵强马壮,胆子越来越大,侵夺日甚。匈奴近处距长安不足七百里,精骑一夜可抵长安城下,实为心腹大患。臣谏议,精武习兵,备战匈奴,以应不测。"

刘邦阴沉:"淮阴侯张口闭嘴,都是打仗。现在,天下厌战,祈望和平,百姓休养生息。除打仗以外,就没别的事了吗？"

匈奴不为皇上重视,韩信大失所望,尴尬道:"臣无事。"

退朝后,刘邦对侍臣道:"知道韩信为何再提匈奴吗？ 当初,定陶罢兵时,韩信曾以'和匈奴必有一战'为借口,不愿交出兵权。如今还想借匈奴说事,重掌兵权。食肉寝皮之徒,何惧之有啊？"

侍臣奉承道:"陛下圣明。"

刘邦嘲笑韩信,说嘴打嘴。没出十天,边关告急,匈奴大举入侵。边关急报,雪片一样接连报到长安:"冒顿单于率三十万铁骑入侵,破关斩将,连下边城。高奴、平城连续失守。"

刘邦大怒,骂道:"狗胆匈奴,侵我大汉。寡人必亲征匈奴,斩杀冒顿单于。"

平城距长安快马一日行程。樊哙知平城失守,急忙入宫。刘邦见樊哙,问道:"匈奴侵我边城,朕欲用你为大将军,征讨匈奴,你意下如何？"

樊哙答道:"陛下,为大汉江山,臣万死不辞。只是,臣对匈奴了解甚少,不知如何作战,怕有闪失。"

"樊将军冲锋陷阵,生死不惧,今天怎么怕起来了？ 朕与你出征,岂惧茹毛饮血之辈？"

樊哙道:"主公若亲征,必有万全之策。北部边关,臣不知地理气候,更不知匈奴习性和兵力多寡。倘若开战,臣举荐一人。"

"是韩信吗？"

樊哙谏道:"韩信伐魏破赵,兼收燕国,此地皆与匈奴毗邻,知其地理气候。据臣所知,韩信研究匈奴多年,必通其习性。讨伐匈奴,大将军非韩信莫属……"

樊哙话没说完,刘邦怒道:"少跟我提韩信。"

樊哙再谏:"一个韩信,胜过十个樊哙。臣一介勇夫,韩信才是真将军。"

刘邦大怒:"前几日,朝堂上韩信提及匈奴,朕羞辱了他。起用韩信,岂不是朕错了?"

"陛下,天下大事,不可赌气。"

"朕就赌这口气。不用韩信,照样可以打败匈奴。"

刘邦终于没有起用韩信。汉七年(前200)冬,刘邦亲率三十二万大军,出兵平城,征讨匈奴。

韩信备受冷落,闲居在家,撰写兵书,捕鸟为乐。这年冬天,腊月奇冷。夜间,一场大雪落下。第二天,韩信放下兵书,到后园捉鸟。大槐树下,家臣扫出一块空地,撒上稻谷,支起箩筐。一阵寒风袭来,韩信不禁一惊:圣上出征,皆着单衣,如此寒冷,岂不自损大军?

韩信兴致索然,丢下家臣,独回房中。隙孔入,韩信问道:"圣上出征几时了?"

"正好两月。"

韩信默然无语。

隙孔道:"将军不必担心,皇上回来了。"

韩信高兴,急问:"凯旋而归?"

隙孔低声:"大败而回。"

韩信大惊:"缘何大败?"

隙孔道:"据说,皇上误入匈奴重围,被困白登山上。天气寒冷,将士手指都冻掉了。多亏用了陈平之计,骗过匈奴,皇上才得以脱身,安然回京啊。"

韩信大怒:"匈奴欺人太甚!"

隙孔低声道："主公,小心皇上迁怒于你。"

韩信突然坐下,良久未动,默言无语。

寒冷的冬天过去,春风悄悄吹来,万物复苏,韩信却没感到一丝温暖,平城之败,皇上未加迁怒,自己亦未被重用,仍闲居在家,旦夕不知所为。时间一长,他有种不好的预感,处处谨慎小心,生怕惹出事端。这天,把儿子韩胜叫到身边,对隙孔道："当年东征时,我拜访过太公祠,曾许诺:韩信若建立大功,重修太公祠。天下平定后,我一直惦记此事。现在,我不便出行,你为我代劳吧。"

隙孔是韩信最信任的家臣,一片忠心,接受嘱托。韩信把儿子推到隙孔面前,道："韩胜也交给你,严加管束,教他做人。"

隙孔把韩胜搂在怀里,感动道："谢主公信任,韩胜犹如我子,臣必把他带好。"

韩信把一袋东西交给隙孔："这是我所有积蓄,只有这么多,都交给你。倘不够用,想办法筹措,一定把太公祠建好,了我心愿。"

隙孔不胜感伤,答道："不论有多少困难,臣必了却将军心愿。"

韩信嘱托道："韩胜不可娇生惯养,粗衣淡饭足矣。"

隙孔点头道："臣必磨砺韩胜,必和将军一样坚强。"

韩信转身对韩胜道："像你这般大时,我已经自立。人生只有经历风雨,才敢搏击大浪,在父母身边永远不会长大。"

韩胜点头。

韩信嘱咐道："事叔如父,不可有公子脾气,知道吗?"

韩胜跪拜隙孔。

最后,韩信把楚王剑交与韩胜："这把剑是咱的传家宝,带在身上,给你力量,给你智慧。"

韩胜认真看过父亲,双手接过宝剑。韩信抚摸着韩胜的头："男儿志在四方,不可儿女情长,收拾行囊,去吧。"

韩信送二人到城外,站在高处,挥手告别。天地苍茫,韩信不忍再看下去,回道避开,不禁泪如泉涌。

韩信心情怅惘,由城外归来,刚入府第,内臣报告："陈豨将军求见。"

韩信一惊:"陈豨?哦,我想起来了。他在哪里?"

"在门外等候。"

韩信复出,果见陈豨。远远地叫道:"陈豨将军,多年未见,让我好想啊。"

陈豨高兴:"韩将军,让我好找。"

两人先拱手,然后拥抱。韩信让道:"快,屋里说话。"

韩信引路,把陈豨让进内室。

院子里,几个家臣,各自做事。栾说谨慎小心,远远地偷看了一眼。

两人坐定,韩信问道:"将军何故来京城?"

陈豨高兴道:"河北平叛,打了几个胜仗,受封巨鹿太守。因此进京谢恩。不忘将军,特来拜访。"

"你的到来真让我高兴,军中兄弟很难见面了。"

陈豨道:"当初,年轻气盛,冒犯将军。将军宽恕,让我感动。后来,我曾去邯郸找过你,却没能见面,心中一直挂念将军。"

"谢谢你,还没忘记我。将军加封巨鹿太守,理应祝贺。可是,凭我的感受,却高兴不起来。"

陈豨惊问:"将军何出此言?"

韩信长叹道:"天下初定,屡屡出事,皆因圣上多疑。位高权重,受疑愈深。巨鹿沃野千里,天下精兵,多出于此。为将者,振臂一呼,天下震动,可谓权重。身为太守,居万人之上,可谓位高。如此权位,难免为小人垂涎。莫说仇人,即使同僚的忌妒,也足以让你难以入睡。小人短舌,利如长剑。一次告发不疑,再次告发必疑,三告、四告,皇上必信以为真。得意之余,还请将军留意。"

陈豨听后,倒吸了一口凉气,问道:"将军以为末将如何是好?"

韩信摇头道:"问我打仗,得心应手,问我政事,韩信愚拙,何以教人?胡言乱语,岂不害人。"

陈豨道:"将军切身感触,诚以教人,不胜感动。在下必小心从事,以谢将军。"

陈豨回巨鹿不到半年,果然有人告发他谋反。理由很简单:巨鹿官府,常有生人出入,陈豨与之交往甚密。刘邦看到举报,气得大骂:"陈豨,我待你不薄,为何还不满足?贪得无厌!"

刘邦骂过,即召陈平商议。陈平道:"天下初定,多次用兵,实为大患。陈豨做巨鹿太守半年有余,何不召他回京述职。陈豨不反,则敢回京城;若心中有鬼,必会找理由推辞。陛下何不召他回京一试?"

刘邦依其计,召陈豨回京述职。陈豨接到诏书,疑虑重重,反复观看数遍,骂道:"好人难做啊。"

心腹献计道:"何不派人进京刺探。皇上见疑,你若回京必自投罗网,不如反了。"

陈豨恨道:"我已查知,赵相国周昌告我谋反。皇上若不相信,岂能召我进京?"

心腹道:"上书奏报,假托有病,暂不赴京。刺探皇上动静,再做决断。"

陈豨断言道:"也好。刺探动静,刘邦敢提兵见我,就反他老儿;若不用兵,则从长计议。"

心腹退出。陈豨手握剑柄,凝视校场,思绪万千。

刘邦收到陈豨的书信,不问青红皂白,勃然大怒,而后决定亲征,讨伐叛逆。

吕后知陈豨谋反,皇上亲征,暗喜,问宦官何全:"皇上出征,由谁主政京城啊?"

何全想了一下,突然笑道:"要我探听口风?"

吕后看了一眼何全:"就你聪明。"

"娘娘,我马上就去。"

何全是皇上宠臣,见刘邦先施重礼,三呼万岁,没说话,先自落泪。刘邦惊问道:"缘何伤心?"

何全收起眼泪,献媚道:"天下乱臣,罪该万死。陛下高龄,亲征叛逆,臣何以放心啊?"

刘邦叹道:"难得你一片孝心。"

何全泪水又流,道:"皇上掌管天下,睡过几个囫囵觉?天下逐利,诸侯乱政,何人真心保国?"

刘邦伤心,沉默有顷,骂道:"乱臣贼子,谁人可信?"

何全偷偷看了一眼刘邦:"皇上远征,京城岂不让人担心?"

刘邦道:"京城由丞相监国,不会出大事。"

何全恨道:"天下重臣,都嫌官小,居心叵测,小心为上。"

刘邦看了一眼何全:"你的意思是?"

"陛下,只有家人,才靠得住。"

"你是说,由夫人监国?"

"京畿重地,非同小可,请皇上留意。"

刘邦想了一下,突然大笑:"还是你有忠心。听你的,让夫人监国。"

吕雉偷偷地藏在帐后,细听二人对话,得知自己任监国,从帐后哭泣而出:"陛下,本宫手无缚鸡之力,身无万钧之威,岂敢担此大任?"

刘邦看吕雉伤心,问道:"夫人何忧?"

吕雉道:"长安重地,宿臣众多,若有异心,本宫何以震慑?"

刘邦想了一下:"夫人不必担心,朕使萧何助你。"

吕雉又哭道:"萧何、韩信,一唱一和,用他岂不更糟。"

刘邦大惊:"夫人可有良策?"

吕雉道:"陛下远征,皇威留京,可震不轨。"

刘邦悟道:"夫人要我斩蛇剑?"

"身无重器,重臣何惧哉?"

刘邦想了一下,从腰间摘下斩蛇剑,交与吕雉:"此乃朕起义时腰斩白蛇之剑,从未离身,今日交与夫人。剑在朕在,生杀予夺,皆由夫人处治。"

吕雉破涕为笑:"若如此,陛下远征,本宫可保京城无忧矣。"

汉十年(前197)七月,刘邦率大军出河北征讨陈豨,吕雉在校场洒泪送别。

刘邦走后,吕雉镇守京城,十分得意,朝中大政,随意处治,在京官员,逐一过筛暗查。韩信和以前一样,闲居在家,不问政事。写兵书,捉麻雀,钓河鱼,闷中取乐。他没想到,无聊之中,死神竟一步步向他逼近。

冬去春来,京城看似平静,吕雉却一步步收紧了网。一天,何全入宫,见吕后谄笑,叫道:"娘娘叫我?"

吕雉示意,何全在身边坐下,问道:"韩信何为?"

"好像在写兵书。"

"是练兵吗?"

何全哑然,愣了一会儿,连声答道:"是的,是的。"

"多多留意,知道吗?"

"奴才知道。"

吕雉令道:"召见丞相。"

"是。"

吕雉独坐皇宫,斩蛇剑高高悬挂。斩蛇剑下,吕雉手执帛书,认真观看,何全侍立。萧何入,跪拜:"臣萧何拜见娘娘。娘娘千岁,千千岁!"

吕雉收起帛书,不冷不热:"起来吧。"

萧何起身,吕雉吩咐道:"看座。"

萧何坐定,吕雉道:"本宫请你来,是要答谢丞相的。"

萧何惊问:"臣无尺寸之功,何言答谢?"

"当初,皇上欲废太子,是丞相鼎力相劝才罢休。否则,我们母子早被打入冷宫了。如此大功,不值得谢吗?"

萧何释然:"天下未定,臣就在关中辅佐太子。天下初定,废长立幼,不利国家稳定。"

"给丞相敬酒。"

何全使了使眼色,侍女上。漆盘美酒,端到萧何面前。萧何惊魂未定,不敢轻易伸手。

吕雉道:"丞相请用。"

"谢娘娘赐酒。"萧何跪拜,起身饮酒。

吕雉客气,却威严毕露:"坐下说话。"

萧何再坐。

吕雉道:"天下已定,大功者皆有封赏,皇上只忘一人,至今不赏。"

萧何不知头尾,问道:"不知何人?"

"是本宫啊。"吕雉似有几分不满,"本宫被拘楚营,身遭多罪,为啥啊?难道不是为了大汉江山吗?"

萧何茫然,觉得吕后刁钻,但不敢反对,应承道:"那是,那是。"

吕雉道:"大功之人尚在,凭啥让小美人夺我位置,这公平吗?"

萧何更不知所言。

"皇上年事已高,百年之后,丞相要保我母子啊。"

萧何顿感莫名其妙,不知如何回答,应酬道:"当然,当然。"

吕雉突然阴气十足:"有些人,可不这样!"

萧何莫名其妙,试探着问:"娘娘的意思是……"

吕雉从袖中掏出一份帛书,递给萧何:"看看这个再说。"

萧何接过帛书,竟是一串名单。韩信为首,以下皆是重臣。萧何大惊,问道:"娘娘何意?"

"何意?先前丞相保我母子,现在要你忠心。书上的人,各怀异心,你看如何处治啊?"

萧何急问:"娘娘要杀他们?"

吕雉阴沉道:"别说得那样难听。本宫为大汉江山着想,是清君侧。"

萧何惊道:"事关重大,请皇上回京再议。"

"皇上有诏,由我监国。斩蛇剑在此,何必等皇上回来?"

萧何抬头看了一眼斩蛇剑,先惧三分,颤抖道:"容老臣考虑。"

吕雉突然起身,喝道:"萧何,不想与本宫合作吗?"

萧何扑通跪地:"娘娘,妄动杀机,必乱天下,做不得啊。"

"你先回府,准备好再与本宫说话。天知地知,你若敢乱讲,后果自负,知道吗?"吕雉威严,不容萧何作半点申辩。

萧何不语,急得满头汗水,将要出门,吕雉叫道:"来人!"

何全近前。吕雉令道:"派五百兵丁,入丞相府,保护丞相的安全。"

"是。"

夜里,栾说悄悄潜入赵圆的房内。赵圆心惊肉跳,低声斥道:"不要命啦?"

栾说几分伤感:"圆,我要走了。"

赵圆惊问:"出事了?"

栾说沉默有顷,道:"去下邳的人刚刚回来,我的事败露了。"

"什么事?"

栾说不语。

赵圆急问:"你说啊,发生啥事了?"

栾说紧闭双唇,仍一言不发。这时,院子里亮起灯笼,人声嘈杂,脚步甚急。栾说十分警觉,拉过赵圆,狠狠地亲了一下,跳后窗逃走了。

赵圆不知所措,目送着栾说穿过花园,爬上大墙,跳到墙外。赵圆捂住胸口,喘着粗气,不敢再看。

灯笼由远及近,脚步声由轻到重,赵圆心跳得厉害。这时,脚步并慢了下来,接着停在门外。一个声音叫道:"夫人请您说话。"

赵圆长舒了一口气,稳定情绪:"知道了。"

月娥在房内盛怒不已,下邳使臣立在身边。这时,家臣急报:"栾说不在。"

"跑了?"月娥警惕道,"事关重大,不能走了栾说。"

家丁立刻忙起来,封闭四门,寻找栾说,府内顿时大乱。

月娥亲自寻找栾说,果然不见。又来门前查问,都不见栾说出门。月娥回身,急令搜查。家臣遍索府内,不见其踪影。

赵圆知家臣捕捉栾说,自知事情败露,十分恐惧。她坐立不安,偷偷向窗外观看:灯火流萤,人影匆匆,不禁瘫坐在地,泪如雨下。

韩信知栾说逃走,忧心忡忡,暗使家臣,到街上寻找。

月娥找不到栾说,又不见赵圆,径直来找她。到房前,侍女上前叫门,没有回声。月娥亲自叫门,仍无回答。侍女推门,门闩紧锁。家臣破门,侍女进入,骇叫着逃出。月娥看时,赵圆两脚悬在半空,脸颊像张白布,没有一丝血色。

韩信知赵圆自杀,长叹道:"悔不用张成之言,乱我家业!"

丞相府由御林军守卫，戒备森严。萧何在府内独步沉思，家臣入。萧何轻声嘱托："想办法到淮阴侯府，去告诉韩将军，离开京城，去河北见驾。切切。"

家臣向府外看了一眼，指道："重兵把守，如何出得去？"

萧何想了想，严肃道："备轿，去皇宫。"

家臣护着萧何，坐轿出门，守军拦住。都尉上前查问："丞相有何公干？"

萧何怒道："何干？是本官的事，要你问吗？"

都尉严正道："丞相误会，下官奉懿旨保护丞相府，出入人等必须登记。"

萧何沉思了一下，没好气道："去王宫，见娘娘。"

都尉道："丞相可以去，家臣得留下。"

"你敢？"

都尉毫不退让："在下奉懿旨行事，请丞相谅解。"

萧何愤怒至极，多亏家臣化装成轿夫，混出丞相府。转过一条街，萧何急道："速去淮阴侯府。告知淮阴侯，怨老夫无法脱身，告诉他尽快动身，越快越好。"

韩信知萧何要他去河北见驾，大惊。月娥备感事态严重，对韩信道："事发突然，来人甚是急迫，夫君宜尽早准备，去河北见驾。"

"不去。"韩信态度坚决，"我去河北，必遭皇上奚落。"

月娥再劝："听丞相的，其中必有内情，不能再固执了。"

"皇上让我三分，外戚能把我怎样？"韩信仍然固执。

月娥三劝道："谁不知吕雉心狠手辣，你若落在妇人之手，岂不毁掉一世英名。听丞相的，离开京城，去别处也行。"

韩信执拗地说道："百万大军，任我指挥调动，大丈夫堂堂正正。我对大汉有功，吕雉能奈我何？"

月娥察觉大事不妙，却不能劝说韩信，悲痛万分。

栾说乘夜逃出淮阴侯府,摔伤左脚,瘸腿逃到一家民宅养伤,一住数日。夜里,宅主人入,栾说跪地磕头,感谢主人。宅主道:"那天晚上,我以为来了强盗。"

栾说道:"是强盗追我,谢主人救我。"

"人说,救人一命,积百年阴德,不必言谢。"

"我要走了,恩人后会有期。"

宅主挽留道:"夜晚天黑,明日再走吧。"

"白天怕仇人认出,晚上方便。"

"主随客便,你好自为之。"

栾说施礼,殷殷退出。长安街头,栾说跛脚,戴着月色走来。街上冷清,不见一人。栾说走小巷,寻僻处,来到皇宫墙外,抬头望着高大宫墙,恨道:"生死贵贱,在此一举。"

栾说想过,跛脚向皇宫走去。

未央宫内,吕雉高座,栾说战战兢兢,跪地施礼道:"小的栾说,祝娘娘,千岁,千千岁!"

吕雉问道:"你是韩信家臣?"

"小人正是。"

"乘夜入宫,报告何事?"

栾说思忖了一下,果断道:"韩信谋反。"

"何以为证?"

栾说道:"半年前,叛将陈豨来韩信家中密谋,欲里应外合,夺取天下。如今,陈豨造反,韩信欲袭击皇宫。"

吕雉轻轻地走到栾说身边,问道:"此话当真?"

"小人在窗前,亲耳所闻。"

吕雉低声问道:"韩信无一兵一卒,何以袭击皇宫?"

栾说道:"伪造诏书,征收刑徒,攻打皇宫,袭国后太子。"

吕雉复问道:"诏书何在?"

"藏于密室。"

"还有吗?"

栾说心慌,坚定道:"小人对娘娘一片忠心,绝无假话。"

"本宫问你,还有证据吗?"

"没了。"

吕雉突然大怒,斥道:"栾说,你好大胆子,敢诬告主人谋反!韩信是国家重臣,尔等小人岂敢污蔑?"

栾说大惊,以头撞地,血流满面,一口咬定:"娘娘,小的忠心,说的都是真话啊。"

吕雉喝道:"来人,抓捕栾说!"

侍卫入,栾说大叫不止:"小的死也忠于娘娘……"

事情越发急迫,韩信仍以为吕雉不敢动他。月娥流泪劝道:"夫君,快些走吧。错过时机,插翅难飞啊。"

韩信怒道:"我哪儿也不去,只等吕雉来抓我!"

月娥痛哭,泪流满面:"夫君,不能说气话了。你不珍重,还有家人呢。大树倒了,一群小鸟,何处依托啊?"

一句话打动了韩信。他思忖有顷,不觉潸然泪下。

韩信一夜没睡,吕雉也没睡,独坐宫中,值守到凌晨。何全到吕雉身边叫道:"娘娘,去休息吧。"

"滚!"

吕雉像头暴怒的母狮,大吼一声。何全不敢多言,殷殷退下。就在他将出门之际,吕雉突然起身,疯狂叫道:"来人!"

何全转身叫道:"娘娘?"

吕雉果断道:

"懿旨:速去丞相府,接萧何入宫;

"懿旨:京师戍卫,封闭四门,坚守城头,不得任何人出入;

"懿旨:皇宫戍卫,坚守皇宫,不得任何人出入;

"懿旨:皇家卫队,监视淮阴侯府,不得走脱一人。"

吕雉连发数道指令,何全离去。宫中又静了下来,吕雉突然吼道:"韩信,我必杀你!"

凌晨,萧何早起,侍卫急入,低声道:"大人,娘娘召你,从速入宫。"

萧何大惊:"缘何甚急?"

"好像有大事。"

萧何忽然有悟,自语道:"韩信危矣!"

清晨,长安城气氛紧张。校尉高叫:"快快,关闭城门!设置路障,不得行人车马出城。"

将士跑步登城。校尉指挥:"快,……快登城。"

长安城上城下,大军调动,来去匆匆。都尉站在城头指挥:"去北门,西门,快,快一点……"

皇宫和城头一样,将士调动,登临皇城。将领吆喝:"快一点,保卫皇宫。有可疑人等,格杀勿论!"

萧何走在进宫路上,凉意袭人,不自觉地紧了紧衣服。看到眼前的一切,萧何明白了。回头看看左右,轿前轿后,有皇宫侍卫护送。萧何无能为力,只能任时间流逝,步步迫近皇宫。

长安街上,没有行人,只有寒风,一阵接一阵袭来。淮阴侯府,包围数重,韩信还一无所知。

萧何衣冠整齐地入宫。吕雉静坐。萧何施礼道:"娘娘,急召臣入宫,不知何事?"

吕雉不语,从袖中取出帛书,掷给萧何:"自己看!"

萧何看过,惊叫道:"韩信谋反?"

吕雉怒道:"逆臣韩信,早有反意,心怀怨恨,常居怏怏。京城空虚,欲袭皇宫。"

萧何疑问道:"何人举报?"

"家臣栾说。"

萧何摇头道:"当初,韩信为楚王时,老夫诱他谋反,韩信坚决不肯,切勿听信小人之言。"

吕雉斥道:"韩信反形已现:身在京城,怨气冲天。如今,陈豨造反,两人欲里应外合,丞相何故袒护他?"

萧何惊道:"老臣不敢袒护,只请娘娘查实。韩信为楚王时,有人告他谋反,查无实状,今日岂可轻信?"

"何谓轻信?"

"当年,韩信位高权重,尚且不反;如今,他无兵无将,为何谋反?"

吕雉愈加不满:"信中证据确凿:伪造诏书,征调刑徒,何谓无兵无将?"

"娘娘,书中所言,还要查实。"

吕雉突然厉声:"萧何,你是本宫依托,何故为罪臣开脱?诱捕韩信,由你负责!"

"臣不敢妄为。"

"大胆萧何,想抗旨吗?"

萧何劝道:"娘娘,韩信谋反,并无实据,妄抓重臣,何以服众!"

吕雉质问:"证据你都看过了,何谓没有实据?"

"一封书信,随手拈来,如何定罪?"

吕雉大怒:"想要证据吗?日后再给你看。"

萧何辩道:"韩信为齐王时,权重一方,为何不反?如今,仅凭一片帛书,何故抓人?"

吕雉声色俱厉:"萧何,你放肆!皇上捕捉韩信,错了吗?"

萧何自知失口,浑身颤抖,拜道:"皇上无错,臣认为,韩信谋反之事,还需查实。"

"平时,看你温良恭俭,今日为何专横?"吕雉杀机显露,叫道,"尚方宝剑。"

何全从壁上取下斩蛇剑交给吕后。吕雉持剑叫道:"萧何,宝剑在此,敢抗旨吗?"

萧何看到斩蛇剑,浑身一抖,仆地再拜,不敢分辩。

吕雉怒道:"本宫要你召韩信入宫,召还是不召?"

萧何不语。

良久,何全上前,低声劝道:"娘娘,奴才自有办法。"

吕雉转身问道:"有何办法?"

何全道:"奴才平时抄写公文,深通丞相笔迹。借丞相手笔,作书一封,何必劳他动身。"

吕雉狠狠地咬住牙齿:"笔墨伺候。"

萧何无力回天,高声劝道:"娘娘,记下韩信人头,等皇上回来再审,等着皇上啊。"

吕后狠狠地说道:"把他押下去。"

宫中武士拖萧何出门,萧何失声大叫:"娘娘,没有韩信,何以有大汉江山啊?大汉江山啊……"

萧何呼叫,震撼王宫,却无能为力。

笔墨备齐,何全醮墨执笔,问道:"娘娘,怎样写?"

吕雉面无血色:"说,皇上征讨陈豨,连夜凯旋,今日在京大臣,皆来朝贺,唯不见韩信……"

何全很快写完,吕雉看过:"你亲自去,召韩信入宫。"

淮阴侯府,月娥再三催促,韩信备好随行之物,准备动身,家臣来报:"皇宫使者到。"

韩信暗吃一惊,进前看时,是宦官何全。韩信一向鄙视何全,见他恭恭敬敬,更有几分讨厌,冷冷地问道:"大清早的,何事甚急?"

何全怪声怪气:"淮阴侯,皇上平定陈豨叛乱,连夜回京。今日在京官员皆来祝贺,热闹非凡,唯不见您。丞相怕有闪失,修书一封,特遣小的请您入宫朝贺。"

平定陈豨,皇上回京,韩信心头上的一块石头落地。他接过书信,认真看过,萧何墨迹,字句恳切,信以为真,对何全道:"你先走吧,我马上去面见皇上。"

"丞相说了,一定请到淮阴侯,否则,皇上会不高兴的。"

"好,我和你一起走。"

长安大街,空空荡荡,不见人影。天已大亮,但乌云低垂,还显得很暗。路上阴风起落,寒意袭人。韩信与何全并马前行。韩信问道:"皇上几时回京的?"

"昨夜子时。"

"府上为何不知消息?"

"官员互相通气,才知道的。丞相太忙,书信来晚了一些。"

韩信点头,毫不怀疑,与何全走来,不知不觉间已到皇宫门前。韩信下马,与何全步入朱门。宫内刀枪林立,气氛紧张,城上城下,如临大敌。韩信觉得不对,问道:"怎不见大臣?"

何全怪声道:"一会儿就见到了。"

韩信迟疑,却无退路。何全催道:"淮阴侯,跟我走吧。"

韩信跟在何全身后,一直向长乐宫走来。韩信再问:"皇上在哪里?"

"就在里面。"

何全引韩信到长乐宫外:"进去吧。"

韩信走进长乐宫,一股寒气袭来,浸透心脾。吕雉盛怒,怀抱斩蛇剑,端坐正位,身边站着两个侍卫,门口四个武士。韩信进门,宫门随之关闭。韩信大惊:"上当了!"

吕雉见韩信已成瓮中之鳖,骂道:"大胆韩信,竟敢谋反!你纵有千功万功,也难弥补你的罪行。左右,拿下!"

武士上前,捉住韩信。韩信大叫:"谁说我谋反?"

韩信蹲身用力,两个武士倒退数步。吕雉举起斩蛇剑,叫道:"尚方宝剑在此,哪个敢动?"

韩信看见斩蛇剑,不由得愣神,武士再次扑过来,抓住了韩信。四人同心,把韩信按倒在地,捆了个结结实实。

韩信挣不脱,大叫道:"无凭无据,欲加之罪!"

韩信一面叫,一面挣扎,但已经无济于事。吕雉板着阴沉沉的脸,斥道:"你自恃功高,心存不满,反形毕露。今天,人证物证俱在,还敢狡辩?"

韩信大叫:"说我谋反,有何证据?"

吕雉向身边使了个眼色,不一会儿,栾说从内室走了出来。吕雉问道:"认识他吗?"

韩信看见栾说,一切都明白了。栾说看见韩信后瑟瑟发抖,不敢说话。韩信骂道:"无耻小人,为何诬陷我?"

栾说不语,不敢目视韩信。

韩信面对吕雉,申辩道:"栾说与我的小妾私通,败露后怕我杀他,便诬告我谋反。你怎能听信小人的胡说,枉加谋反罪名?"

吕雉大怒:"你与陈豨密谋已久,妄想里应外合,罪证昭然;你伪造诏书,征调刑徒,袭击皇宫太子,何谓无证?"

韩信力辩:"皆是小人妄加之词。陈豨造反,半年有余,既然里应外合,何必等到今日?伪造诏书,诏书何在?征调刑徒,刑徒在哪里?栾说,敢和我对质吗?"

吕雉使了个眼色,栾说退下,然后大骂:"罪臣韩信,死到临头,还敢狡辩,国家王法,谋反者诛族。"

韩信难以申辩,骂道:"吕雉野心,夺权篡政,妄想谋取刘氏天下,毒如蛇蝎……"

吕雉脸上横肉乱颤,嘶声竭力地叫道:"押往钟室,杀!杀!杀了他——"

武士将韩信押出皇宫,韩信突然大笑:"韩信之祸,岂在今日?位高权重者死,勇略震主者亡。帝王之术,何其毒也!韩信自幼流浪淮阴,而后风云际会,开创一统天下之业,此生足矣……"

韩信大笑,毅然出宫。

天空中下起小雨,迷迷茫茫。早春的雨,充满寒意。皇宫卫队,冲进淮阴侯府,四处抓人。不一会儿,韩信家眷、家臣、仆人、侍女等数十人,被押解到院中大槐树下。众人惊恐万状,啼哭不止。

吕雉驱车到淮阴侯府,侍卫官迎接。吕雉问道:"查到诏书否?"

"没有。"

吕雉怒道:"胡说,怎能没有诏书?"

侍卫官灵机一动,改口道:"诏书被韩信焚毁。"

"还有何物?"

"《韩信兵法》三卷。"

吕雉入室内,查看兵书,怒道:"私著兵书,难道不是意欲谋反?"

旁边火堆,吕雉看一卷,往火中扔一卷,直至烧完。

吕雉从室内出来,走向人群。月娥见吕雉来,起身叫道:"娘娘,家臣无辜,妇孺无过,纵有千恶万罪,都是我的罪过。请娘娘念及韩信的大功,发发慈悲,放过孩子,饶过家臣吧。"

吕雉恨道:"你的命值几个钱?韩信尚不姑息,留你等何用?"

月娥惊叫:"你要杀韩信?"

"韩信谋反,罪及三族。"

月娥怒斥:"胡说八道!韩信没有谋反。他若谋反,一千次也反过了。"

吕雉双手发抖,脸色惨白,说不出话来。月娥手指吕雉,骂道:"卑鄙小人,在楚营,不如一条狗。你干预朝政,冤杀重臣,妄想篡夺朝政,不得好死!韩信变成厉鬼,也要找你算账……"

吕雉怒不可遏,指着月娥:"剁下手指,割掉舌头。"

两个侍卫,手持利剑,向月娥走来。月娥自知在劫难逃,大骂:"你这个恶女人,必遭报应!"

月娥骂过,撞树而死。

吕雉盛怒,手指韩信家人,嘶声叫道:"杀——"

侍卫如虎入羊群,刀起刀落,血肉横飞。韩信家人,在一片惊叫声中,无一人幸免。

小雨淅淅沥沥,血水和着雨水,向远处流去……

韩信出未央宫走向钟室,一路长啸:"韩信大功,却获大罪。日月不明,皇权可憎!"

韩信悲壮前行,仰天叫道:"悔不用蒯通(彻)之计,为儿女子所诈,岂不天哉!"

"哈哈……哈哈哈……"

韩信被杀,后人作古风一首以悼之:

富贵何所慕,贫贱砺志真。
艰辛复苦难,始得承大任。
贤达多波折,岂甘人下身。
汉中拜大将,一论定乾坤。
挥军取三秦,出关得韩殷。
虎踞荥阳城,连捷定汉军。
魏代赵燕齐,卷席千里奔。
一拓河北阔,两浮荥阳沉。
名潮利涌惑,心如磐石稳。
大义念一统,谈笑弃三分。
垓下钓鱼术,息浪宁子孙。
大勇定百战,用兵泣鬼神。
开汉四百载,文史植根深。
功高不足贵,德厚筑史魂。
蒙冤非己过,滥政耻后人
悲歌千古泪,长河清有混。

附

千年一叹——韩信谋反了吗

读完《史记·淮阴侯列传》,掩卷三思,我不禁想问:"韩信谋反了吗?"

纵观韩信一生,大智、大勇、大功、大义,却落了个"夷灭三族"的下场,实在可惜。初看罪有应得,仔细辨别,却是千古冤案。

《史记·淮阴侯列传》明明白白地记述,栾说告发韩信谋反,韩信被吕后所杀,夷灭三族。并记述了谋反的具体情形:与陈豨"里应外合";诈诏征调刑徒奴隶攻打皇宫太子。由此可见,韩信谋反,言之凿凿,但仔细想来,"罪状"漏洞百出。那么,司马迁凭何来记述?只能依据"宫廷文献"。然而,宫廷文献不实,韩信谋反之迷,就在这里。

《史记》成书时,距韩信被杀已过近百年。政治斗争的真相真假难辨,即使当世人也难断真伪,何况百年之后呢?司马迁著《史记》时,身怀不杀之罪,即使看出冤情,也不敢妄述。他能用"曲笔"反映真相,就是对历史负责了。

关于韩信谋反,可从以下几个方面考察:

第一,从谋反之罪名分析看

任何历史都不是说出来的,把真相伪装得再完美,也会露出蛛丝马迹。

一、从韩信的性格看

纵观韩信一生,他知恩图报,义薄云天,说他谋反,与他的性格不符。

韩信弃楚从汉,身拜大将军后,对刘邦感激至极。拜齐王后,是他最辉煌的时候,拥兵自重,实力可比刘项。此时,武涉劝他反,蒯彻两度劝他反。此时,他若反叛刘邦,易如翻掌。然而,韩信不忘刘邦"衣与我衣,食与我食,车与我坐"之恩,拒绝了。

韩信能这样做,还可以从处理"胯下之辱"、报答漂母之恩等事上得到佐证,说韩信谋反,与其人生轨迹和性格不符。

二、从罪名起源看

谋反大罪,源自栾说一人,别无佐证。栾说告发韩信谋反;吕后据此对刘邦说、对大臣说、对历史说,韩信谋反,仅此而已。栾说的举报只是"谋反",并无事实。至于"里应外合""诈诏征调刑徒""袭击皇宫太子",皆是推论。也就是说,韩信谋反的基础,只建立在一句话之上。如此大事,只凭一句话就定罪,岂不荒谬?退一万步讲,谋反只是"谋",并没有"反"。没反,缘何杀人,缘何夷灭三族?仅此一点,冤案即可定论。

三、从谋反时空看

《史记》记载,韩信谋反,始于陈豨拜巨鹿太守,进京拜见韩信时,制定"里应外合"计划。汉十年前秋,陈豨反,韩信"阴使人之豨所,曰:'弟举兵,吾从此助公'",此说法看似铁证如山,如果放在时空上看,漏洞就大了。"弟举兵"是说依次举兵,也就是说,韩信配合陈豨造反具有连续性,至少说明:时间不能拖得太久。然而,刘邦汉十年(前197)秋去河北平叛,韩信汉十一年(前196)春被杀时,他还毫无举动。这其间,京城空虚半年之久,韩信为何不动手?韩信汉二年(前205)八月破魏,闰九月破代,汉三年(前204)十一月破赵,五个月间连破三个诸侯国,可谓用兵神速,此时为何无所作为?事先计划周密,且韩信把握战机能力出众,岂会坐失良机吗?从时空上推论,情理不通。所谓罪状,不过一面之词。

四、从用兵上看

韩信在长安时,无一兵一卒,罪状却给出兵之来源,且言之凿凿:"信乃谋与家臣夜诈诏赦诸官徒奴,欲发以袭吕后、太子"。首先看"诏",诏是皇帝发出的命令。"诈诏"就是假托皇上的名义下达命令。诈诏做什么?"赦诸官徒奴,欲发以袭吕后、太子。"简单的推论是:皇上下诏书,征调刑徒攻打皇宫,严重的逻辑错误。"诈诏"是死罪,然而却犯了逻辑错误。欲加之罪,昭然若揭。

五、从临终遗言看

韩信被杀之前,留下一声长叹:"吾悔不用蒯通(彻)之计,乃为儿女子所诈,岂非天哉!"感叹中,值得注意"悔"字和"诈"字。"悔",是悔在蒯通,悔在做齐王时,绝无"长安之悔"。也就是说,无"里应外合"之悔;更没有坐失良机之悔。这一点,表达得很清楚。"诈",是被萧何所诈,吕后所诈。诈就是被骗杀,被枉杀。一"悔"一"诈",真实地表现了韩信复杂的心情和微妙的历史原因。千年一叹,是韩信冤案最直接的证据。

第二,从当时社会环境分析看

吕后敢杀韩信,和当时的政治环境有直接关系。刘邦曾盟曰:非刘氏者不能封王。得天下前,共封了七个异姓王。得天下后,异姓王皆在翦除之列,而且多用谋反的名义。天下平定,首先革除韩王信的王位,调到边关太原郡,迫韩王信联合匈奴造反。接着以"谋反罪"除燕王臧荼,又以"谋反罪"贬封楚王韩信为侯;贬赵王张敖(当时张耳已死,子张敖继位,身为刘邦女婿)为侯;以"谋反罪"杀梁王彭越;以"谋反罪"逼九江王英布造反。长沙王吴芮幸而死得早,否则,难逃噩运。裁王无可非议,而非要编个理由,置人于死地,实为拙劣。值得注意的是,臧荼被家臣密告谋反被诛;韩信因家臣密告"谋反"被诛;彭越因家臣密告"谋反"被诛;英布因家臣密告"谋反"被杀。历史上有"公式化"的事件吗?杀韩信由吕后操办;杀彭越也是吕后操办,而且手段都极其恶劣。诛杀彭越时,《史记》明确记述了吕后指使彭越家臣诬告彭越谋反的过程。用家臣诬告主人谋反,成为杀人的手段。吕后杀功臣,为的是"清障",正好迎合刘邦清理异姓王的决策,所以屡屡得手。

第三,从吕后的政治意图分析看

就刘邦而言,对韩信有限制之心,并无杀害之意。这从"贬封淮阴侯""流放韩王信""流放彭越"等重大事件中,找到佐证。而吕后杀重臣却有原因,就是她有不可告人的政治目的。

韩信被杀这一年,刘邦六十岁,吕雉四十五岁,太子刘盈十五岁。刘邦死后(韩信被杀后第二年去世),谁掌管朝中大权?对此,吕后早有野心。为窃取朝中重权,她必须清除道路上的障碍。跟随刘邦打天下的重臣,都是她的敌人。所以,吕后除重臣,在情理之中。吕后的野心日后得到了充分的证实。刘邦死后,四日不发丧,欲杀朝中所有重臣,后因审食其晓明利害,她没敢做,但野心已充分暴露。最终胁迫刘盈掌重权,把持朝政达十五年之久。她死后,老臣安刘:周勃剪灭吕氏,还政于刘。由此看来,吕后的担心有着充分的历史依据。

综上所述,韩信谋反没有实证,是千古冤案。刘邦诛杀开国功臣,打开了历史魔瓶,对后世的影响非常恶劣。纵观中国历史:王朝更替,皇权变幻,杀人如麻,是文明还是黑暗,令人反思。